ABRAZA
A TU NIÑO INTERIOR

ABRAZA
A TU NIÑO INTERIOR

Nunca es tarde para sanar tu infancia

VICTORIA CADARSO

Ilustraciones
Vanesa Villalba Salamanqués

la esfera de los libros

Primera edición: febrero de 2025

© Victoria Cadarso Sánchez, 2013, 2025
© La Esfera de los Libros, S.L., 2024
Avenida de San Luis, 25
28033 Madrid
Tel.: 91 443 50 00
www.esferalibros.com

Ilustraciones de interior: Vanesa Villalba Salamanqués
ISBN: 978-84-1384-957-7
Depósito legal: M. 24.218-2024
Fotocomposición: J. A. Diseño Editorial, S.L.
Impresión y encuadernación: Huertas
Impreso en España-*Printed in Spain*

Índice

PARTE II

PARTE III

Dedicatoria y agradecimientos

Quiero dedicar este libro a mi familia y amigos.

A mi madre, a la que quiero y admiro profundamente, aunque en algún momento le haya reprochado que no me aceptara tal y como era; pero ello me ha hecho desarrollar un gran afán de superación. A mi padre, que me ha protegido y proporcionado todo lo que él podía ofrecer; sé que vela por mí desde el cielo y me apoya en mis momentos bajos. Agradezco y me consta que ambos lo han hecho lo mejor que han sabido y podido, y aquí les honro como padres. A mi hermana, a quien estoy tremendamente agradecida por su apoyo y cariño, y a la que quiero mucho, no sé qué haría sin ella; aunque nuestra relación no siempre haya sido un camino de rosas, esos baches me han ayudado a crecer y superarme. A mis sobrinos Lorena y Guillermo, a los que quiero incondicionalmente.

Estoy muy agradecida a mi editor Pedro Espadas, si no fuera por él no hubiera escrito este libro; su inestimable ayuda con el manuscrito de este libro y sus agudas aportaciones en diferentes capítulos me han facilitado mucho el camino. A mi amiga Concha Moreno Baena, cuya intuición y generosidad me han sido muy útiles para pulir conceptos de los niños del eneagrama y me han animado mucho. A Daniel Chumillas, que me ha hecho de espejo y me ha ayudado a ver partes de mí que tengo que transformar, gracias desde el corazón.

Agradezco el apoyo incondicional de mi familia política, siempre atenta y generosa.

Gracias a mis colaboradores Marina Morán y Tamara Rufo, que me facilitan siempre el trabajo.

A todos mis alumnos de los cursos de eneagrama, niño interior y desarrollo personal (que por ser muchos no cito personalmente), mi especial reconocimiento porque todas sus aportaciones han servido para que yo pueda escribir este libro. Mi profunda gratitud a mis clientes por compartir conmigo sus niños interiores heridos, sus penas, carencias y malestares que me han ayudado a entenderles y también a entenderme mejor. Entre mis alumnos destaco a Vanesa Villalba Salamanqués por sus creativas ilustraciones para estas páginas, que ha corregido y retocado con mucho cariño y esmero hasta su versión final; espero que las disfrutéis.

Nuestro niño interior es amor, afecto, aprecio, aceptación, alegría, ánimo, y desde el niño interior que hay en mí agradezco a todas las personas que he conocido y que compartirán este libro, porque todos estamos conectados y todos nos apoyamos y ayudamos a desarrollarnos como seres humanos que buscan actualizarse y sentirse bien consigo mismos.

Desde el niño interior divino que hay en mí al niño interior divino que hay en ti.

Prefacio

*«Cuando recuperamos nuestra infancia,
el amor vence al miedo».*

TOM ROBBINS

Todos nuestros problemas actuales, sean de amor, de dinero, sexuales o de relación, tienen la base en nuestra historia personal, en haber desarrollado ciertos patrones en vez de otros, dependiendo de las experiencias que nos ha tocado vivir. Permitimos que nos sigan causando problemas si no hemos integrado o resuelto esos traumas de nuestra infancia o necesidades no satisfechas que nos siguen condicionando en el presente. Nuestro pasado es como los fantasmas que nos rondan, convirtiéndose en una pesadilla, hasta que nos tomamos el tiempo suficiente para ayudarles a pasar a la luz. Este libro está destinado a las personas que quieran hacer las paces con sus fantasmas y sanar las heridas del pasado mientras desarrollan nuevos aprendizajes y destrezas para tratar con el presente.

Todo lo que nos ha sucedido en nuestra infancia, seamos conscientes o no, nos deja una huella indeleble, nos marca y nos condiciona, y a partir de ahí vamos filtrando la vida desde esas experiencias. Es como si esas experiencias fueran gafas a través de las cuales vemos la vida y estas tendrán cristales de diferentes colores según las experiencias que hemos vivido. Las sensaciones que vivimos en nuestro cuerpo, las emociones que sentimos, los impulsos que nos llevan a tener determinados comportamientos, la forma en que nos explicamos lo que sentimos y hacemos, nuestras necesidades, deseos, frustraciones, conflictos… nos condicionan. Van dejando una forma de ver la vida, de experimentarnos a nosotros mismos y a los demás, y hacen que desarrollemos un determinado tipo de personalidad o sistema defensivo y/o protector o máscara que nos ayudará a defendernos de las influencias del entorno.

Nuestras experiencias pasadas condicionan nuestro presente y afectan a nuestro futuro, seamos o no seamos conscientes. Una vez que una experiencia nos condiciona, y la repetimos varias veces, pasa a ser un patrón de comportamiento que nosotros creemos que es nuestra forma de ser, cuando en realidad es un condicionamiento. Una vez que un patrón se ha grabado, como cuando alguien ha aprendido a hacer algo, lo ejecutamos de forma habitual y automática y, además de no ser conscientes, no le damos importancia. Cuanto más repitamos un patrón más se graba y más lo convertimos en un hábito difícil de cambiar, a no ser que tomemos consciencia de que lo tenemos, veamos si nos sigue siendo útil de alguna manera y, si no lo es, hagamos un esfuerzo consciente para cambiarlo.

Todas —literalmente todas— las experiencias que tenemos dejan su influencia en nosotros (unas más que otras), y de lo que va a depender es de las emociones y sensaciones físicas asociadas a estas. Las experiencias con carga emocional, que no se liberan, se quedan activadas y están más presentes en nuestra memoria porque se encuentran activas, mientras que las experiencias con carga emocional menor, pasarán a una memoria más distante y serán archivadas, por lo que habrá que hacer un esfuerzo consciente para traerlas al presente. En cierto modo, es como si una experiencia con carga emocional (miedo, enfado, tristeza, preocupación o alegría) fuera más importante que las que no tienen emociones importantes o cargas emocionales asociadas.

Las experiencias que se van a grabar más «a fuego» y que van a estar más presentes son aquellas que tienen que ver con nues-

tra supervivencia. Por «supervivencia» me refiero no solo a nuestra
supervivencia física sino también a nuestra supervivencia psicológica o emocional, y están necesariamente relacionadas con el
miedo. Pero el AMOR también es necesario para nuestra supervivencia, tanto o más que el comer, así que si no nos sentimos amados nos creeremos en peligro, y eso también nos conectará con el
miedo. *Así pues, la otra cara del miedo es el amor, y es el amor el que
sana el miedo.*

Este libro pretende que podamos mirar a nuestros miedos
para hacerles frente y logremos reconectar con el AMOR, que es
nuestra esencia, nuestra forma natural de manifestarnos, y así poder
llevar una vida plena. Este libro es el resultado de muchos años de
estudio y de la experiencia obtenida a través de la terapia personal,
individual y en grupo, cursos de desarrollo personal, cursos de formación y cientos de libros buscando respuestas. No es que haya
encontrado todas las respuestas, ni confío en que lo haré en esta
vida, pero sí algunas que creo que son clave para que nos entenda-
mos, aceptemos, respetemos y nos *amemos a nosotros mismos.*

A muchos eso de «amarnos a nosotros mismos» nos hace estre-
mecernos por dentro y es porque toca lo más profundo de nuestro
ser, nuestra esencia, nuestro Niño Interior, nuestro auténtico ser,
nuestro origen y también nuestra conexión con Dios (el Ser
Superior, la Conciencia Universal, la Fuente divina, o como cada
cual quiera llamarlo)*. La realidad es que cuando nos propone-
mos meternos hacia dentro, navegar hacia nuestro interior e
intentar conectar con nuestro auténtico ser, nos da miedo. Nos da
miedo porque tememos que nos vamos a perder en un mundo de
emociones tumultuosas, muy intensas y sobrecogedoras, de las que
no vamos a poder salir. Estas emociones no son más que los

---

* A partir de aquí utilizaré la expresión «Ser Superior» cuando quiera hablar
de Dios, de la Conciencia Universal y de la Conciencia Divina, términos que
varían según las tradiciones.

recuerdos dolorosos de nuestra infancia, que están en nuestro inconsciente y que no queremos volver a mirar de frente porque nos da pánico lo que nos pueda pasar, aunque mientras no lo hagamos nos rondarán como los fantasmas.

Además tenemos una intuición: es como si supiéramos que dentro de nosotros está la clave para entender por qué somos como somos, qué nos hace pensar, sentir y actuar de determinada manera, y eso nos atrae pero también nos asusta. Nos da miedo llegar a entender por qué manifestamos ciertos comportamientos externos, que no sabemos cómo hemos llegado a manifestar y que luego muchas veces criticamos internamente. ¿Qué nos hace compartir lo negativo las más de las veces: las quejas, las críticas hacia otros, los juicios, en vez de compartir lo mejor que llevamos dentro: el entusiasmo, la curiosidad, la felicidad, las ganas de compartir, la generosidad y, sobre todo, el AMOR?

Hemos aprendido a mirar al exterior para tener las referencias de lo que somos o de cómo tenemos que comportarnos, y eso es debido a que durante por lo menos dieciocho años nuestros padres son los responsables de mantenernos, educarnos y proporcionarnos la orientación y la guía para saber tomar nuestras propias decisiones cuando seamos plenamente adultos. El estar por lo menos dieciocho años a merced de que otros, desde fuera, nos indiquen cómo tenemos que ser o lo que tenemos que hacer nos lleva, de forma subliminal o encubierta, a pensar que ellos tienen el poder sobre nosotros y que somos «víctimas» de las circunstancias que nos ha tocado vivir. Sentirse impotente y víctima no es una sensación agradable. Nos produce rabia, tristeza, miedo, dejadez, desesperación, sensación de incapacidad y muchos más sentimientos que no solo no añaden nada a nuestra autoestima, sino que le restan.

Y estas emociones y sentimientos nos indican que en cierto modo somos realmente víctimas, por lo menos hasta que alcanzamos la mayoría de edad. Porque estas emociones y sentimientos, junto con las memorias a las que están asociados, nos van condicionando, y a partir de ellos vamos formando unas creencias, normalmente limitantes, de cómo somos, que van a hacer de filtro de lo que percibimos en la vida desde ahí. Nuestras creencias limitantes son generalizaciones según nuestras experiencias, que nos proporcionan explicaciones que nos dan seguridad y nos permiten predecir futuros acontecimientos.

Lo más alarmante es que nuestras creencias limitantes se forman en la infancia. De niños nos sentimos pequeños, con falta de recursos, carentes de capacidades para poder cambiar las situaciones que nos causan malestar. Así pues, si hemos formado creencias limitantes en nuestra infancia, y a base de repetirlas se han vuelto inconscientes, nos están condicionando ahora que somos adultos y nos hacen sentir como niños faltos de recursos y posibilidades.

Por suerte cada vez que tenemos una nueva experiencia se transforma nuestro cerebro, de la misma manera que cada vez que recordamos o rememoramos un evento también lo transformamos, y por eso es tan importante que podamos reinterpretar nuestra historia pasada para tener un presente más feliz, ya que nuestras experiencias pasadas son responsables de cómo vemos la realidad en el presente.

Lo más probable es que no seamos conscientes de estos condicionamientos y de cómo nos afectan en la vida, porque de hecho en el proceso evolutivo del ser humano vamos pasando por diferentes etapas. Cada fase supone un cambio fisiológico y un aprendizaje de capacidades y habilidades necesarios para poder desarrollarnos. Es necesario integrar el aprendizaje de esa etapa para pasar a la siguiente y, si no lo conseguimos, antes o después tendremos que volver a ellas para poder así trascenderlas, a no ser que queramos vivir con esas limitaciones. Por tanto, no podemos pretender que un niño de 3 años tenga el entendimiento de un adolescente de 12 y mucho menos de un joven de 21 o un adulto de 40.

Cada etapa tiene unos conocimientos, unos comportamientos, una manera de manejar los sentimientos y las emociones, así como un grado de conciencia. Si no hemos aprendido, integrado o asimilado correctamente las cualidades esenciales de esa etapa, nos estará limitando en el presente, y aunque hayamos desarrollado «muletas» y compensaciones que nos permitan salir al paso, nos dificultan el desarrollo óptimo.

El que tengamos más o menos consciencia (entendiendo por consciencia la capacidad de estar plenamente presentes para darnos cuenta y para poder asimilar e integrar lo que percibimos, aplicándolo en nuestras vidas) depende de cómo hayamos integrado nuestras experiencias. Digo «estar presentes» porque es necesario que pongamos nuestra intención en lo que estamos haciendo. Muchas veces pasamos por la vida en un estado de ensoñación (imaginando o fantaseando), pero no estamos a lo que estamos. Cuando somos conscientes de qué ha hecho que seamos como somos, qué circunstancias, condiciones y contextos hemos vivido y cómo nos han condicionado, entonces podemos transformarlos. No podemos transformar lo que no nos damos cuenta de que está ahí.

Una manera de delimitar nuestras experiencias pasadas es hablar de nuestro niño interior. Nuestro niño interior es una manera de objetivizar nuestras experiencias y el dolor emocional, definiéndolo y tratándolo de una manera amable. En lo que respecta a este libro vamos a hablar del niño interior hasta los 18 años, hasta que la persona es mayor de edad legal (aunque pueda no serlo psicológicamente), y vamos a ir pasando por las diferentes etapas psicosociales del desarrollo viendo qué necesidades, qué capacidades existen en cada etapa y cómo lo que pasa en cada fase va a influir en la aptitud y actitud del adulto. Cuando digo actitud me refiero a las creencias, emociones y comportamientos que tienen las personas. Y aunque hay numerosos estudios acerca de las capacidades de las diferentes etapas del desarrollo, parece que nuestros padres, o bien no las conocían, o muchas veces nos han pedido responsabilidades que no éramos capaces de manejar a la edad en que nos lo pedían. Como, por suerte o por desgracia, ellos tenían el poder, pues no nos quedaba más remedio que adaptarnos a sus deseos o a su forma de ver y hacer las cosas, pero eso nos hacía sentirnos limitados.

Este poder que nuestros padres tienen sobre nosotros nos condiciona y limita de muchas maneras. En primer lugar, no nos permiten ser como somos: nos educan y nos disciplinan para que seamos a su imagen y semejanza. Nos enseñan lo que ellos han aprendido, que ellos a su vez han recibido de sus padres, y estos de los suyos. Por ello, a no ser que se hayan preocupado por conocerse y desarrollarse personalmente, están repitiendo la historia. Se dice que llevamos la información o energía o condicionamiento de por lo menos siete generaciones hacia atrás y que nosotros seremos responsables, si tenemos hijos, de siete generaciones hacia delante.

Esto es mucha responsabilidad, y para mí responsabilidad es «responder con habilidad». Pero ¿quién nos enseña las habilidades necesarias para que hagamos florecer el potencial que todos llevamos dentro? ¿Ese niño interior divino que se escondió muy en nuestros adentros según la manera en que percibimos que nos iba a tratar el entorno que nos había tocado? Quiero que quede claro que no pretendo responsa-habilizar a nadie, siempre que estas personas no tuvieran la suficiente conciencia, y supieran la influencia tan importante que tendrían sobre sus descendientes. Ahora bien, cuando alguien con intención, y por afán de demostrar su poder sobre los demás, no tiene a la otra persona en cuenta, o la agrede de forma intencionada verbal o físicamente, entonces es culpable de lo que hace. Así pues, la culpabilidad, para mí, es cuando una persona daña con intención a otra en un momento determinado, aunque *a posteriori* se arrepienta.

Creo que es apropiado rendir un homenaje a las madres y padres, pues, aunque muchas veces traen niños al mundo sin saber sus implicaciones y las responsabilidades que estos conllevan, siempre «lo hacen lo mejor que saben», ya que si lo hubieran sabido hacer mejor lo habrían hecho; nadie que tenga buena intención hace las cosas mal. Si bien es cierto que en muchos casos no estaría de más que se informaran, leyeran o se educaran un poquito antes de traer hijos al mundo. Así evitarían mucho sufrimiento, tanto a sus hijos como a sí mismos, porque «así como sembramos, recogeremos» y todas las experiencias se van almacenando y dejan huella. Además la vida nos vuelve a poner delante, una y otra vez, todas las situaciones inconclusas. Inconcluso es algo que todavía nos duele, que nos sigue emocionando y que muchas veces, sin saber por qué, nos vuelve a hacer sentir como si fuéramos un niño/a de pocos años, o lo que los psicólogos llamamos una regresión espontánea.

A la hora de escribir este libro voy a suponer que lo lea el que lo lea va a encontrar una información que no solo le ayude a tomar conciencia y a entenderse a sí mismo sino que le ayude a conectar con sus emociones y sentimientos y desde ellos se motive para tomar las riendas de su vida para afrontarla de la mejor manera, sufriendo lo menos posible y con una actitud positiva y optimista. Pero si no somos conscientes de cómo nos hemos ido formando, de qué cualidades y destrezas no hemos desarrollado en nuestro camino, de que todavía podemos aprender y transformar lo que queramos, que «nunca es tarde si la dicha es buena», entonces seguiremos haciendo, sintiendo y pensando más de lo mismo.

Pretendo que este libro sea no solo ilustrativo sino también práctico y que podamos hacer juntos ejercicios de meditación, visualización, escritura, reflexión y otros que nos ayudarán a cumplir de la mejor manera posible una parte, espero que importante, del proceso de autoconocimiento y desarrollo personal. Este libro no quiere ser un sustituto de la psicoterapia, ni tampoco está indicado para hacer trabajo con uno mismo si se intuye que ha habido o que hay mucho dolor, malestar o miedo, porque se sepa o se sospeche que ha habido mucho trauma emocional. En esos casos propongo que busquéis un psicoterapeuta que esté formado y acostumbrado para trabajar con el niño interior y hacer el trabajo acompañado, o realizar un curso del niño interior con un grupo de personas que quieran trabajar juntas en ello y así disponer de un grupo de apoyo.

Este libro pretende describir un proceso: el de descubrirnos a nosotros mismos, a nuestro auténtico ser, que se escondió en su momento para no sentirse vulnerable. Lo que quiero conseguir es más consciencia acerca del proceso que vamos a tener que hacer antes o después, e ir desarrollando el camino poco a poco. Digo antes o después porque la vida nos pone en crisis, una y otra vez, para que aprendamos a manejar las situaciones negativas y con ello nos desarrollemos a nosotros mismos. Confío que nos permita, mientras lo vayamos leyendo, reparar nuestras heridas, reconciliarnos con nuestro dolor para poder sanarlo, reconectar con esa parte nuestra que se escondió y recomponer nuestra identidad unida e integrada. Cuando lo hacemos, cuando conectamos con nuestro auténtico ser, esa parte de nosotros que es original y pura, hemos conectado con el TODO porque esta parte está unida al Ser Superior que fue el origen de nuestra vida.

Voy a integrar todas las herramientas que conozco y que practico, desde la teoría de la personalidad del eneagrama pasando por las diferentes técnicas de las terapias que practico como *counselling*, Gestalt, psicodinámica, psicoterapia integrativa, psicología energética, PNL, etc. Y todas las aportaciones de colegas, clientes y alumnos, a quienes agradezco que hayan compartido conmigo sus experiencias, de manera que este libro te resulte útil, práctico, fácil, y sea una herramienta para que aprendas a reconectar con tu niño interior y puedas sentirte más completo, más vivo y más feliz.

Resumiendo: este libro, espero, te va a intentar explicar cómo llegamos a crear un tipo de personalidad, que es nuestra estructura defensiva y/o protectora para protegernos del dolor de no poder mostrarnos como realmente somos. Nos mostramos como «se espera» de nosotros para poder sobrevivir en el entorno que nos ha tocado, mientras que nuestro auténtico ser se esconde en lo más profundo de nuestro ser. Cuando, gracias a una crisis, o en las transiciones de las etapas evolutivas por las que todos pasamos, nos preguntamos quiénes somos, entonces tal vez tengamos la suerte de cuestionar nuestra estructura defensiva y/o protectora y empezar la búsqueda de nuestro auténtico ser, escondido debajo de una gran capa de dolor. Esta capa de dolor está hecha de los desencuentros y rupturas en la relación con las personas significativas de nuestro entorno: padres, hermanos, familiares, profesores y amigos. El camino de reencontrarnos con nuestra esencia pasa por liberar el dolor, detrás de nuestra personalidad, para poder llegar a nuestro auténtico ser. Pero para llegar hace falta un mapa de vuelta, y no podemos hacer un mapa de vuelta si no sabemos cómo se ha trazado el camino de ida. Así que este libro pretende ser el camino de ida o abandono de nuestro auténtico ser y de vuelta a reencontrarnos con nosotros mismos. Cuando lo hacemos reconectamos con la energía del AMOR, que nos ayudará a generar una nueva forma de vernos a nosotros, a los otros y al mundo y de darnos cuenta de que todos somos UNO.

PARTE I

1

¿QUIÉN ES NUESTRO NIÑO INTERIOR?

El concepto de niño interior puede significar muchas cosas y muy diferentes para distintas personas. Puede ser una metáfora que define nuestro auténtico ser, un símbolo de todo el potencial que tenemos dentro y una manera de objetivizar o describir el dolor de no haber recibido todo el amor, cuidado y protección que hubiéramos necesitado. Estos tres conceptos nos llevan a tres enfoques o puntos de partida:

1. Nuestro niño interior, como auténtico ser, representa la parte trascendente de nosotros mismos, ese canal directo entre nuestro ser y nuestro Ser Superior, o niño divino o presencia de la divinidad en nuestro interior. El niño interior es quienes somos cuando estamos conectados con ese Ser Superior, y dicha conexión universal se produce cuando la establecemos con todas las partes de nuestro ser. El niño interior se muestra como el Ser Superior, que es la esencia del poder, la fuerza vital, creadora y amorosa. Cuando somos auténticos, genuinos y compasivos al máximo, cuando estamos llenos de amor, de empatía y de perdón, nos encontramos en un estado extraordinario que permite que aprovechemos nuestra

sabiduría, aquella que procede directamente del Ser Superior.

El niño interior es el alma de la persona, creada en nuestro interior por medio del Ser Superior que está en cada uno de nosotros. Podemos definir al Ser Superior que llevamos dentro como nuestra plenitud, nuestra capacidad de amar y nuestro sentido de poder personal: quienes somos en realidad, nuestro auténtico ser, nuestra verdadera identidad. «Nuestro auténtico ser» o «nuestro yo verdadero», nuestra esencia, como realmente somos, nuestra originalidad, el ser único y auténtico ser, es AMOR. Todos nacemos con la capacidad natural de AMAR, amarnos a nosotros mismos y a los demás. Sin embargo, para que se desarrolle el AMOR que llevamos dentro, tenemos que sentir que nos dan amor, es decir, que las personas que nos cuidan física y emocionalmente devuelven nuestro amor. Es como si perdiéramos nuestra capacidad de amar al no conectar amorosamente con los demás. En la medida en que los otros no son capaces de devolvernos el amor, nuestra capacidad de amarnos a nosotros mismos y de darlo y recibirlo en las relaciones se ve mermada y nos deja una sensación de carencia de lo que no tuvimos. No obstante, esa carencia también nos proporciona la motivación para volver a encontrar ese amor y nos lleva en una búsqueda, primero externa y luego interna, que nos invita a desarrollarnos a nosotros mismos y ser lo que deseemos ser.

2. El arquetipo del niño también representa de forma simbólica *todo el potencial de lo que puede ser el hombre en su mejor expresión, es el símbolo de nuestras esperanzas, nuestras posibilidades creativas y el impulso de autorrealizarnos.* Tenemos que desarrollar nuestro potencial si no está disponible, y no lo está porque necesitamos recibir AMOR, que es

la energía que nos ayuda para desarrollarnos física y emocionalmente cuando somos niños. El conectar con nuestro niño interior también es un proceso, un camino, de lo que es el trabajo de desarrollo personal que todos tenemos que hacer para conectar aquellas partes de nuestra personalidad individual previamente separadas o disociadas. Para alcanzar nuestro potencial hemos de reconectar con nuestro AMOR natural de nacimiento del que nos desconectamos.

3. Nos desconectamos de nuestro auténtico ser, nuestra esencia de nacimiento o AMOR por no recibir todo el AMOR que necesitamos desde fuera para mantener nuestro propio AMOR vivo, y esto nos causa una herida, un dolor que crea otra parte del niño interior que es el niño interior herido. El niño interior herido es nuestra parte vulnerable, solitaria, dolorida, desatendida, traumatizada, que se escondió detrás de una coraza que se construyó para defenderse o protegerse de recibir más dolor del exterior. Esa parte herida, asustada, insegura, va a estar ahí, la mayor parte de las veces inconsciente o semiconsciente, esperando ser rescatada, reparada, restituida, reconectada. Se mantiene en el presente como un niño interior que se ha quedado bloqueado en el momento del dolor que no pudo asimilar y por ello no creció. Mientras otra parte nuestra, que ha ido creciendo independientemente de nuestra parte herida, se ha convertido en nuestra parte adulta, que es la que se relaciona con el mundo exterior. Esta parte adulta se relaciona con los demás a través de esa coraza, máscara o estrategia protectora o defensiva que llamamos personalidad y que nos ponemos para que nos acepten, aprueben, acojan y no nos abandonen dejándonos desatendidos, solos y olvidados.

Así pues, podríamos decir que nuestro auténtico ser está en el centro o núcleo de un campo energético, rodeado de la fuerza de las emociones dolorosas de desencuentros y dificultades sufridas en la infancia y, a su vez, rodeado por una coraza o estructura defensiva, que es la personalidad. Cuando se habla del niño interior se hace tanto para definir al niño interior auténtico, nuestra esencia, como al niño interior herido, que representa el dolor de nuestra infancia por separarnos de nuestro auténtico ser.

El resultado de las experiencias vividas

La manifestación del niño interior está presente en los mitos de todas las culturas representando nuestra fuerza vital, entusiasmo, espontaneidad, inocencia, capacidad de asombro, esperanza de futuro, valor, divinidad e inmortalidad.

Como metáfora, representa nuestro auténtico ser y nuestro potencial para conectar con la espiritualidad (la conciencia de nuestra naturaleza divina, de nuestra conexión con lo mejor de nosotros mismos), pasando por el niño interior herido (nuestra parte vulnerable, dolorida, desatendida, solitaria, abandonada), hasta llegar a como nos manifestamos actualmente detrás de la máscara de la personalidad o, como también lo denominan ciertas líneas espirituales, el ego.

El niño interior es también una manera de explicar todas las sensaciones, emociones, necesidades, deseos e impulsos que habitan dentro de nosotros y que nuestro adulto mantiene a raya (siempre que le funcionen los mecanismos de defensa), para ser acogido por los padres que le han tocado y demás personas significativas del entorno. Es una manera de objetivar, simbolizar el dolor, el sufrimiento y el daño: nuestro cerebro, a través de los mecanismos de represión, evita que accedan a la conciencia mientras no se tengan los recursos para poder manejarlos.

Así pues, nuestro niño interior es:

1. Nuestro auténtico ser, nuestro yo verdadero.
2. Nuestro potencial espiritual o divino.
3. Nuestra parte herida, que puede tener manifestaciones negativas que no queremos aceptar.

Estas manifestaciones negativas surgen de nuestras partes doloridas, que necesitan reparación del daño sufrido. Buscamos la reparación de varias formas, queriendo que los otros también sufran daño, deseando tener el poder sobre los otros de la misma manera que nos hemos sentido sometidos al de los demás. O también podemos querer compensar el daño y las carencias sufridas intentando obtener la atención, el amor y la aprobación que no hemos logrado, utilizando cualquier medio. O finalmente nos resignamos y preferimos dejar las cosas como están porque en el fondo el miedo, la soledad y la vergüenza nos tienen bloqueados.

Por eso, no podemos decir que el niño interior represente solo lo bueno, bondadoso, alegre, creativo; también puede ser una parte dolida, rencorosa, vengativa, dependiendo de lo que ha recibido de los padres y el entorno en el que se haya desarrollado. El niño interior, como el adulto interior, es el resultado de las experiencias vividas desde el momento de la concepción. Algunas personas sostienen que el niño interior es portador incluso de los genes e información de generaciones anteriores, o incluso de otras vidas.

Lo innegable es que nuestras experiencias dejan un sedimento de sensaciones y emociones que a su vez generan unas creencias, que son la manera en que nos explicamos esas sensaciones y emociones. Estas nos van a motivar o movilizar para obtener sensaciones y emociones agradables o placenteras, y todo ello lo vamos a sentir en nuestro cuerpo, pues si no lo atendemos puede quejarse de forma psicosomática.

Si tuviéramos que identificar cuál es la pieza clave que va a hacer que mostremos una actitud constructiva o destructiva ante nosotros mismos, los demás y la vida, sin lugar a dudas, es el sentir el AMOR de los seres queridos. Cuando no sentimos amor de nuestros seres queridos tenemos miedo de ser abandonados, rechazados, no aceptados. El AMOR es un estado motivacional, una energía que nos aporta vitalidad, que nos da esperanza, que nos proporciona confianza, que nos da alegría y nos infunde el valor para salir al mundo y mostrarnos. El amor nos da todo lo necesario para poder desarrollarnos, para sentir confianza en nosotros mismos, en nuestras capacidades, para fiarnos de los otros y estar motivados para aportar cosas a este mundo.

Cuando el niño interior se siente amado, puede conectar con su potencial divino, y ese amor produce unión, y de esa unión se crea algo. Si, por el contrario, el niño interior no se siente amado o se ve rechazado, y no puede conectar con su potencial divino, no solo no se activa ese potencial, sino que se produce todo lo contrario: el miedo a ser rechazado, abandonado, a considerarse poca cosa, no apto, y eso le crea una inseguridad y un dolor que va a intentar compensar a toda costa. Lo va a hacer dejando su auténtico ser de lado y haciendo todo lo que crea que le va a aportar apoyo por parte de los seres significativos que le rodean.

Una de las peculiaridades del ser humano es que, en comparación con otras especies de animales, es el que más tiempo precisa para su desarrollo completo, y por ello es el más necesitado de ayuda antes de poder valerse por sí mismo. En este sentido es también el más vulnerable a las influencias de los demás, fundamentalmente de los padres o cuidadores que le hayan tocado. El bebé y el niño aprenden de lo que tienen a su alcance; si se cría con los padres, únicamente tendrá unas experiencias. Si tiene hermanos, estos le aportarán otras experiencias. Si tiene abuelos, tíos o primos, estos a su vez le aportarán otras experiencias. Si le cuida una tata o una niñera, estas le van a aportar otras experiencias. Todas estas experiencias de las relaciones que va a establecer con otras personas van a conformar su campo experiencial, es decir, el total de experiencias que van a dar lugar a su identidad o concepto de sí mismo.

Aunque el bebé al nacer cuenta con lo necesario para empezar su desarrollo (es decir, su cerebro, que potencialmente tiene la capacidad de irse desarrollando para aprender a hablar, pensar, discurrir, decidir…), no lo va a poder hacer de inmediato. Va a tener que ir pasando por distintos procesos que van a irse fundamentando en fases anteriores. El bebé va a ir pasando por distintas etapas y el que se desarrolle de una forma u otra dependerá de los estímulos que reciba del entorno que le ha tocado y la capacidad innata que tenga en sus genes, así como de la manera en que haya ido evolucionando desde el momento de la concepción.

Así pues, nuestro niño interior describe nuestras experiencias de bebé, de infante y de niño, hasta que pasamos a ser un adolescente.

Vamos a definir como adulto a una persona que puede valerse por sí misma, es decir, que tiene las capacidades para sobrevivir en el mundo buscando trabajo, obteniendo comida, cobijo, y cubriendo sus necesidades básicas. En la sociedad en que vivimos se entiende que la persona no es «mayor de edad» hasta que cumple los 18 años, aunque en muchos casos esta persona no podría todavía valerse por sí misma ni tendría la «madurez emocional» para vivir de manera independiente.

2

¿POR QUÉ Y CÓMO RECONECTAR CON NUESTRO NIÑO INTERIOR?

«Solo cuando escucho la voz del niño que hay en mi interior puedo sentirme auténtica y creativa».
ALICE MILLER

Todos tenemos un niño interior herido. Algunas personas han tenido más momentos felices, mientras que otras han experimentado mucho dolor, han sido abandonadas, han sufrido abusos, han recibido malos tratos... Pero la gran mayoría ha sentido de una forma u otra que le faltaba algo, que necesitaba curar, reparar, dejar salir el dolor que produce el no sentirse amado como uno necesita. Digo amado en vez de querido porque sentirse querido, para mí, tiene un significado muy distinto. Sentirse querido es que quieren algo de ti, mientras que sentirse amado es que te aman a ti por ser tú. Sentirse amado es sentirse bienvenido: bienvenido al mundo, bienvenido a esta familia, bienvenido a poder ocupar un lugar, un espacio en esta familia.

Muchos de mis clientes echan de menos el haber escuchado frases como: «Bienvenido al mundo, me alegro de que estés aquí, deseaba tanto tenerte conmigo...». Escuchan esta frase y lloran. Lloran porque hubieran dado lo que fuera por haber sentido esas palabras, haberlas escuchado y haberse sentido bienvenidos.

Pero, como dice Tom Robbins, «nunca es tarde para tener una infancia feliz»; es cierto, podemos trabajar esas carencias que nos causan dependencia de los demás y reconectar con nuestro niño interior. Esto último significa recuperar una parte de mí que he dejado bloqueada, oculta, en la sombra. Significa mirar a los fantasmas de frente y acogerlos porque si son fantasmas es porque no han concluido su proceso, su camino, su paso a otra dimensión. Cuando miramos a los fantasmas de frente, nos hacemos amigos de ellos y les damos la energía positiva que transforma su parte negativa; entonces aquellos pueden pasar a la luz, al amor, a la dimensión que nos transportará más allá.

He tardado muchos años en reconocer que es indispensable viajar hacia dentro, hacia nuestro interior, y sanar las heridas del pasado. Por un tiempo pensaba que para qué; total, ya había crecido y pasado esa etapa, pero sin embargo una parte de mí seguía buscando respuestas a mi forma de ser. Algunos dirán que ellos no tienen heridas, que su infancia fue feliz, y puede ser verdad, pero otros creerán que tuvieron una infancia feliz porque no sabían que había otra cosa. Muchos de nosotros no tuvimos una infancia traumática, no nos pegaron, maltrataron o abusaron de nosotros física o psicológicamente, o puede ser que no supiéramos que esa forma de tratarnos estaba mal, aunque no nos hiciera sentirnos bien. El problema radica en la consciencia: ¿de qué éramos conscientes? Si muchos niños hubieran tenido suficiente consciencia como para cuestionarse y saber que algo estaba mal, y no porque lo hicieran los adultos estaba bien, tal vez no hubieran podido soportar el dolor. Otros muchos niños sí sintieron el dolor y, de forma inconsciente, lo reprimieron, se desapropiaron de él o lo anestesiaron.

En mi propia experiencia yo fui una niña adulta muy pronto; esto quiere decir que mi niña interior no aprendió a reír, a jugar o a compartir con otros niños de la misma edad las actividades propias de la infancia, algo tan necesario para cualquier niño. Las circunstancias que a mí me tocaron impedían que yo me pudiera relacionar con niños de mi edad excepto en el colegio y, una vez fuera del colegio, estaba en casa con mi hermana pequeña y mi madre; mi padre trabajaba mucho. Así que no sé si fue la falta de relaciones con otros niños semejantes o que yo era más retraída y seria de lo normal, lo que hizo que no tuviera más relaciones con los de mi misma edad. Por ello mi mejor opción o la estrategia que adopté ante esas circunstancias fue que desarrollé una personalidad más bien reservada y seria y aprendí a estar sola mucho tiempo.

Durante muchos años mi adulta pensaba que lo que hacían los niños eran «tonterías» y prefería estar con adultos o personas más mayores que yo, porque me aportaban más, y si no incluso prefería estar sola leyendo o escuchando música. Aprendí a ser independiente, aunque mi niña interior, la que necesitaba jugar con los demás, como todos los niños, y relacionarse y disfrutar y reír y tener intimidad con los otros niños de la misma edad, pasó a un segundo plano (o se adaptó o se escondió). El caso es que esa niña interior estaba oculta y rara vez salía a la conciencia, excepto en el hecho de que yo siempre tenía un fondo de tristeza y soledad. Me costaba mucho sonreír y nunca desarrollé el sentido del humor, pero aprendí a poner una fachada social que me permitía relacionarme con los demás.

Durante mi carrera de psicología estudié las etapas del desarrollo, los fundamentos biológicos de la personalidad y el aprendizaje, entre otras asignaturas; desde un punto de vista teórico todo eso me aportó mucha información, pero poca experiencia: no me tocaba, no me llegaba, con lo cual no lo integré. Yo era seria, responsable, me relacionaba relativamente bien, pero no intimaba mucho. Tenía amigos y amigas de la facultad de mi misma edad, pero no profundizaba demasiado, no me gustaban sus temas de conversación. El que criticaran y juzgaran a los demás me hacía daño, tal vez porque yo me sentía juzgada y criticada en casa.

Cuando empecé mi formación en psicoterapia, que es más práctica que teórica, comencé estudiando «terapia centrada en la persona», también llamado *counselling*, y aprendí a escuchar y a estar presente para el otro, a entender al otro desde el otro sin juzgar, saber ponerme en su lugar y empatizar con él. Aprendí a acompañar al otro en su proceso, a su ritmo, sin aconsejar ni intervenir, solo estando plenamente presente. Entonces me di cuenta de que yo había tenido muy poca atención de ese tipo, que mis padres no habían tenido tiempo para sentarse a escucharme y prestarme atención, a no ser que fuera para llevar a cabo una actividad. Luego estudié a la corriente de la Gestalt, donde se ponía el foco en los sentimientos, en el aquí y ahora, y no se profundizaba en la infancia, sino en las sensaciones y emociones presentes. También me di cuenta de que nadie me había preguntado por mis sensaciones y emociones a no ser que estuviera enferma (como mi hermana, que tenía reuma), así que nadie sabía realmente cómo me sentía, y volví a confirmar que experimentaba mucha soledad y tristeza de fondo y no sabía por qué.

No fue hasta que no me empecé a formar en psicoterapia integrativa cuando vi la importancia de las etapas del desarrollo, de las emociones y sentimientos, de las creencias y guiones de vida, así como de los temas no resueltos en la infancia. En esa formación éramos un grupo importante de psicólogos, psicoterapeutas de diferentes edades, desde los 30 hasta más de 60 años. Nos entrenaba y hacía terapia individual y en grupo, un psicólogo norteamericano de más de 60 años. Allí presencié, en vivo y en directo, a través de las terapias individuales de mis compañeros de grupo, cómo nos afectaba nuestra infancia. Al principio yo observaba con asombro, desde fuera, cómo le hacían terapia a alguno de mis colegas. Mi parte adulta pensaba que yo no tenía esos mismos problemas, casi como que yo estaba por encima de esos comportamientos infantiles, y no entendía por qué revivían escenas del pasado y lo pasaban tan mal. No entendía por qué le daban tanta importancia. En muchas de estas terapias se producían «regresiones espontáneas» a etapas que iban desde bebés hasta adolescentes y se dramatizaban los conflictos con padres y hermanos. Una parte de mí se resistía a participar (por miedo, supongo), mientras que la otra parte se preguntaba qué saldría de mí si me sacaban a la colchoneta.

Tardé en comprender lo importante de «hacer el trabajo personal» y cómo las personas cambiaban de forma importante después de un trabajo intenso de aproximadamente una hora.

Me di cuenta de que hasta que no «trabajábamos» o tomábamos conciencia del dolor, los conflictos que no habíamos resuelto en nuestra infancia seguían presentes, independientemente de la edad. También aprendí que aunque aparentamos una edad cronológica, podemos hacer una regresión espontánea, y sentirnos como un niño pequeño cuando nos encontramos en una situación en la que nos sentimos vulnerables.

Mis compañeros lloraban, se enfadaban, gritaban y mostraban su miedo, y yo no entendía cómo podían estar tan afectados. No lo entendía porque yo no conectaba con mi niña interior; es como si la hubiera repudiado, como si la ridiculizara si se mostraba vulnerable, por lo que mi parte adulta no la dejaba ni asomarse. Yo lo presenciaba todo desde fuera con mucha curiosidad y respeto, pero sin dejar de preguntarme qué estaba pasando allí.

Cuando me sentí «identificada» con la infancia de una persona que se sentía muy sola, muy ridiculizada y muy avergonzada, se me saltaron las lágrimas y me di cuenta de que yo también tenía una niña interior muy sola, muy avergonzada y muy ridiculizada que necesitaba que la atendieran como a todos los demás.

Finalmente me atreví a salir a que hicieran terapia conmigo delante de mis compañeros. Hasta que esta niña, mi niña, no se sintió atendida, aceptada y apreciada, no descubrí que podía aprender a ser feliz, alegre y saber disfrutar, en vez de sentir tanta responsabilidad, tanto comportarse como una adulta seria y trabajadora. Me di cuenta de que yo me comportaba así porque era lo que mi madre valoraba y yo deseaba que ella me apreciara. Me di cuenta de que no había tenido una infancia feliz, me había conformado con lo que me había tocado pero en realidad no recordaba momentos felices, llenos de juego, entusiasmo y risas. Hasta que no trabajé a mi niña interior y pude llorar mi soledad, mi vergüenza, el sentirme humillada, hacer el duelo, dejar salir el dolor, no pude sentir que me conectaba con mi corazón y que empezaba a sentirme a mí y a poder conectar con los demás corazón a corazón.

Hasta que yo no pude hacer este trabajo no pude conectar con las emociones de los demás, con los niños interiores de mis clientes, podía trabajar a nivel mental, pero no a nivel emocional, porque «no podemos hacer con los demás lo que no podemos hacer con nosotros mismos». Hasta que no aprendemos a aceptarnos, a sentir aprecio por nosotros y amarnos a nosotros mismos tampoco podemos expresar amor, aprecio y aceptación del otro. Esto quiere decir que hasta que no aprendemos a relacionarnos bien con nosotros mismos no podemos relacionarnos bien con los demás. Podemos relacionarnos, sí, pero a un nivel muy superficial, nos costará tener auténtica intimidad. Tendremos dificultades para poder mostrarnos tal cual somos, sin tener que escondernos detrás de una máscara, detrás de un rol que nos protege de nuestros sentimientos más profundos.

El amor, esa energía creadora

El trabajo del niño interior es IMPRESCINDIBLE, esto quiere decir que lo tenemos que hacer sí o sí, que es indispensable para poder reconectar con nuestro corazón, que es el motor, el origen, el centro que simboliza las cualidades esenciales e incorruptibles del ser humano. El corazón simboliza el AMOR, que algunos creen que es una emoción; otros, un sentimiento; otros, un estado de ánimo (como cuando estamos enamorados), pero que finalmente el AMOR es una energía que nos conecta, une, funde con el otro y crea algo nuevo. Es una energía creadora, es una energía agradecida, compasiva, dadora. Cuando estamos conectados con el AMOR y proyectamos AMOR creamos un circuito que conecta con el amor del otro y genera algo nuevo, algo con más amor, algo más grande.

Voy a utilizar AMOR, con mayúsculas, como una energía creadora, generadora, potenciadora que conlleva poder expresar nueve cualidades fundamentales: *atención, aceptación, aprecio, afecto, autenticidad, apego, amistad, ánimo* y *admiración.* Defino aquí AMOR como la capacidad de dar o prestar atención plena al otro en presencia del otro. Aceptar a la persona como es sin querer cambiarla. Apreciar el que sea como es y estar en nuestra vida. Poder expresar afecto: amor a esa persona. Mostrarnos auténticos y esperar que el otro se pueda mostrar auténtico con nosotros. Poder establecer un vínculo con esa persona. Crear una amistad significa crear una relación recíproca. Animar a la persona a sacar su máximo potencial y poder admirar a esa persona en su singularidad.

Para volver a conectar con nuestro niño interior auténtico, con nuestra esencia y auténtico ser, tenemos que entender cómo hicimos para perder el contacto con él inicialmente. Es decir, entender cómo se escondió esa parte nuestra para poder manejar el dolor de nuestro niño interior herido y cómo fue construyendo una coraza/máscara o personalidad para poder relacionarse con el entorno que nos había tocado.

Este libro pretende ayudarte a entender cómo llegamos a ser los adultos que somos en la actualidad, funcionando fundamentalmente desde nuestra máscara o personalidad, para poder hacer el camino de vuelta. Este camino supone entender cómo hemos formado esta máscara, sanar el dolor que separa nuestra personalidad de nuestro auténtico ser o niño interior divino, haciendo el duelo y dejando salir el dolor que está ahí retenido. Volver a conectar con nuestra esencia o el niño interior divino es conectar con nuestra espiritualidad para poder manifestar las cualidades esenciales.

Así pues, reconectar con el niño interior implica varios pasos:

1. Identificar a ese niño, tanto si está retraído, como si tiene mucho dolor y quiere rebelarse haciendo a otros el daño que ha recibido.

2. Entender las circunstancias de este niño: saber cómo se sentía en el entorno que le había tocado, asimilar qué le hizo actuar de la manera en que lo hizo, y qué tuvo que dejar atrás al tomar la decisión que tomó.

3. Dejar salir el dolor, hacer el duelo, permitir transformar las emociones desagradables o dolorosas que se quedaron ahí bloqueadas: el miedo, el enfado, la tristeza, la preocupación por no tener recursos para afrontar la situación y la falta de alegría.

4. Hacer un compromiso con ese niño interior para darle su lugar, su espacio, su atención, su aprecio, su aceptación, el AMOR QUE NO TUVO.

5. Proponer una reparación mediante una nueva acción, ritual, comportamiento o hábito que permita crear una nueva forma de hacer las cosas.

Cuando reparamos en la carencia, cuando dejamos salir el dolor o cuando prestamos la atención necesaria, se recupera la energía vital del niño interior divino, nuestra esencia; se recuperan nuestras cualidades esenciales: la alegría, la curiosidad, la espontaneidad, la inocencia, la generosidad, la capacidad de expresar amor, la confianza... En suma, nuestro mejor ser.

Resumiendo: recuperar al niño interior es revisitar nuestra infancia, darnos cuenta de qué vivimos entonces, qué sentimos y cómo lo manejamos, conectar con las emociones que se han quedado bloqueadas, dejarlas salir y proporcionarle a ese niño interior el amor que no tuvo, para que pueda crecer, desarrollarse y fusionarse con nuestra parte adulta y así tener un sentido de identidad integrado, coherente y que esté en armonía consigo mismo y con los demás.

3

¿CÓMO, CUÁNDO Y DÓNDE EMPEZÓ TODO?

«En cierto sentido, el misterio de la encarnación se repite en cada mujer;
todo niño que nace es un dios que se hace hombre».
SIMONE DE BEAUVOIR

La vida humana es un proceso: concepción, nacimiento, crecimiento, desarrollo, reproducción, maduración y muerte. Este proceso va en ciclos como la naturaleza. Primero es la semilla, que brota, crece, florece, da fruto y muere para volver a resurgir de la nueva semilla. Pero esta nueva semilla lleva la sabiduría del proceso vivido por la anterior semilla. De la misma manera que los seres humanos somos el resultado de nuestras experiencias, las que hemos vivido en nuestra familia o entorno, con la o las parejas, con los hijos y los nietos, todo eso va a afectar a las siguientes generaciones.

Cada uno de nosotros somos el resultado de estas experiencias y de la forma en que nos las explicamos, del significado que damos a cada una. Cuando cambiamos nuestra forma de entenderlas o les damos un nuevo significado, varía también nuestro presente y afecta a nuestro futuro. Por ello, si revisitamos o rememoramos nuestro pasado y decidimos darle una nueva comprensión y significado, cambiaremos cómo nos vivimos a nosotros en ese momento. Por eso, y me repito con toda intención, «nunca es tarde para tener una infancia feliz», como dice Tom Robbins, y recuperar las cualidades esenciales del niño interior: la naturalidad, la espontaneidad y la autenticidad absoluta. Sus acciones manifiestan la esencia pura que hay en nosotros, la capacidad de actuar adecuadamente y la aptitud para resolver cualquier situación.

El debate entre si nos afecta más lo biológico o las influencias del entorno sigue sin resolverse, pero lo que es indudablemente cierto es que somos el resultado de las experiencias que vivimos y que estas van moldeando quiénes somos. Si la información se transmite de generación en generación de forma genética o energética, eso es otra discusión. En mi opinión, como explicaré más adelante, la energía es el medio que permite que el ser humano se apropie de la información de los ancestros y transmita la información a sus descendientes.

Al hablar de energía puede parecer que nos refiramos a la física, pero en realidad nuestra energía también es química, eléctrica, magnética, cinética y potencial, y no nos olvidemos de la emocional, entre otras manifestaciones de la misma realidad, y todas llevan alguna información. En un principio se pensaba que los bebés e incluso los niños pequeños no sentían de la misma forma que los adultos: nada más lejos de la verdad; no solo sienten como lo hacen los adultos, sino que tal vez sientan con mayor intensidad porque tienen menos interferencia de otras experiencias y recuerdos.

Se podría decir que todo el proceso empieza en la gestación, pero para que esta se produzca es necesario que se fecunde un óvulo con el esperma. Ahí nace una nueva vida, hay un antes y un después de ese momento, pero para comprender cómo sucede nos tendríamos que remitir a un orden superior, al que cada uno denominamos según nuestro sistema de creencias: para mí, es el Ser Superior.

No es el objeto de este libro hablar sobre el origen de la vida, sino de lo que sucede a partir del momento en que una nueva existencia aparece. Hay investigaciones muy recientes al alcance de todos en internet. Puede sernos útil profundizar en ellas y consultar la bibliografía que aparece al final del libro, pero de momento intentaré ofrecer una versión sencilla y asequible.

En el origen de todo, a mi entender, está la energía. La energía es información, y es la energía de nuestra madre en su manifestación bioquímica de lo que nos alimentamos principalmente cuando somos un feto en su vientre. Pero también nos nutrimos de sus manifestaciones emocionales, que también son energía, a través de las sensaciones y sentimientos que captamos en el útero. Además, sus pensamientos y creencias, el entorno en el que se mueve y el mundo, también son energía y nos la transmite la madre de forma subliminal cuando estamos en el vientre materno.

La comunicación intrauterina madre-bebé es natural e inevitable, tanto a nivel fisiológico como mental/emocional. Los estados emocionales positivos y sus pensamientos amorosos maternos son los mejores mensajes para la felicidad del bebé y su desarrollo psicoemocional en armonía. Nuestra madre nos transmite su paz, su amor y su compasión de forma no verbal a través de las sensaciones, que a su vez producen cambios hormonales, que también influyen sobre las emociones, que se convierten en sentimientos y comportamientos que nos afectan cuando somos bebés. En otras palabras, de bebés nos vemos afectados en lo físico, emocional, mental e incluso espiritual (entendiendo por espiritual cómo se vive nuestra madre a sí misma y a su embarazo, cómo se vive siendo portadora de una nueva vida).

Voy a intentar desglosar el impacto de estas influencias maternas en cada una de las fases que van de la concepción al nacimiento.

La concepción

El principio de la persona es la «chispa divina», espíritu, esencia o como cada cual quiera llamarlo, que es la fuente de nuestra energía vital. Esta energía de vida se va conformando en una estructura: el cuerpo humano. Nuestro cuerpo tiene una carga de energía vital que está sujeta a ciclos y etapas de desarrollo. Cuando esta chispa se apaga, morimos en este plano de existencia.

Desde el momento que estamos vivos, comenzamos a registrar todas las sensaciones que percibimos en el vientre materno, tanto si son sensaciones agradables como desagradables. Aunque es imposible que nuestra madre tuviera siempre sensaciones agradables, la consistencia, persistencia y continuidad de sensaciones agradables va a hacer que percibamos la vida con confianza y optimismo, pero si nuestra madre está triste, deprimida, angustiada, asustada e insegura, tendremos miedo y desconfianza.

Cuando somos bebés, desde el vientre materno, ya estamos captando el amor de nuestra madre (si siente amor por nosotros) y es ese amor manifestado a través de los cambios bioquímicos lo que produce lo que nos genera sensaciones de seguridad y placer. Captamos la energía del amor, los sentimientos y emociones de nuestra madre en nuestro cuerpo, junto con la nutrición que recibimos a través del cordón umbilical, y es lo que nos permite desarrollarnos. Pero nuestra madre también puede sentirse ansiosa por su embarazo, puede sentirse insegura ante el hecho de ser madre porque duda de si será capaz de ser buena madre y cuidarnos bien, y estas sensaciones también las captamos dentro del vientre materno. Estas sensaciones de base de nuestra madre van dejando un sedimento que va a ser la nota fundamental o la energía base en la que vamos a vibrar nosotros.

La gestación

El vientre materno es nuestro primer mundo. El modo en que lo experimentamos, si es acogedor u hostil, nos crea predisposiciones de personalidad y carácter. El hecho de que como bebés intrauterinos tengamos la capacidad para reaccionar ante ese entorno a través de los sentidos demuestra que tenemos los requisitos básicos para desarrollar el aprendizaje. Percibimos y reaccionamos a las emociones de nuestra madre y podemos registrar lo que ella siente y experimenta. Somos capaces de distinguir las sensaciones placenteras y las que nos producen malestar porque las sentimos en nuestro propio cuerpo, y en la medida que experimentamos más unas que otras nos van dejando la base o el sustrato de nuestra personalidad.

La formación de nuestra personalidad se fundamenta sobre la conciencia de lo que nos acontece. Parece ser que a partir del sexto mes *in utero* los circuitos neuronales de nuestro cerebro están tan desarrollados como los de un recién nacido. Lo que es indudable es que como bebés intrauterinos podemos recordar, aunque sea de forma implícita. Los efectos de las emociones de nuestra madre atraviesan la barrera de la placenta y nos perturban también a nosotros. Así que el impacto es directo e inmediato y lo sentimos en nuestro propio cuerpo. Si nuestra madre tiene sentimientos y pensamientos de amor y aceptación hacia nosotros, lo percibimos. Si siente ansiedad, preocupación y miedo, también lo percibimos y lo sentimos como propio.

Aunque las tensiones externas que afronta nuestra madre tienen importancia, lo más esencial es lo que siente hacia nosotros, sus hijos. Estos pensamientos y sentimientos son la base de cómo nos vamos a sentir con nosotros mismos. El modo en que percibimos la actitud de nuestra madre (amorosa u hostil) va a crear predisposiciones de la personalidad y el carácter. Si hemos vivido en un entorno cálido y amoroso, probablemente esperaremos que el mundo exterior sea igual, y eso nos crea una predisposición hacia la confianza, la extroversión y la seguridad en nosotros mismos. Si el entorno ha sido hostil, entonces esperaremos que nuestro nuevo mundo sea igualmente poco atractivo y tenderemos hacia la desconfianza, la introversión y el retraimiento, y relacionarnos con los otros nos será difícil. Esto es lo que en psicología se llamaría el temperamento, que determina si vamos a ser más o menos activos,

más o menos introvertidos o extrovertidos, y más o menos confiados o desconfiados.

El sentido de nosotros mismos comienza a funcionar a partir
del segundo trimestre, pues en ese periodo hemos alcanzado la
madurez necesaria. Nuestro sistema nervioso está en condiciones
de transmitir sensaciones a los centros cerebrales superiores. Dentro de ciertos límites, la ansiedad de nuestra madre nos es benefi-
ciosa. Perturba nuestra sensación de unidad con el entorno y hace
que seamos conscientes de nuestra propia separatividad y diferen-
ciación. También nos empuja a la acción, a querer superar la ansiedad. Como ser estimulado, alterado o confundido por mensajes
ruidosos es una experiencia incómoda, pataleamos, nos revolve-
mos y comenzamos a crear patrones para separarnos de la sensación de ansiedad. Es decir, empezamos a establecer mecanismos
de defensa (para defendernos de la sensación) primitivos. En este
proceso de manejar la ansiedad cada vez desarrollamos mecanismos más complejos. Pasa de ser una sensación a una emoción
producida por algo exterior, nuestra madre. Los fundamentos del
enfado se establecen de forma parecida, pero tienen que ver con
sentirnos limitados en el espacio, o que nos opriman de alguna
manera cuando nuestra madre nos coloca en una postura incómoda. Nada más nacer solemos gritar cuando nos cogen de forma
brusca u obstaculizan nuestros movimientos. Los sonidos desagradables como los gritos y el enfado de nuestros padres suelen hacer
que tengamos las mismas reacciones. Pequeñas dosis de enfado
contribuyen a nuestro desarrollo porque aceleran el avance de
nuestras conexiones neuronales o la formación de los patrones de
las emociones necesarias para relacionarnos con los demás. Aprendemos la relación entre causa y efecto en función de los movimientos de nuestra madre si nos sentimos aplastados, incómodos
o molestos. En el útero también podemos sentir ciertos tipos de
tristeza o depresión. Se deben a una pérdida importante, cualquiera que pueda ser el motivo de que nuestra madre nos retire su

amor y apoyo. Esto nos crea mucha tristeza y se nos quitan las ganas de prosperar. Se puede ver en bebés que nacen y están como apáticos. Hoy en día se está prestando mucha más atención a las depresiones infantiles para que no dejen un patrón de base de por vida. *Tanto la ansiedad o miedo, el enfado o ira y la tristeza o depresión contribuyen al desarrollo del sentido de uno mismo y la conciencia del propio cuerpo.*

Los estímulos externos nos obligan a tener una respuesta emocional y dejan huella en la memoria. Cuando el número de estos recuerdos alcanza cierto nivel crítico, dejan un patrón de base de una forma de reaccionar prioritario. Así, todos tenemos recuerdos perdidos que desde el inconsciente pueden ejercer una poderosa influencia en nuestras vidas. Incluso los recuerdos más profundamente enterrados tienen resonancias emocionales que nos influyen y nos desconciertan.

Todo lo que percibimos de bebés se transforma en sensaciones y emociones. A lo largo de la gestación vamos desarrollando los sentidos: audición, gusto, tacto, olfato y vista. Inicialmente no solo captamos los sonidos internos de nuestra madre, incluida su voz, sino también los sonidos externos y tenemos reacciones muy diferentes a lo que escuchamos. Se ha comprobado que los bebés incluso tienen capacidad de recordar los sonidos que escucharon mientras estaban en el vientre materno.

Las emociones continuadas (del tipo que sean) perturban el estado emocional del niño, lo que dificulta su vínculo con la madre, tanto si es miedo, enfado o tristeza. Por eso es de suma importancia que la madre y el hijo estén en resonancia, en armonía. La resonancia se produce a través de tres canales:

1. El *fisiológico*, que es ineludible puesto que madre e hijo están conectados fisiológicamente.
2. El *emocional*, cuando los niños tienen ansiedad o miedo se tensionan y contraen, o cuando están enfadados pata-

lean. Las madres confortan a sus hijos de forma universal frotándose la tripa para regular el malestar de sus hijos.

3. La *percepción del amor*, porque la madre se cuida a sí misma para cuidar a su bebé.

Las emociones negativas que producen tensión no afectarán de un modo adverso al vínculo intrauterino si son ocasionales; el peligro surge cuando el bebé no se siente amado y esa falta de amor también tiene que ver con cómo la madre se toma su embarazo y cómo se vive a sí misma durante el embarazo.

En función de estas sensaciones y emociones de base vamos a vibrar en una nota fundamental, nuestra energía única y original, y desde ella vamos a empezar a percibir o filtrar las experiencias que nos van sucediendo. Vamos a registrarlas todas a un nivel sensorimotor porque en esta etapa intrauterina y hasta los 2 años no podemos pensar. Solo podemos sentir, autoabastecernos y desarrollarnos y movernos. Aun así, vamos a ir grabando o registrando todas las sensaciones que percibimos de nuestra madre. Vamos a grabar el pulso del corazón de nuestra madre, que está relacionado con las emociones y sentimientos que ella tiene, así como los movimientos relajados o activos que ella experimenta e incluso la relación que tiene con su pareja o nuestro padre. Nuestro padre también va a ser importante, ya que va a ser un factor estabilizador o desestabilizador de nuestra madre durante el embarazo y nacimiento.

Yo tuve una cliente en terapia que, cuando su madre estaba embarazada de siete meses, murió su padre en un accidente de coche. A los diecisiete días de nacer ella, murió su madre por complicaciones del parto y pasó al cuidado de su abuela, que al mes de estar con ella tuvo que ser ingresada en el hospital durante varias semanas, mientras ella quedaba al cuidado de un tío. Y cuando volvió la abuela la tuvieron que ingresar a ella porque tuvo un problema en los pulmones. Esta chica había llevado una vida más o menos normal hasta que en el lugar donde trabajaba la pusie-

ron en turno de noche. Esto le causó mucho estrés y empezó a tener difi-
cultades para conciliar el sueño de día. El estrés del trabajo, junto con la
dificultad para conciliar el sueño y recuperarse, dio lugar a ataques de
pánico, que tenía con mucha frecuencia. Cuando averiguamos el origen
de sus traumas, tres abandonos psicológicos y su propia incapacidad para
respirar, pudimos trabajar los diferentes traumas y en pocos meses cesaron
los ataques de ansiedad.

Lo interesante de este caso es que este trauma preverbal, de cuando era bebé, se manifestó treinta años más tarde, fruto de mucho estrés que hizo fallar sus mecanismos de defensa habituales. Lo que no llegamos a trabajar es por qué tenía dificultades para llevar una relación duradera; es como si internamente se hubiera dicho a sí misma: «Las personas significativas para mí, antes o después, me abandonan».

El nacimiento

Llegamos al nacimiento, que es un momento novedoso y solo por eso ya está acompañado de mucha ansiedad. Dar a luz puede resultar traumático, tanto para nuestra madre como para nosotros. La forma en que damos a luz en Occidente, aunque parece ser que estamos siendo cada vez más sensibles a su efecto sobre la vida del niño y de la madre, no tiene en cuenta las necesidades físicas y emocionales de la madre y del bebé. *El modo de nacimiento, fácil o difícil, doloroso o tranquilo, relajado o violento, determina en gran medida la futura personalidad del niño y cómo percibe el mundo que le rodea.*

En el momento del nacimiento la madre tranquila segrega oxitocina en cantidades importantes y esta actúa a modo de amnésico, con lo cual es muy posible que ayude a la madre y al niño a olvidar el dolor del parto. Pero si la madre está ansiosa o tiene miedo, investigaciones recientes confirman que la madre segrega menos oxitocina y en su lugar segrega la hormona ACTH, que

produce el efecto contrario. La ACTH ayuda a retener los recuerdos, lo que podría explicar los recuerdos prenatales y natales de
hechos traumáticos e inquietantes. Cada vez que algo asusta a la
madre segrega cantidades de esta hormona, que a la vez inundan el
sistema del niño, lo que le ayuda a retener una imagen mental del
contratiempo de su madre y del efecto que esto tiene sobre él. El
miedo tiene una incidencia muy importante sobre la memoria. Las
mujeres que son emocionalmente inestables son gestantes de alto
riesgo. Estas son las que llevan una mala relación con su madre, las
que no deseaban el embarazo y las que tienen problemas con su
marido y se preocupan desmesuradamente de su imagen corporal.
La actitud de la madre hacia el nacimiento de su hijo predetermi-
na el tipo de parto que tendrá.

El placer o dolor que acompañan el nacimiento dejan una
huella indeleble en nuestra psique. El nacimiento es el primer choque emocional que experimenta el niño y que se queda en la base
de su memoria. Vive momentos de placer sensual en el masaje pro-
ducido por los movimientos que hace la madre, así como momentos de dolor y miedo cuando el parto dura mucho, e incluso de
pánico cuando el niño es expulsado de golpe o tienen que forzar
su salida y marca el comienzo de una experiencia difícil. Su mente
registra toda sensación, movimiento, emoción… y hasta los detalles
insignificantes dejan su huella imborrable aunque el niño no pueda evocar estos recuerdos espontáneamente. Este momento, el
nacimiento, es un paso crucial, es el paso de estar más o menos
tranquilos *en unión con nuestra madre* a salir a un mundo hostil, frío,
lleno de luz y ruido, y *separado* de ella. En esta transición *se nos activa el instinto de supervivencia que nos pone en estado de alerta*; es como
si nos dijéramos: «Si no me cuida mi madre, me muero». Si no está
nuestra madre para darnos la contención y el cuidado, la nutrición
y la protección, nos morimos. *Así pues, el nacer a una nueva vida nos
pone en contacto con la muerte*, y lo que nos salva de la muerte es estar
en relación con un adulto amoroso, cuidador y protector. Tres cua-

lidades esenciales para sobrevivir en este estado vulnerable en que nacemos.

Así pues, en el paso del nacimiento sentimos una transición a una nueva vida, nos sentimos ante la posibilidad de la muerte. Sentimos el amor de nuestra madre (si no nos separan de ella) y la sensación de vacío y miedo (si nos separan de ella, aunque sea temporalmente). Estas sensaciones de base se registran en nuestro cuerpo y nuestro cerebro. Para hacer la transición más llevadera, actualmente, en algunos hospitales, colocan al bebé encima de la madre y lo dejan un ratito antes de cortar el cordón umbilical, para que pueda hacer la transición menos bruscamente.

Yo pude revivir mi propio parto en una terapia regresiva y sentí cómo mi cuello se quedaba atrapado y era un dolor muy profundo, se me cambió la respiración y tuve una especie de ataque de ansiedad, que, gracias a mi terapeuta, superé con facilidad porque estuvo muy cercana, muy presente y me proporcionó mucha protección y seguridad. Esto me permitió desbloquear mi garganta, que se solía quedar atascada cuando tenía que expresar lo que yo quería con respecto a algo.

La relación con nuestra madre

Dependiendo del vínculo que establezcamos con nuestra madre o cuidador principal, vamos a desarrollar *una sensación de nosotros mismos con respecto a los otros y al mundo en el que vivimos.* Así pues, la manera en que nuestra madre o cuidador principal nos atiende, haciéndose cargo de nuestras necesidades de nutrición (comida/bebida), cuidado, descanso y limpieza, es muy importante. De niños necesitamos alimentarnos de nutrientes, pero también (es incluso más importante) establecer una conexión con nuestra madre, una relación de contacto en la que nos sentimos en sintonía con ella. Esto se consigue mirando al bebé, hablándole, tocándolo, acariciándolo, cogiéndolo, meciéndolo, achuchándolo, abrazándolo, poniéndolo junto al pecho y al corazón (latido que el niño reconoce) y pasando tiempo con él/ella. No tiene por qué estar todo el tiempo, pero sí tiene que haber *una predictibilidad, consistencia y continuidad* que le *da seguridad al niño.*

A partir de esa seguridad que captamos debido al trato que recibimos, vamos a abrirnos o cerrarnos (por falta de seguridad) a los demás y al mundo. Al principio vamos a intercambiar afectos, los que se hayan quedado de fondo del tiempo que estuvimos en el vientre materno. Son las sensaciones de placer y displacer, estar a gusto o a disgusto y de sentir comodidad o incomodidad. Así se establecen los primeros movimientos hacia algo para conseguir sentir placer, sentirte a gusto y cómodo, o en contra de algo por sentir displacer, sentirnos a disgusto y sentir incomodidad. El punto medio sería estar en paz, armonía, equilibrio.

Cuando nos dan de mamar nos colocan junto al corazón de nuestra madre y se generan unos campos electromagnéticos muy potentes (hoy en día medibles) que hacen que lo que esté próximo entre en resonancia, es decir, se sintonicen al mismo ritmo y frecuencia. Luego, cada vez que estamos próximos a nuestra madre, resonamos con su energía y por eso su sola presencia nos calma.

El llanto es siempre una expresión de que necesitamos algo. De bebés actuamos desde la necesidad, no desde la manipulación; para manipular tiene que haber intención, y de bebés solo buscamos amor, cuidado y protección. El que no satisfagan nuestras necesidades nos crea incertidumbre e inseguridad. El llanto también nos permite llamar la atención y consigue que algún adulto se nos acerque. Pronto aprendemos que mediante el llanto podemos de alguna manera hacer que aparezca un adulto. En general, se pueden distinguir tres tipos de llanto: el llanto de hambre, el llanto de dolor y el llanto que reclama el contacto humano, que es más emocional y que muestra miedo o enfado.

También aprendemos que con una sonrisa obtenemos una respuesta externa positiva, una sonrisa recíproca, alegría o admiración que muestran los adultos al vernos sonreír. Aprendemos qué emociones producen determinadas reacciones a través del ensayo y error. Este es el comienzo de nuestra vida emocional: cómo relacionarnos a través de las emociones.

No debemos olvidarnos de que las sensaciones y emociones son la manera en que el niño se relaciona con el entorno. El niño tal vez tenga conciencia de ser, pero no puede pensar, no puede hablar, no puede decidir… Solo puede, mediante los afectos y los movimientos, comunicar sus necesidades. La manera en que las atienden va a ir dejando un sedimento que va a afectar la manera en que nos relacionamos con el mundo.

Satisfacer plenamente todas las necesidades del bebé es imposible, porque no podemos comunicarnos con él, y aunque pudiéramos nunca podemos entender al otro del todo, así que cuando las madres lean esto y tal vez se sientan culpables de no haber sabido hacerlo mejor, quiero que recuerden que «lo hicieron lo mejor que pudieron en ese momento, con esos recursos y esa conciencia», aunque inevitablemente su comportamiento tuviera consecuencias. Así pues, madres, según vayamos avanzando por el libro, y si os empezarais a sentir culpables, recordaos que «lo hicisteis lo mejor que pudisteis en ese momento con esos recursos y esa conciencia», aunque ahora seáis más conscientes, tengáis otros recursos y lo haríais de manera diferente con esta información.

Los primeros afectos que mostremos van a estar en relación con el tipo de apego que establecemos con la madre o el cuidador primario. Si bien es cierto que puede no ser la madre la que se ocupe de nosotros todo el tiempo porque trabaje o porque no esté tan disponible como puede ser otra persona (la abuela o cuidador), lo que necesita el bebé en este momento es amor-cariño, cuidado y protección. No obstante, establecer el vínculo con una persona significativa y el tipo de vínculo que formemos va a ser determinante en sus relaciones futuras. Esto lo veremos más en detalle en el siguiente capítulo.

Ojalá nuestras madres hubieran sabido todo lo que está implicado en crear unas bases importantes que nos proporcionen amor-cuidado-protección. Todos habremos recibido diferentes grados de estas tres necesidades importantes. Y los habremos recibido de diferentes personas: nuestra madre, padre, abuelos, tíos, hermanos, cuidadores… y, más tarde, cuando vayamos a la guardería o al colegio, de los profesores. Pero lo que no cabe duda es que la familia resulta determinante en los primeros tres años, aunque *a posteriori* intervengan cuidadores y profesores.

Nuestro comportamiento como bebés va a ser el resultado de tener cubiertas estas tres necesidades en mayor o menor medida. Dependiendo del trato que percibimos a través de sensaciones, recibiremos un mensaje subliminal que nos hará sentir sentimientos y emociones a partir de los cuales formaremos unas creencias que determinarán las decisiones que tomemos con respecto a nuestra vida. En capítulos posteriores iremos descubriendo cómo todo esto que hacemos de forma inconsciente irá sentando las bases de nuestro guion de vida y estructura defensiva o personalidad.

Conclusión

- Desde el principio de nuestra existencia en el vientre materno tenemos sensaciones físicas y emocionales que van a afectar nuestro futuro desarrollo.
- El primer trauma importante en nuestra vida es el nacimiento porque es el paso de la unión con nuestra madre a la separación de ella y a necesitar estar en relación con ella para sobrevivir.
- Esta relación bebé-madre o cuidador principal va a sentar las bases de cómo aprendemos a comportarnos en nuestras relaciones importantes posteriores.

4

LA SINTONÍA CON
NUESTRA MADRE
¿CREÓ UN VÍNCULO SEGURO?

«La primera felicidad de un niño es saber que es amado».
DON BOSCO

Vamos a profundizar más en el vínculo con nuestra madre o cuidador primario (utilizamos el término «madre» para generalizar, entendiendo que tras el parto otra persona puede ocupar su lugar), nuestra primera relación, que tiene unas características especiales para que se genere nuestro apego con ella.

El apego es un sistema biológico e innato que busca mantener al bebé a salvo, ya que hace que este:

1. Busque la proximidad con la madre.
2. Acuda a ella cuando siente malestar para que le ayude a regular sus emociones.
3. Pueda internalizar la relación con ella y le produzca una sensación de base segura.

Esta sensación será el resultado de experiencias repetidas de sentirse conectado con una figura que proporciona amor, cuidado y protección.

La sensación de seguridad proviene de experiencias *predecibles, repetidas y consistentes* que crean una «base segura» primero desde el exterior y que luego sentimos internamente y nos permite sentirnos seguros para poder salir a explorar. Si esto se da, hablaremos de apegos seguros y, si no, de apegos inseguros (en mayor o menor grado).

Aunque nos centraremos en el apego con la madre, el niño puede tener un tipo de apego con la madre y otro tipo de apego con el padre o con otro cuidador. Así, si son diferentes, puede tener un apego seguro con uno y un apego inseguro con el otro.

Los apegos seguros están relacionados con desarrollos positivos en muchas áreas: emocional, cognitiva y social. Facilita la capacidad para relacionarse adecuadamente, fomenta la resiliencia al estrés y la habilidad de manejar las emociones propias y la empatía para manejar las de los demás. Sienta las bases de nuestra inteligencia emocional y del desarrollo de las habilidades sociales, lo que va a dar un sentido a nuestras vidas.

El tipo de apego de base puede cambiar si tenemos relaciones reparadoras en el proceso de crecimiento. Se ha visto que una relación reparadora con otra persona, en la que nos sentimos comprendidos y seguros, puede ser una importante semilla para desarrollar resiliencia. Por ello, las relaciones con familiares, profesores, cuidadores y psicólogos pueden crearnos también una base segura.

Esto es posible porque nuestro cerebro se moldea a partir de las relaciones y el tipo de relaciones que mantenemos con las personas significativas en nuestra vida. Por ello, a pesar de la impronta del primer apego, los avances de la neurociencia y las investigaciones sobre la plasticidad del cerebro demuestran que podemos transformarlo; ninguna relación es del todo determinante y su impacto no tiene por qué convertirse en una condena de por vida.

Vincularse es no solo una necesidad biológica de supervivencia sino también una experiencia profunda y casi espiritual de conexión con el otro, que permite que el bebé no se sienta solo y tenga miedo de morir porque no le cuidan. Es algo tan importante y necesario que, cuando el bebé no se puede vincular a una persona, lo hará a animales u objetos, ya que si no lo hace morirá. Los niños que han sufrido abuso y que no se pueden vincular se disocian y se dividen en múltiples personalidades internas para no sentirse solos, o se vinculan con una fantasía para manejar el dolor.

Nuestra cultura todavía no ha integrado plenamente la importancia del vínculo y por eso en muchos hospitales separan al bebé recién nacido de la madre para que esta pueda descansar y recuperarse, ¡cuando es primordial para el bebé vincularse a ella una vez que ya no están unidos físicamente!

Ojalá todos hubiéramos tenido un apego seguro de base que nos hubiera proporcionado experiencias repetidas de conexión, entendimiento, cuidado, amor y nutrición. De ser así, tendríamos una base de seguridad que nos permitiría ver el mundo con optimismo y resiliencia para manejar las frustraciones. Sin embargo, la mayoría de nosotros hemos tenido diferentes grados y tipos de apegos inseguros y esto es lo que va a hacer que, en vez de mostrar nuestro niño interior amoroso, divino, el que está conectado con el ser superior, el auténtico ser, empecemos a desarrollar un *self* falso, una máscara, una coraza, que es nuestra mejor opción para manejar el entorno que nos ha tocado.

El apego o vínculo no solo tiene que ver con sentirse seguro física y psicológicamente con nuestra madre o cuidador, sino que significa mucho más: la base de una conexión emocional con otro ser humano. A través de esta conexión física y emocional desarrollamos la confianza en los demás. Sobre esta relación construimos la base de las siguientes relaciones. El vínculo o apego que establecemos con nuestra madre fundamentalmente y/u otros cuidadores primarios nos va a marcar de manera decisiva. El apegarnos a nuestra madre o cuidador tiene que ver con integrar la forma en que somos cuidados, protegidos y amados. La forma en que nos muestran amor, cuidado y protección sienta las bases de sentirnos seguros y confiados con los demás.

La calidad del AMOR nos permitirá experimentarlo o no como el amor incondicional que como bebé necesitamos y que conlleva las nueve cualidades o nueve facetas que vimos en el capítulo 2: *atención, aprecio, afecto, aceptación, autenticidad, apego, amistad, ánimo y admiración.*

No obstante, si la madre no siente este AMOR por sí misma, no se presta atención, no se aprecia, no se cuida, no acepta sus propias necesidades, no es auténtica con lo que realmente siente, no tiene en cuenta todas las diferentes partes de sí misma, no se compromete con su propia salud y bienestar, no se anima para relajarse, descansar y dejar que otro tome la iniciativa y no se alienta a sí misma admirando sus propios comportamientos, entonces no podrá ver en su bebé lo que ella no tiene, y no dispondrá del espejo necesario para podérselo reflejar a su bebé.

La madre sensible es capaz de ver las cosas desde la perspectiva del bebé, escucha sus necesidades y responde rápida y adecuadamente. La capacidad empática con su hijo para ponerse en su lugar va a facilitar el desarrollo del mismo. Si la madre es insensible y se comporta con el bebé según a ella le convenga, basándose en sus propios deseos, en su estado de ánimo y sus actividades, este sufrirá y es probable que pierda la confianza en sí mismo. Hasta un niño de pocas semanas necesita sentir que sus acciones influyen en el entorno. Aunque todavía se siente indiferenciado con el entorno, el hecho de que le atiendan le hace sentirse importante y centro.

El apego seguro se da cuando la madre satisface las necesidades del niño de forma correcta y en el momento adecuado. Lo que interioriza el niño de este comportamiento materno es que le entienden y que sus sentimientos y necesidades son respetados y respondidos. Siente que alguien importante en su vida le conoce y le deja la sensación de que «si me expreso, me van a entender y van a cubrir mis necesidades».

En los apegos seguros, los niños sienten que tienen *sintonía* con la madre (sintonía quiere decir resonar, empatizar, relación recíproca) y perciben que ella manifiesta *comportamientos coherentes* (predecibles) y *repetitivos*. Las relaciones con estas tres cualidades hacen que el niño se sienta no solo *sintonizado* con la madre, sino además entendido y *conectado* con ella. Esta sintonía proporciona al niño una sensación de equilibrio interno que le ayuda a regular sus estados corporales y más tarde sus emociones.

Los padres no siempre son capaces de proporcionar a sus hijos una conexión segura. Si esa conexión no se consigue con *suficiente regularidad* y si el comportamiento del adulto *no es predecible ni coherente,* no produce una sensación interna de seguridad sino una sensación de inseguridad que dará lugar a diferentes tipos de apego inseguro. Esto se convertirá en una sensación interna que va a afectar directamente a cómo el niño interactúa con los demás en el futuro. *Los apegos inseguros* pueden ser de diferentes tipos y surgen como resultado de *experiencias de falta de sintonía, incoherencias y falta de continuidad o regularidad.*

Cuando falla la sintonía, ¿cómo afectan los apegos inseguros a nuestras relaciones?

Nuestra incapacidad para recordar acontecimientos o situaciones específicas no significa que dichas emociones y experiencias no estén presentes; incluso los recuerdos muy inconscientes están resonando emocionalmente. La relación con la madre se convierte en el modelo que utilizamos para el contacto o intimidad, en un futuro, en nuestras relaciones adultas. Si el contacto o conexión fue débil y vuestras necesidades de seguridad, cuidado y amor no fueron satisfechas, podemos crecer temiendo el contacto, la cercanía. O por el contrario siendo dependiente para siempre de que otros satisfagan vuestras necesidades. Por ejemplo, si cuando llorábamos porque necesitábamos contacto o porque teníamos los pañales sucios nos ignoraban o cuando nos cogían lo hacían bruscamente y nos sentíamos rechazados, probablemente no nos sentiremos seguros y eso no nos permitió vincularnos lo suficiente como para establecer una sensación de confianza. Habiendo experimentado el mundo como no seguro lo más probable es que osciláramos entre buscar la proximidad desesperadamente (apego ansioso) o evitar la proximidad (apego evitativo). Vamos a analizar ahora los diferentes tipos de apegos inseguros y su impacto en nuestras relaciones adultas.

Apego ansioso

Los que tienen un *apego ansioso* experimentan la comunicación con la madre como inconsistente, pues unas veces está en sintonía y otras no y puede ser incluso intrusiva. Experimentan a la madre como impredecible y esto les hace aferrarse a ella cuando está presente y ser dependientes. El niño no puede depender de la madre de forma consistente para sintonizar y conectar, pero sigue intentando entablar conexión con ella. Es como si no perdiera la esperanza. Cuando los niños experimentan una disponibilidad inconsistente y el tipo de conexión con la madre no es predecible, desarrollan un *sentido de ansiedad y de incertidumbre y duda sobre si pueden o no depender de su madre*. No saben qué esperar y eso produce ansiedad. La ansiedad produce una sensación de inseguridad en la relación madre-hijo y crea una base de desconfianza en el otro.

A partir de ahí, lo más probable es que la interacción con el mundo sea parecida. Las personas con apego ansioso están *desesperadas por esa conexión*, expresan intenso afecto y mucho distrés o estrés negativo en las relaciones que no responden a lo que ellos necesitan y se convierten en hipervigilantes, siempre vigilando esas disrupciones en las relaciones. Están *constantemente preocupados por la pérdida potencial de la relación*. Tienden a formar relaciones de dependencia a las que se aferran. Permanecen en relaciones dependientes, aunque estén incómodos tanto en parejas como en trabajos. Aceptan esa falta de sintonía con la otra persona, esa negligencia, como si fuera algo natural, y son incapaces de separarse. En vez de pensar en ellos como ansiosos, sería mucho mejor conceptualizarlos como «desesperados para poder conectar» con el otro y *ansiosos de anticipar la posible pérdida*. Desde la infancia en adelante, tienen *un miedo implícito del abandono*.

Llevado al extremo, pueden mostrarse ansiosamente desesperados. Son personas que tienen constantes demandas emocionales. Están siempre pidiendo que las reafirmen: ¿me quieres? ¿De verdad que me quieres? Sus parejas se quejan de que hacen demasiadas demandas de afecto. Su núcleo desde la infancia es que no pueden estar seguros de la relación, así que siempre están con miedo de una manera desesperada, con hambre. No creen que alguien vaya a estar ahí para cubrir sus necesidades relacionales. Sus parejas suelen ser evitativas porque provocan en ellos alejamiento.

Los ansiosos alternan entre expresiones afectivas de estar 1) confusos y pasivos, y 2) miedosos y abrumados. Cuando describen las historias de sus vidas, frecuentemente han tenido una historia de relaciones en las que han estado muy adaptados. Buenos en estudios, vinculados a algún profesor, porque están *dispuestos a adaptarse a cualquier precio para llenar esa inseguridad*.

Características de cómo se manifiesta este apego en las relaciones adultas:

- Tiene necesidad de tener pareja, se siente desgraciado cuando no la tiene.
- Busca mucha intimidad en la relación, que se convierte en una especie de dependencia.
- Le cuesta expresar sus inquietudes por miedo a que se distancie la pareja, pero actúa para que le pregunten.
- Recurre a juegos para llamar la atención o despertar el interés de la pareja.
- Está muy pendiente de los comportamientos de la pareja para intentar saber si hay algún cambio o todo está bien.
- Cree que debe esforzarse mucho para que la pareja siga interesado en él/ella.

- Se adaptan a la pareja con una especie de sumisión y esperan que sea la pareja la que lleve la relación.
- Tiene cierta ansiedad por el futuro de la relación, preocupándose de si durará.
- Teme que cualquier descuido arruine la relación.
- Desconfía de la pareja y cree que le puede ser infiel, por lo que se muestra celoso/a.

Apego evitativo

Cuando una madre no está disponible de forma reiterada, o rechaza al niño, o cuando se acerca al niño y no está emocionalmente equilibrada, este puede desarrollar un apego (inseguro) evitativo. Esto quiere decir que *el niño se adapta al adulto evitando la cercanía y la conexión emocional con la madre*. La relación emocional madre-hijo suele tener una calidad estéril, pues es como si la madre no disfrutara del niño y este siente la no-conexión. Tanto en los apegos evitativos como en los ansiosos, los niños han desarrollado una adaptación a su entorno y esto dejará una huella de base en sus relaciones futuras. Los niños se adaptan lo mejor que pueden a lo que les ha tocado. La tenacidad en estas adaptaciones se puede ver en la forma en que recrean este tipo de apego en las relaciones futuras. La manera en que nos adaptemos a nuestras relaciones primarias de una familia de origen hace que luego lo hagamos igual en situaciones sociales con amigos, con profesores o en relaciones de pareja.

En el apego evitativo inicialmente el niño llora para llamar la atención de su madre y esta tarda en acceder, y cuando lo hace es posible que esté alterada y no trate al bebé con el cariño que necesita o le proporcione lo que no necesita. Se produce un desencuentro entre lo que el niño necesita y lo que obtiene. En este escenario el bebé aprende que su madre rara vez lee sus señales.

Primero tarda en escuchar, luego no entiende lo que necesita, y tarda en entender sus necesidades, *lo que le hace deducir que su madre no está disponible para cubrirlas.* Las madres de estos niños no estaban emocionalmente disponibles: se retiraban cuando el niño estaba triste y se sentían a disgusto con el contacto físico. Por ello, aunque la necesita, aprende a no mostrar necesidad e incluso rechazo. Tuvieron *padres que eran predeciblemente insensibles o indiferentes.*

El *apego evitativo también se podría describir como desapego emocional.* Los evitativos, a diferencia de los ansiosos, están relajados; no hay necesidad ni de intentarlo, convencidos de que no van a conseguir lo que necesitan. Las personas con este patrón *expresan su malestar descontando o devaluando la importancia de las relaciones.* Inhiben las emociones y expresan su enfado apartando a la gente. Básicamente *evitando la intimidad.* No es que lo hagan todo el tiempo, pero sí tienen un patrón evitativo.

Cuando están en estrés o tienen un disgusto, su primera reacción es frustrarse y enfadarse. Evitan la intimidad y no hablan de lo que sienten porque no creen que vaya a haber alguien para responderles. Tienen *un miedo implícito a la vulnerabilidad en la intimidad.* En comparación con el apego ansioso, que tiene un miedo implícito a la pérdida o abandono, aquí el miedo tiene que ver *con ser vulnerable en las relaciones.* Intenta no mostrar su propia vulnerabilidad y evita expresiones de ternura. No les gustan las expresiones tiernas de afecto y ridiculizan a otras personas que sí que las muestran.

Inhiben la comunicación de emociones y no se dan cuenta de sus necesidades, además de no ser capaces de expresar su experiencia interna; si finalmente se permiten a sí mismos abrirse y hablar de sus emociones, tienen miedo a la falta de respuesta y anticipan el rechazo de los demás. Rechazan su necesidad de contacto físico y desarrollan estrategias para las relaciones interpersonales donde no son conscientes de sus necesidades. No quieren ser dependientes de nadie, pero pueden serlo de cosas. *Viven la dependencia como algo peligroso.*

El patrón evitativo en adultos está repleto de afirmaciones contradictorias acerca de las historias de la infancia en lo que se refiere a las relaciones con los padres. No se quieren acordar. Utilizan la negación y desapropiación, les falta memoria de las relaciones dependientes. Los trastornos de apego evitativo suelen manifestar autoafirmación intentando ser dominantes en las relaciones, y si no son dominantes resultarán por lo menos fríos. Pueden mostrar una cualidad típica de la obsesión o del narcisismo. Las personas que se obsesionan son muy solitarias. Parte de la obsesión es llenar ese vacío de soledad. Ellos llenan el vacío y la soledad con preocupación habitual y fantasías obsesivas. Lo mismo ocurre con el narcisismo. El narcisismo es darse autobombo, pero también puede haber narcisismo oculto: «Mírame lo fantástico que soy, o pobrecito de mí, nadie me ayuda y todo me va mal». Vemos estas personas y no pensamos que son narcisistas. Se sienten tremendamente solos en el fondo. Tuvieron padres que eran vulnerables emocionalmente. En lo más profundo están solos aunque ellos quieran creer que no necesitan de nadie y lo pueden hacer solos.

Características de cómo se manifiesta este apego en las relaciones adultas:

- No aclara sus intenciones con la pareja.
- Envía mensajes confusos, parece que le interesa el otro/a pero luego crea distancia o espacio.
- Emplea tácticas para poner distancia emocional o física estableciendo límites en la relación.
- Valora mucho su independencia.
- Desconfía de sus parejas pensando que se puedan aprovechar de él/ella.
- Hace descuentos: no tiene en cuenta a la pareja o habla de las dificultades con parejas anteriores.
- Tiene una opinión poco realista e idealizada de cómo deberían ser las relaciones.

- Tiene miedo al compromiso y establece reglas que lo evitan.
- Crea discusiones (consciente o inconscientemente) para poder alejarse temporalmente; de no ser así, demasiada cercanía le estresa.
- Le cuesta hablar con la pareja acerca de la relación.

Apego desorganizado

Cuando las relaciones con la madre son un foco de miedo y desorientación, la necesidad de apego no está resuelta y el niño puede desarrollar lo que se llama un apego (inseguro) desorganizado. El patrón de apego desorganizado refleja una desorientación psicológica profunda causada por un trauma que no está resuelto y una pérdida del contacto reparativo, que no existe. *Trauma y pérdida de alguien que pueda curar ese trauma.* El trauma ocurre pero lo que traumatiza (significa que no está resuelto) es la ausencia de una acción reparativa. Si un niño entiende que es una mala experiencia, o lo habla y lo libera, y no se queda con esa carga emocional, entonces no es traumatizante, hay calidad reparativa. Cuando hablamos de apego desorganizado, hablamos de que hay *un trauma emparejado con la ausencia de una relación reparativa.* Por ello los niños hacen sus propias conductas de autorreparación. Otro trauma es el acumulativo, que consiste en pequeñas decepciones, las pérdidas, la pequeña torta, la crítica, que ocurren una y otra vez, y todo eso es lo que es traumatizante, aunque cada una de esas cosas no lo es en sí misma.

Este apego se da cuando la manera de tratar al niño hace que este sienta más miedo que confort o esté más a disgusto que a gusto. Cuando se quejan reciben más malestar. Esto hace que el niño se sienta indefenso, lo que le hace tensarse aún más. El niño siente que la madre no está presente para él y ha deducido que sus emociones no solo no le ayudan a conectar con el otro sino que crean una desconexión mayor, y eso hace que no pueda darle sentido a sus emociones internas. Esta desconexión hace que el niño tenga miedo de confiar en las relaciones interpersonales y, sobre todo, en las situaciones de estrés.

Cuando la calidad de la relación no responde a las necesidades de ese niño, vamos a tener una *reacción biológica de supervivencia, de tensión muscular, el congelarse.* Cuando el niño sabe que al llorar con tristeza no consigue una respuesta, pero que si se pone alegre o enfadado al menos la madre viene y le grita, aprenden a cerrar un afecto y activar otro para conseguir respuesta aunque sea negativa. *Es lo que llaman una sustitución de sentimientos.*

Los niños con un apego desorganizado tienen experiencias repetidas de conexión con la madre en la que se sienten desbordados, asustados, o viven una sensación de caos. Cuando la madre es un foco de alarma y confusión, los niños padecen «una paradoja biológica». Esto significa que dependen de quien no solo no les produce confort y cuidado, sino todo lo contrario: les produce miedo y les hace sentirse a disgusto. En esta situación el niño está pillado porque hay un impulso de ir hacia la madre, que en esta situación es el foco del terror del que él está intentando escapar. Esto es lo que se ha denominado *miedo sin solución.* Es un dilema sin solución en el que el niño no puede darle sentido a la situación que está viviendo o tener una adaptación organizada. La única solución posible es convertirse en desorganizado y caótico.

Los niños con apego desorganizado *perciben a sus cuidadores como negligentes y castigadores de forma predecible,* y que van a ser negligentes de una forma que también va a ser predecible. Son niños supertensos, supervigilantes, a los que no les cubren sus necesidades. Crecen en medio de peleas familiares. A menudo se convierten en la víctima de esas peleas. Muchos informan de que uno de los padres o ambos han sido abusivos o violentos. *Estos niños tienen un miedo implícito al abuso.*

Se ven muchos tipos de apego desorganizado en niños que han sufrido abuso por sus padres y/o cuidadores primarios. El abuso puede ir desde el abuso físico hasta la negligencia (es decir, la falta de cuidados y confort que el niño necesita). El abuso es incompatible con que los padres le proporcionen un sentido de seguridad. Rompe la relación entre el niño y la madre y crea una situación imposible en la mente del niño, fragmentando su sentido de sí mismo. Para los niños con un apego desorganizado, el hecho de no poder integrar correctamente una base segura puede hacer que *no les resulte fácil regular emociones, tengan problemas en las situaciones sociales y dificultad con los razonamientos académicos, así como una predisposición a la violencia o a la disociación.*

La disociación es un proceso que se da cuando ha habido una fragmentación de la sensación de sí mismo. El apego desorganizado también se encuentra en familias en las que, aunque no haya abuso físico, sí hay experiencias repetidas en las que el comportamiento de los padres es muy aterrador o desorientador para el niño. Los padres que se enfadan con los niños o que se intoxican con alcohol o drogas pueden crear un apego desorganizado. Esta paradoja de buscar confort y regulación emocional del foco que genera tu miedo y desorientación resulta devastadora. Estas experiencias perjudican las funciones mentales que regulan las emociones y ayudan a manejar el estrés. Se han hecho investigaciones con padres que tienen traumas no resueltos y se ha visto que tienen mayor probabilidad de sobreactuar comportamientos que aterrorizan a sus hijos. Tener una historia de trauma no predispone para que tengas un hijo con un apego desorganizado, sino que es la falta de resolución de este trauma lo que hace que se pueda disparar y sobreactuar, lo que puede aterrorizar a los hijos.

Características de cómo se manifiesta este apego en las relaciones adultas:

- Dificultad para establecer una relación duradera.
- A veces busca cercanía y otras veces la evita.

- Tiene prevención hacia las relaciones en mayor o menor medida.
- Está alerta, siente ansiedad en los encuentros, tiene miedo de que le hagan daño.
- Es cauteloso en mostrarse, puede fingir lo que no es.
- Está tenso pero puede sustituir sentimientos mostrando alegría y agrado.
- Es desconfiado, le cuesta tener intimidad, no se muestra.
- Intenta mantener relaciones en las que tiene el control.
- Pueden mostrarse agresivos en momentos de estrés.
- Tiene problemas en situaciones sociales.
- Miedo al abuso por parte de la pareja.

Conclusión

El tipo de apego que establecemos con nuestros padres nos afecta en nuestras relaciones futuras. Siendo conscientes de nuestro tipo de apego podemos, poco a poco, transformarlo en un apego seguro.

5

LAS EMOCIONES, CLAVE
DE NUESTRAS RELACIONES

«No somos responsables de las emociones,
pero sí de lo que hacemos con las emociones».
JORGE BUCAY

Somos el resultado de la forma que manejamos nuestras emociones. Todo lo que nos importa las involucra. Las emociones
están relacionadas con la totalidad de lo que nos sucede, nos unen
a nuestro pasado y determinan nuestro futuro. Las emociones son
una parte fundamental de nuestra vida, están en la base de nuestras
pasiones, de nuestros deseos y de nuestras motivaciones. Nos dicen
lo que es importante y relevante para nosotros en un momento
determinado. Tienen un papel fundamental en nuestras decisiones.
Aunque, una vez que podemos razonar (empezamos a hacerlo
alrededor de los 3 años de forma rudimentaria), estemos capacita-
dos para complementar nuestros procesos de decisión con el pensamiento, nuestros inicios, que son muy determinantes, pasan por
el tamiz de las emociones. Estas también nos indican cómo van
nuestras relaciones.

Las *e-mociones* son energía que pide *movimiento*, que se
manifiestan en el cuerpo a través de las sensaciones que nos
incomodan, para que tomemos conciencia de que requieren una
acción por nuestra parte. Si llevamos a cabo la acción que
requieren y gastamos la energía de la emoción, esta se transforma y nuestro cuerpo vuelve a su estado de equilibrio antes de la
emoción, y en este caso la emoción ha cumplido su función.

Pero si tenemos una emoción y no movilizamos esa energía, esta se almacena en nuestro organismo y nos mantiene en un estado de activación o agitación. Si controlamos la expresión de la emoción, estamos bloqueando temporalmente esta energía disponible para la acción. Además las emociones tienen una finalidad con respecto a los demás: buscan conseguir una mejor relación con el otro. Por ello, cada emoción procura una acción por su parte.

Las emociones nos ayudan a autorregularnos cambiando nuestros estados fisiológicos. Inicialmente hacemos esto con la ayuda de nuestra madre, nos regulamos en la relación con el otro. De bebés, en los primeros meses del desarrollo, solo podemos comunicarnos a través de las emociones y del movimiento buscando atraer la atención del otro, normalmente nuestra madre. Si establecemos una relación emocional placentera, creamos un vínculo que es la primera relación social. Cuando estamos frente a otro, aun en la distancia, podemos sentir sus estados emocionales por sus gestos, movimientos, el tono y la intensidad de su voz... De ahí intuimos sus motivos, si el encuentro va a ser placentero o nos va a proporcionar malestar.

Los seres humanos somos seres sociales y relacionarnos con los demás es una necesidad básica. Las emociones son adaptativas porque nos ayudan a adaptarnos a nuestro entorno, en su nivel más básico nos enseñan a acercarnos o a alejarnos de los demás, en función de si es bueno o malo para nosotros. ¿Y cómo sabemos si es bueno o malo? En una primera instancia lo que percibimos en la relación es placer o displacer, gusto o disgusto, lo que nos hace ir hacia o retraernos. Luego nuestras emociones nos marcan cómo nos vamos a relacionar.

Las emociones bloqueadas están activas pero reprimidas, hasta que un día, normalmente en momentos de mucha tensión, fallan nuestros mecanismos y tenemos una reacción desmesurada ante una circunstancia que no merece tal reacción, y nos quedamos cuanto menos sorprendidos. Si no vamos soltando la energía contenida en la emoción y la vamos bloqueando, esto hace que tengamos un estado o sensación difusa que crea malestar de fondo o lo que solemos llamar ansiedad, y que si es mucha también llamamos dolor. Por eso es muy importante en cualquier proceso de duelo o pérdida afectiva significativa contactar con la sensación sentida, prestarle atención, expresar la emoción y movilizarla para que no se bloquee.

Según empezamos a expresar nuestras emociones, los padres o cuidadores nos condicionan según la manera en que nos permiten manifestarlas. Si cuando nos enfadamos nos reprenden, es probable que aprendamos a ocultar nuestro enfado; si cuando lloramos se ríen de nosotros, podemos aprender a reprimir el llanto y si cuando tenemos miedo nos dicen que «no hay que tener miedo», nos confunden. Aprendemos a manifestar las emociones según su forma de pensar o la de la cultura en la que hemos nacido. Normalmente los padres no suelen explicarnos qué son las emociones, ni tampoco nos enseñan a regularlas adecuadamente. Aprendemos a no prestarles atención e intentar no sentirlas, pero en realidad lo que estamos haciendo es bloquearlas temporalmente.

Cada emoción tiene un tipo de energía, una manifestación fisiológica y una bioquímica particular y requiere una acción del organismo. Una vez que empezamos a asociar una emoción con un pensamiento, tenemos sentimientos (sensación y mente) y luego estos pensamientos pueden activar la emoción. Por eso muchos psicólogos creen que es el pensamiento el que dispara la emoción. Sin embargo, la emoción precede al pensamiento. Solo hace falta preguntarse: ¿qué hace el niño antes, sentir o pensar? Luego ¿cómo se desarrolla el proceso? Primero se siente la emoción en el cuerpo que pide una acción y de ahí se pasa a un comportamiento que libere la sensación-emoción.

Más tarde es cuando tenemos la capacidad de pensar y de recordar. Al rememorar, traer a la memoria una experiencia pasada con una emoción asociada, vuelve a dispararse la emoción. Nuestras emociones se relacionan con nuestra memoria según nuestras experiencias, anunciando si un comportamiento nos beneficiará o nos perjudicará.

Desde el punto de vista de las emociones como energía, solo hay cinco fundamentales: miedo, enfado, tristeza, preocupación y alegría. Y todas tienen su impacto en nuestras primeras experiencias.

El miedo

El *miedo* activa nuestro instinto de supervivencia poniendo al organismo en estado de alerta. Cualquier estado emocional, menos el miedo, puede ser pospuesto. El miedo se superpone a cualquier otra emoción. Si hubiera que decidir qué emoción es la primigenia, diríamos que el miedo. El miedo produce una activación del organismo, preparándolo para la acción y para sobrevivir a una situación que identificamos como peligrosa, que nos activa y produce una respuesta de lucha/huida. Vernos incapacitados para luchar o huir nos produce bloqueo, con lo que nuestro miedo tiene tres posibles manifestaciones: se activa y lo expreso, huyo o lo reprimo, o no puedo hacer ninguna de las dos y me bloqueo. Pero si lo atiendo con amor, se transforma. Solo voy a poder hacer esto si me enseñan a hacerlo.

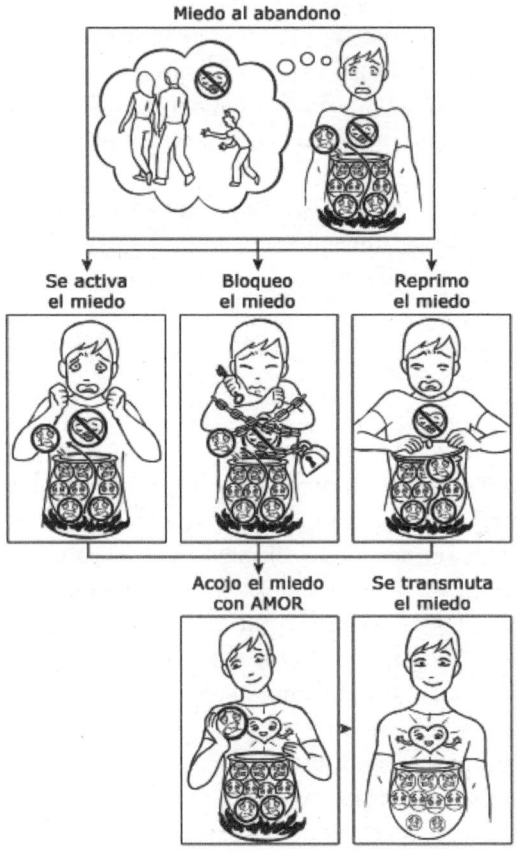

La reacción de miedo es la emoción más básica y la primera que sentimos al nacer, al pasar de un estado de placer y seguridad a salir a un mundo lleno de estímulos inquietantes y amenazantes. Podemos vivir diferentes intensidades de miedo y si no lo movilizamos y transformamos se va almacenando, creando más sensación de intensidad, lo que hace que se active con más rapidez ante cualquier situación (que nos hace sentir que los recursos que tenemos para afrontar dicha situación son insuficientes). Aunque originalmente el miedo ayudaba a nuestra especie a sobrevivir y se activaba cuando peligraba nuestra vida, ahora lo puede hacer cuando está en cuestión nuestra estabilidad emocional o psicológica.

Las reacciones fisiológicas del miedo y de la ansiedad o altos niveles de estrés son muy parecidas y se manifiestan con síntomas como: alteración del ritmo cardiaco, respiración agitada, nudo en el estómago, tensión muscular, cambio de temperatura... Estos síntomas nos asustan porque nos ponen en contacto con nuestro patrón básico de miedo, que se establece al nacer y nos recuerda que, si no nos cuidan y protegen, nos morimos. Una vez que sentimos miedo, nuestro organismo guarda la experiencia y, cuando la recordamos, nos activamos y pasamos a tener *miedo de sentir miedo otra vez*. Esto hace que, en vez de bajar nuestro nivel de miedo, se vaya intensificando en cada nueva situación. Afortunadamente, podemos romper este circuito con técnicas para liberar el miedo acumulado. Las más eficaces, rápidas y que no nos hacen revivir explícitamente el miedo son las de la psicología energética, que liberan el miedo estimulando ciertos puntos de acupuntura. También podemos aprender a manejar nuestras emociones con el *mindfulness* o atención plena. Esta técnica meditativa nos ayuda a poder permanecer en el miedo y darnos cuenta de que cuando nos permitimos sentir miedo, en vez de reprimirlo, este se va liberando lentamente.

En el proceso de desarrollo sentimos mucho miedo. Y si no nos apoyan, dan seguridad y tratan con cariño y amor en vez de expresarlo, lo bloqueamos y se va intensificando, de manera que nos vamos convirtiendo en personas miedosas. Tenemos *miedo* fundamentalmente a *estar solos, a necesitar apoyo y no tenerlo, a qué pasará de nosotros si nuestros padres nos abandonan, no nos quieren o no nos cuidan*. Son miedos genuinos, aunque muchas veces los padres no se los tomen en serio e incluso se rían de ellos. Ellos, en la mayoría de los casos, no le dan importancia porque ya han desarrollado recursos para manejar el miedo y no se acuerdan de sus miedos infantiles. O por el contrario, sienten los mismos miedos y hacen como que no los tienen, pero nosotros los captamos.

Aprender a manejar *el miedo* es fundamental porque *está en la base de todos nuestros problemas,* y *la mejor manera de manejar el miedo es desde la comprensión y el amor.* Cuando atendemos, aceptamos, apreciamos las razones por las que los niños tienen miedo, entonces hablamos abiertamente, siendo auténticos con nuestros miedos, y les apoyamos, les ayudamos en el proceso, comprometiéndonos y animando a los niños poco a poco a que aprendan a manejar el miedo. El amor es la energía opuesta del miedo y puede transmutarlo. Es muy importante no negar el miedo sino hacer todo lo contrario: atenderlo con amor.

El enfado

El *enfado* nos ayuda a impactar a los demás, ponerles límites y marcar nuestro territorio, a poder decir no, a pedir algo que es importante para nosotros y a afirmarnos en nuestra postura. El enfado se puede manifestar en diferentes intensidades: rabia, ira, cólera… Podemos sentirlo y expresarlo, o guardárnoslo dentro, o dirigirlo hacia nosotros por no haber sido capaces de hacerlo hacia la persona por la que hemos sentido enfado, lo que da lugar a resentimiento, rencor e incluso odio.

Para que el enfado sea efectivo hay que utilizarlo en la justa medida. Porque si nos desborda, cogeremos miedo a expresarlo. Cuando entendemos esto y podemos expresarlo sin desbordarnos hay una manifestación de enfado apropiada y, si no, una manifestación acalorada que normalmente agrava la situación.

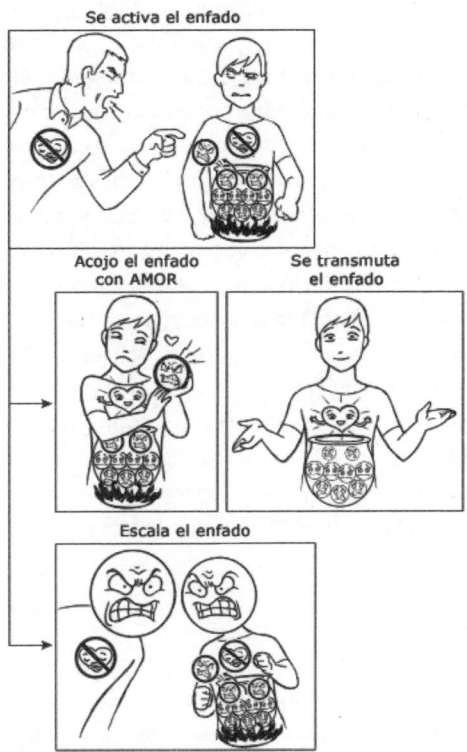

El enfado es una lucha entre «yo puedo» y «yo no puedo conseguir lo que quiero». Tiene que ver con la frustración de que algo se interponga entre nosotros y lo que queremos conseguir. Nos enfadamos cuando alguien se mete en nuestras cosas, cuando no nos tiene en cuenta o no nos respeta, y esto tiene que ver con la necesidad que tenemos todos de autoafirmarnos. De niños, si nos enfadamos y nos reprenden por ello, es probable que aprendamos a contener el enfado. Pero si se queda ahí y no lo descargamos, se intensifica y es probable que luego salga con mucha fuerza, como una pataleta o una agresión contra algo o alguien. Si tenemos ganas de hacer daño a alguien es

porque ese enfado nos lastima a nosotros dentro y por eso lo queremos descargar. Esto no justifica que lo descarguemos sobre alguien;
solo se trata de explicar que si aprendemos a manejar el enfado y no
bloquearlo, bajará nuestro nivel de activación y de agresividad.

Además el enfado es la emoción «más contagiosa»: si uno se
enfada y lo lanza fuera y otro lo coge y se enfada de vuelta, va creciendo el enfado y la agresividad que activa al organismo. Este pide
descarga, movimiento corporal que suelte esta tensión; por eso nos
da por pegar, golpear, dar patadas: es una forma de descargar el
enfado. Si cuando nos enfadamos no impactamos al otro y no nos
tienen en cuenta y modifican su comportamiento frente a nosotros, nuestro enfado crecerá. Entonces se crea ira, rencor y resentimiento, que busca una resolución, y aunque no lo tenga en el
momento, nuestro cerebro se queda en modo «inconcluso», esperando resolverlo, y nos quedamos activados o nerviosos. Si cuando
nos enfadamos nos atienden con amor, bajará la activación.

La tristeza

La *tristeza* es una emoción que nos repliega hacia dentro, nos recoge
y nos aísla. Con ella, indicamos sutil —o no tan sutilmente— al otro
que necesitamos que nos apoye y nos acompañe, buscamos compasión (compañía en la emoción). La tristeza también se puede manifestar en diferentes intensidades: pena, soledad, melancolía, depresión,
falta de energía. Cuando perdemos a alguien, cuando sentimos que
nos falta algo o alguien, que estamos solos, y no tenemos sensación
de poder personal, tendemos a aislarnos y replegarnos en nosotros
mismos. Pero también podemos sentir tristeza por falta de amor, por
sentir que no somos importantes para alguien, por falta de contacto.
El sentir la falta de conexión con las personas, la ausencia de una
relación íntima (y con ello no me refiero a sexual), pensar que no
me puedo mostrar como soy y que no me van a apreciar siendo

como soy, nos produce pena y tristeza. Para manejar la tristeza tenemos que aprender a escuchárnosla o que alguien nos escuche; necesitamos amor y ánimo. De niños, cuando no nos prestan atención, no se interesan por nuestras cosas, no juegan con nosotros o no tienen tiempo para escucharnos, nos va entrando tristeza. Si no tenemos una persona que compense nuestra tristeza dándonos amor, nos vamos deprimiendo poco a poco. Hay muchos más niños de los que imaginamos deprimidos, y lo están por falta de AMOR, que implica muchas cualidades que necesitamos recibir de nuestros seres queridos para poder prosperar en la vida.

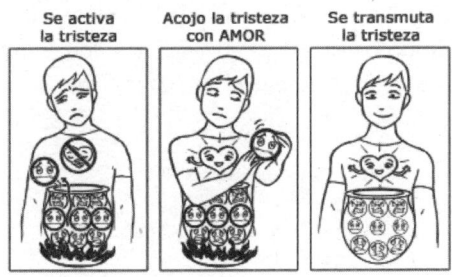

Se activa la tristeza · Acojo la tristeza con AMOR · Se transmuta la tristeza

La preocupación

La *preocupación* es una manera de intentar buscar soluciones con la mente para no sentir la ansiedad (o miedo sin objeto) en el cuerpo. No obstante, la preocupación es una manifestación del miedo o ansiedad de base, aunque creamos que preocupándonos la distraemos. La preocupación-ansiedad genera un bucle: siento la ansiedad y, como no puedo cambiar con la mente lo que siento en el cuerpo, entonces me preocupo; esto me hace sentirme ansioso y genero un bucle ansiedad-preocupación-ansiedad. El resultado final es una sensación de no control, de sentir que nos faltan recursos. La preocupación sucede en nuestra cabeza, pero las sensaciones se sienten en el cuerpo y la gente corriente lo llama nervios. Los nervios son ansiedad y es el resultado de tener miedo sin saber a qué. La preocupación tiene mucho que ver con anticipar. Anticipar problemas reales o problemas imaginados. En realidad, por un lado es la esperanza de poder adelantarte a los problemas para resolverlos, pero termina creándonos un problema y es que nos genera ansiedad.

La ansiedad y el miedo se parecen mucho en las manifestaciones fisiológicas, pero el miedo está más relacionado con mi supervivencia y la ansiedad más con cómo me percibo a mí mismo (con qué recursos dispongo) en relación a los demás y el mundo. Por eso se me va a activar la ansiedad respecto de tres grandes temas: 1) presión por las expectativas de los demás, no ser importante para los demás, 2) temer el rechazo y abandono y 3) sufrir abuso físico o emocional.

La alegría

Finalmente, la *alegría* es una emoción que produce excitación, que genera una activación del organismo que normalmente es placentera: busca compañía, compartir, disfrutar, celebrar con los demás. La alegría es el resultado del amor. Cuando sentimos amor estamos alegres, confiados, nos sentimos afectuosos, pletóricos, llenos de vida, de energía, de entusiasmo y júbilo. Cuando estamos alegres también nos sentimos bien con nosotros mismos, tenemos más autoestima y construimos un mejor concepto de nosotros.

Ejercicios de emociones

Para trabajar las emociones y sentimientos hay que tener en cuenta lo siguiente:

1. Reprimir o suprimir las emociones y sentimientos no los libera, sino todo lo contrario: los acumula e intensifica.
2. Cuando atendemos a nuestras emociones y sentimientos y los miramos de frente para aprender de ellos, empiezan a bajar en intensidad; esto lo podemos hacer con una actitud amorosa y comprensiva.

Cuando pones la atención en lo que sientes paso a paso, es decir, en el proceso, ¿qué sientes, cómo lo sientes, dónde lo sientes (en tu cuerpo)? Te das cuenta de que tus emociones no son tú y te empiezas a distanciar de ellas. Al describir el proceso dejas de estar afectado por ello, estás situado fuera, como un observador, dándote cuenta de cómo es la sensación, que puede inicialmente intensificarse y luego se debilita. La emoción lleva un pensamiento asociado y, al cambiar, también modifica el pensamiento. Si estás plenamente presente para tus emociones o sentimientos (más que a su significado), te darás cuenta de que son energía y esta necesariamente se transforma. Empieza por notar o describir la calidad y localización de tu emoción o sentimiento, como por ejemplo: la sensación de nudo en el estómago, angustia en el pecho. Date cuenta de su intensidad, de su forma, de su textura; verás que al hacerlo empiezas a calmarte. Date cuenta de si es una sensación global o específica, de si se expande o contrae, de si viene o va. Haz esto durante un rato y comprobarás que la sensación e intensidad cambiará.

Ejercicio para el miedo

En primer lugar partimos de esta base: *TÚ eres más que tu miedo.*

Tu miedo es una parte de ti, que tiene la función de avisarte, ponerte en alerta para que estés preparado para afrontar situaciones o personas.

a. Identifica con claridad y precisión lo que te da miedo.

b. Observa cómo sientes el miedo en el cuerpo: ¿qué sientes, cómo lo sientes, dónde lo sientes? Y cuando estás sintiendo esto, qué impulso tienes: luchar, huir o te sientes bloqueado.

c. En vez de hacer lo que has estado realizando hasta ahora, permítete sentir plenamente el miedo, como quien se da un baño, y nota cómo el agua te envuelve.

d. Empieza a respirar más lentamente, haciendo una pequeña pausa entre inspiración y espiración, dándote cuenta de cómo va cambiando la sensación en el cuerpo…

e. Cuando estés más relajado, pregúntate: ¿qué me está diciendo el miedo y qué significa para mí? ¿De qué forma me quiere ayudar este miedo? ¿Qué tengo que aprender de él?

Ejercicio para el enfado

Permítete sentir el enfado. Date cuenta de cómo sientes el enfado en tu cuerpo y qué te está pidiendo hacer. Si te está pidiendo chillar, golpear, correr, etc., date cuenta de si te está pidiendo soltar el enfado simplemente o si necesitas dirigirlo contra algo o alguien.

Si sabes que el enfado es una lucha entre «yo puedo» y «no puedo», este enfado puede estar escondiendo algo que tú no estás pudiendo conseguir; date cuenta de qué es lo que verdaderamente quieres. Si te permites sentirte pleno con tu enfado y dedicarle unos minutos, te servirá para darte cuenta de que tal vez no te estás enfadando por lo que tú creías.

Identifica lo que dispara tu enfado, cuáles son tus patrones normales de expresarlo (o no expresarlo).

Ahora date cuenta de que puedes elegir quedarte en el enfado o hacer algo positivo por salir de él, y esto lo haces preguntándote:

¿qué puedo hacer? ¿Qué acción positiva puedo realizar para salir de la lucha entre puedo y no puedo (teniendo en cuenta que tú no puedes cambiar algunas cosas y/o comportamientos de personas)?

Permítete a ti mismo expresarte, o bien hablándote a ti mismo o escribiendo de lo que estás sintiendo y de lo que puedes hacer.

Cuando sepas lo que realmente quieres en vez de solamente lo que ha disparado tu enfado, estarás listo para expresar tu frustración hacia el objeto de tu enfado. Entonces además tu enfado habrá bajado de intensidad. Cuando reconoces que hay algo que puedes hacer respecto de tu enfado, dejas de ser una víctima. Expresa tu enfado con la intención de negociar, de la siguiente manera:

Cuando tú haces/dices _____→_____ yo me siento enfadado y ese enfado me impulsa hacia _____→_____ pero en su lugar me gustaría/te agradecería que _____→_____ para que encontráramos juntos una solución

Ejercicio para la tristeza

1. Permítete sentir la tristeza en el cuerpo, como ya hemos dicho.
2. Déjate impregnar de la sensación y conecta con lo que significa para ti: qué pérdida, qué carencia, qué falta de ánimo te está indicando.
3. Y ahora hazte la siguiente pregunta: ¿querrías quedarte con esa sensación hasta la eternidad? ¿Cuánto tiempo te quieres quedar con ella? ¿Qué tendrías que hacer para agradecer lo que te ha indicado y despedirla?

6

¿CÓMO MANEJAR LAS EMOCIONES?

«Dejamos de temer aquello que se ha aprendido a entender».
MARIE CURIE

El miedo, el enfado y la tristeza, junto con la alegría, son las emociones que manifestamos de recién nacidos y que constituyen el patrón de base energético de nuestro comportamiento. Unos bebés manifiestan más alegría y otros, más tristeza. Esto depende fundamentalmente de que se sientan queridos, cuidados y aceptados como son, es decir, amados.

Por otro lado, hay bebés que manifiestan más enfado y/o más miedo y esta base emocional es una primera manifestación de que les falta el amor que necesitan. El vínculo o apego es fundamental para su buen desarrollo y, si no se sienten seguros en él o tienen miedo a perderlo, muestran ansiedad-miedo y/o enfado. El tipo de apego que establecemos hará que sintamos más ansiedad o frustración o sensación de rechazo, lo que nos puede hacer sentir impotentes o faltos de recursos.

Si de niños tuvimos padres abusadores y/o negligentes y recibimos mal trato de su parte, siendo dependientes de ellos, habremos aprendido a desensibilizar nuestro cuerpo para no sentir el dolor de las emociones reprimidas, o a sustituir emociones. Aprendemos a mostrar las que son aceptadas en el entorno que nos ha tocado, o a desplazar emociones. Cuando somos más mayores podemos pagar nuestro enfado con alguien más débil, un hermano menor, el perro o el gato (si tuviéramos). Y para recibir la atención que necesitamos probamos con qué emoción recibimos más atención y, en función de los resultados, repetimos unas y reprimimos otras, sustituyendo emociones.

Cuando no nos ayudan a regularnos y sentimos estas emociones que no podemos liberar, vamos a intentar compensar los miedos haciendo lo necesario. Podemos optar por reprimir o bloquear el miedo, podemos sacarlo a través del enfado o agresividad, o podemos pedir ayuda para manejarlo. Pero el miedo nos va a hacer sentirnos impotentes y nos llevará a adaptarnos a lo que se espera de nosotros a cambio de protección. Esto nos hará cambiar nuestra forma de ser y estar para no arriesgarnos a que se enfaden y distancien de nosotros. Como de niños tenemos miedo fundamentalmente de que no nos quieran, nos abandonen y quedarnos solos, normalmente reprimimos nuestro miedo. *El miedo en sus diferentes manifestaciones va a estar en la base del tipo de personalidad o estructura defensiva que desarrollemos, y es el mayor condicionante de nuestros comportamientos.* Por miedo vamos a ir creando una estructura defensiva o protectora; cada uno desarrollará una, aunque haya unas estructuras que se repitan.

Con este caldo de cultivo de fondo nos volvemos reactivos al entrar en contacto con personas que tengan emociones desagradables, porque nos reactivan las nuestras propias y, cuando esto ocurre, a través de las neuronas espejo, reaccionamos. Dependiendo de cuánto hemos acumulado, saltamos en mayor o menor medida, y muchas veces nos sorprendemos a nosotros mismos de las emociones desbordantes que salen desde nuestro interior. Salen porque están ahí; si no estuvieran no podrían salir, y salen potentes porque según se van acumulando se van potenciando. Tenemos la falsa creencia de que los otros nos crean los sentimientos o emociones, cuando en realidad si no tuviéramos sentimientos o emociones almacenados no nos los podrían activar, o lo harían solo en su justa medida.

Ojalá nos hubieran enseñado inteligencia emocional en casa o en el colegio: la forma de entender nuestras emociones, las de los demás, cómo regularlas, cómo utilizarlas para motivarnos a nosotros mismos y cómo intercambiarlas adecuadamente en las relaciones sociales demostrando con ello habilidades sociales. Es importante que aprendamos a regular nuestras propias emociones para no estar reactivos; es decir, permitir que situaciones externas nos vuelvan a activar nuestras emociones de base. No obstante, a no ser que haya negligencia o abuso, de niños aprendemos pronto a sobrevivir a nuestro caldo emocional probando con qué manifestación emocional vamos a obtener más atención y, una vez que lo descubrimos, tendemos a repetir ese estado emocional para recibir la atención que necesitamos, con lo cual repetimos más unas emociones y reprimimos otras.

El lado positivo de las emociones, si las atendemos, en vez de quitarlas de nuestra conciencia, es que nos van a dar una información muy valiosa de nuestros deseos, nuestras necesidades, nuestras aspiraciones, nuestros sueños... y nos van a guiar en la búsqueda de recursos, de opciones, de posibilidades, lo que va a permitir que desarrollemos destrezas, habilidades y nos desarrollemos como personas. Lo ideal para manejar las emociones sería poder pasar a la acción. Al pasar a la acción se *des-activa* la emoción. Como muchas veces no es posible, o no sabemos cómo hacerlo, lo que decidimos es utilizar mecanismos de defensa para mantenerlas a raya reprimiéndolas, suprimiéndolas, negándolas o desplazándolas.

Estos mecanismos van inhibiendo nuestra espontaneidad, nuestra naturalidad; limitan nuestra flexibilidad y alteran la manera en que nos relacionamos con los demás. Nuestro niño divino, nuestro auténtico ser, se va escondiendo más y más adentro, detrás de una capa de emociones desagradables y/o dolorosas para las cuales tenemos que buscar una tapadera, una barrera que evite sentirlas continuamente, porque sería insoportable.

De niños aprendemos a regularnos normalmente pidiendo el contacto con el adulto, pero si este fallara tendríamos que regularnos a nosotros mismos a la fuerza. Desde este miedo de que no haya alguien ahí para nosotros empezamos a intentar no sentir el dolor de la falta de contacto y comenzamos a acorazarnos para formar una estructura defensiva detrás de la cual se va a ir escondiendo nuestro auténtico ser. El miedo es una sensación muy desagradable cuando somos niños. Cuando tenemos miedo y no nos calman, nos inmovilizamos, nos bloqueamos y esto nos deja una sensación de impotencia considerable.

Si se almacenan, no se liberan y no se transmutan con la energía del amor, se intensifican. Imaginaos que vivimos diferentes situaciones de miedo y que cuando pedimos ayuda nos hacen de menos, diciéndonos que no hay razón para tener miedo o que somos unos cobardes, o que tenemos que ser valientes. Antes o después aprenderemos a no pedir ayuda e ir reprimiendo ese miedo. No obstante, cada vez que sintamos miedo la sensación será más intensa porque activará, hará hervir el que ya tenemos almacenado. Todo el dolor acumulado va dejando un sustrato al que no accedemos fácilmente; esto es el inconsciente, a lo que de una manera intuitiva tanto tememos.

El miedo contrario al amor

El miedo es contrario al amor y tiene una vibración densa que crea dolor en el cuerpo. Si tenemos muchas emociones de este tipo, vamos acumulando dolor. Inicialmente de niños no tenemos la capacidad de pensar, solo de sentir, así que intentamos no sentir ese dolor. Lo hacemos de forma inconsciente, ya que el cerebro está equipado para reprimirlo y anestesiarlo, para que no salga a la conciencia. Cuando lo reprimimos se acumula y se intensifica. La manera de aprender a liberar y regular las emociones hubiera llegado si hubiéramos tenido un adulto amoroso que supiera liberar y regular las suyas. De no ser así, y esto pasa muy frecuentemente, aprendemos lo que vemos, imitamos la manera de manejar las emociones que hacen nuestros padres.

Emociones activadas   *Emociones en reposo*

Cuando de niños recibimos amor, compasión, tolerancia, paciencia, aprecio y amabilidad y resonamos en la energía del amor, vamos a sentir alegría y placer. Pero si sentimos miedo funcionaremos en la energía de supervivencia, donde se activa el enfado, la agresividad, la necesidad, la ambición o búsqueda del amor y el odio o rabia por no obtener lo necesario, así como la tristeza de nuestra condición.

Así pues, a modo de metáfora imaginemos que mientras recibimos amor nos sentimos bien, estamos ligeros, alegres, expansivos. Pero si sentimos miedo, nos conecta con nuestro instinto de supervivencia y dentro de nuestro organismo hay como un recipiente, un caldero, a donde van a parar todas las emociones que no movilizamos y transformamos. Este contenedor o caldero está lleno de un caldo que va a tener almacenadas nuestras emociones de miedo, enfado y tristeza. Solo podemos liberar estas emociones si las transmutamos, cambiamos su función, y solo lo podemos hacer si recibimos amor. Si de niño cada vez que sentimos miedo tenemos la suerte de que un adulto nos da AMOR y ayuda a regular la emoción calmándonos y acompañándonos, no guardaremos ese miedo en el caldero, se transformará. Sin embargo, si cada vez que tenemos miedo y pedimos ayuda no nos atienden o nos dicen que «no hay que tener miedo» y lo que nos vemos obligados a hacer es reprimir ese miedo, lo almacenaremos en ese caldero, que cuando hierve se consume e intensifica.

Nuestras memorias emocionales forman la base de nuestras experiencias y según estas, más tarde, desarrollamos las creencias que van a filtrar nuestras percepciones y, por lo tanto, van a determinar la manera en que vemos la vida. Así pues, nuestras memorias emocionales y cómo aprendemos a manejarlas están en la base de todo nuestro proceso de desarrollo y toda nuestra estructura defensiva o personalidad. Por eso es tan importante poder revisitar y dejar salir el dolor (emoción no manifestada) para que este no nos condicione en el presente. Todo lo que tiene carga emocional no placentera porque está basada en el miedo se graba más profundamente en la memoria y solo puede ser transmutado por la energía del AMOR.

Cuando sentimos amor transmutamos las emociones dolorosas y por eso buscamos el amor, porque cuando sentimos amor tenemos emociones placenteras. Puede que sintamos ansiedad (mariposas en el estómago), pero lo vivimos como placentero, puede que sintamos tristeza pero lo interpretamos como anhelo y melancolía por echar de menos a la persona amada, puede que incluso vivamos enfado, enfado de que te falte la persona amada, de no tener más de ella. Lo curioso es que aunque sean las mismas emociones, la interpretación que hacemos de ellas, el *senti* (sensación de la emoción) *miento* (la forma de interpretarlo mentalmente), va a ser muy diferente, de si se activan porque nos sentimos amenazados o porque nos sentimos amados y en consecuencia alegres.

Con la ayuda de otra persona podemos hablar de nuestras emociones; esta es una parte importante porque nos ayuda a entenderlas, delimitarlas y procesarlas mentalmente. Pero también tenemos que liberarlas porque son energía activa en el cuerpo. La mejor manera es movilizar el cuerpo; podemos andarlas, bailarlas, saltarlas; es decir, mientras que las estamos sintiendo en el cuerpo, descargar su activación mediante el movimiento. Esto es lo que hacen los animalillos que no se pueden quedar enganchados al pensamiento y les hace volver a su estado de homeostasis. Lo más fácil es recordar y traer al presente la emoción y estimular puntos de acupuntura que la movilicen, es decir, usan la psicología energética.

Una vez movilizada la emoción conviene que aprendamos una nueva forma de manejar la emoción; es decir, crear un nuevo hábito que sustituya el anterior patrón de expresión de emoción. Así, habremos tratado la emoción a tres niveles: mental, energético emocional y comportamental.

Conclusión

Las emociones bloqueadas, no expresadas o transformadas nos producen malestar y dolor. Las emociones están en la base de todos nuestros problemas psicológicos y psicosomáticos si no son atendidas adecuadamente. La mejor manera de hacerlo es expresarnos tanto verbal como corporalmente desactivando la energía que contienen.

7

CUANDO LOS OTROS
NOS HACEN DE ESPEJO

*«La belleza y la fealdad son un espejismo
porque los demás terminan viendo nuestro interior».*

OSCAR WILDE

Nuestra madre es nuestro espejo cuando nacemos, nos refleja cómo y quiénes somos. Nosotros captamos sus estados de ánimo, las emociones, el sentido de bienestar o malestar a través de nuestros sentidos, que están especialmente sintonizados para captar cualquier variación. También captamos su estado emocional por el campo energético que emite su corazón y con el que hemos estado sintonizados desde el principio de todo. Además, captamos sus emociones y motivaciones a través de las llamadas neuronas espejo. Todo lo que percibimos nos hace resonar y vibrar con ello y se convierte en nuestro. Así, si nuestra madre vibra en el miedo, sentimos miedo; si vibra en la alegría, sentimos alegría.

Asimismo, si nuestra madre siente AMOR por nosotros, sentimos su amor y eso activa el amor que llevamos dentro. Este AMOR nos incita a vivir, nos da energía y nos ayuda a prosperar. Como ya expliqué en el capítulo 2, AMOR con mayúsculas es amor incondicional y se manifiesta en nueve cualidades. Este AMOR no es una emoción, es un estado motivacional, una energía generadora que sale del corazón. El corazón tiene un poder oculto de orientación y sabiduría. Emite una energía creativa, generativa y expansiva que se siente como atención, afecto, aprecio, aceptación, autenticidad, acercamiento, ánimo, apego y admiración. El AMOR verdadero permite que los otros puedan ser ellos mismos y que se sientan no juzgados y sí apreciados, aceptados y atendidos como necesitan. La energía, la frecuencia y el campo electromagnético del corazón generan una actitud sincera de querer estar presentes para el otro, de compartir con él, de potenciarse y potenciarle. En la mayoría de las religiones se dice que el corazón alberga el alma y que esta es el vehículo del espíritu, la conexión con el Ser Superior que guarda el propósito o la misión que tenemos que llevar a cabo en esta vida. En el corazón o cerca del corazón está nuestro auténtico ser, nuestro niño interior divino, el que está conectado con la fuente, con todo el potencial que podemos desarrollar.

De niños estamos conectados con nuestro corazón al nacer, sentimos la alegría de forma natural, mostramos afecto positivo, cariño, ternura, amabilidad. Si los adultos nos conectamos con el corazón podemos producir sentimientos de paciencia, amabilidad, aprecio, júbilo y ánimo y hacer que los sentimientos contrarios se transmuten y anulen, ya que son opuestos y excluyentes. Pero cuando nos falta amor, cariño y cuidado, sentimos miedo. Por eso decimos que el miedo es lo contrario del amor y nos hace manifestar diferentes emociones, que son llamadas de atención, para pedir que nos ayuden a calmarnos, a regular nuestro malestar desde fuera.

El centro del concepto «nosotros mismos» o nuestra conciencia de ser surge de las sensaciones y emociones de sentirnos confortados, protegidos, amados y nutridos, por un cuidador con el que establecemos una relación. Esto nos hace tomar conciencia de nosotros mismos y del otro. *De ahí surge el sentido de separación y de que necesito establecer una relación para obtener lo que yo necesito y deseo.*

Cuando empezamos a tener conciencia de separación, comienzan a desarrollarse nuestras relaciones sociales y vemos cómo nos sentimos con respecto a los demás o qué tipo de relación vamos a establecer con el otro. Nuestra primera relación es con nuestra madre, que es nuestro primer espejo. Después vendrá la relación con nuestro padre y personas significativas de nuestro entorno.

En nuestras relaciones sociales surgen también unas necesidades que satisfacer. Las necesidades relacionales son tan importantes para el desarrollo humano como comer y beber para el desarrollo biológico. Están presentes a lo largo de todas las etapas del desarrollo, desde la infancia hasta la tercera edad, cada día de nuestras vidas, y todas son importantes. Hay momentos en que una de ellas lo es más y otros en que lo es otra.

Su satisfacción requiere establecer contacto con otra persona que sea sensible, esté en sintonía con ellas y pueda proporcionarnos una respuesta recíproca a cada necesidad. La ausencia de satisfacción las vuelve más intensas y experimentamos un anhelo, un vacío, una sensación de soledad molesta, o un intenso impulso hacia su satisfacción, a menudo acompañados por nerviosismo. La ausencia continuada de satisfacción puede manifestarse como soledad, frustración, enfado e incluso agresividad.

Hay una que es fundamental: la de *seguridad*, sentir que nuestras vulnerabilidades físicas de cuidado-nutrición, nuestra necesidad de protección y nuestra necesidad de AMOR van a ser respetadas en la relación. Si esta o cualquiera de nuestras necesidades relacionales no son tenidas en cuenta, manifestamos nuestra primera emoción social: la vergüenza. (Véase tabla de los aspectos del AMOR y las necesidades relacionales en págs. 292-293).

Mientras que las emociones primarias del capítulo 5, pág. 73, nos indican que tenemos que prestarle atención a cómo algo me está afectando a mí, las emociones sociales tienen que ver con cómo nos comparamos con los demás. Sentimos las emociones sociales en relación a alguien o algo, tienen que ver con tener más o menos, ser más o menos, poder más o menos. Tienen que ver con la jerarquía en los grupos, con patrones de dominación y sumisión, con quién tiene que doblegarse a quién. Están relacionadas con la capacidad de cooperar o competir. También tienen mucho que ver con los códigos de la sociedad, con lo que se supone que está bien o está mal. En el momento que empezamos a socializar intentamos saber qué lugar ocupamos en el grupo, cómo nos perciben los demás, cómo nos percibimos a nosotros mismos frente a los demás y qué queremos conseguir dentro del grupo.

La vergüenza

La *vergüenza* está relacionada con nuestro valor como persona. Todos necesitamos que nos presten atención, sentir que gustamos, que nos aprecian y nos valoran. Estas son algunas de las características del AMOR y cuando nos falta amor, o cuando nos juzgan, critican y humillan, nos sentimos avergonzados. Una vez que nos han avergonzado desde fuera, nos sentimos divididos por dentro. Es como si nuestra esencia, nuestro niño interior divino, supiera que no somos lo que reflejan los demás, pero otra parte de nosotros se cree lo que nos dicen los demás porque hemos aprendido a ser quienes somos por el reflejo de los demás. Nuestra vergüenza es el resultado de haber internalizado la crítica que nos ha causado el otro. Es como si ese otro estuviera ahora juzgándonos y criticándonos desde dentro. Implica una división entre el que siente la vergüenza y el que avergüenza al otro. Comienza un diálogo interno entre ambos. Puede ser interior o exterior. Siento vergüenza cuando los demás no me tratan con amor. También cuando me avergüenzo yo internamente comparándome con el ideal de lo que yo querría ser. La vergüenza tiene que ver con «el ideal o expectativas» contra los que nos medimos, que muchas veces son irreales e inalcanzables y nos crean una sensación de ansiedad y carencia importante.

La vergüenza está en la base de nuestra autoestima y es muy importante para tener confianza en nosotros mismos y en nuestras capacidades. Cuando sentimos vergüenza tenemos la sensación de que se encoge nuestro corazón. Lo que va a hacer que superemos la vergüenza es que se tengan en cuenta y validen nuestras necesidades relacionales. Las personas que más nos pueden avergonzar son las más significativas para nosotros, las que más nos importan. Su reflejo puede hacer que nos vayamos replegando hacia dentro. Si lo que me reflejan es negativo tendré vergüenza, aunque detrás también podrán estar la tristeza, la rabia y el miedo.

«*Antes de querer cambiar al niño, tendríamos que querer cambiar nosotros*».

CARL JUNG

La culpa

Otra emoción social es la *culpa*, creer que no hemos acatado las normas de otros, que les hemos fallado. La culpa también tiene que ver con una escisión o división interna y el identificarse con una mitad culpable, frente a la otra mitad que es culpabilizada. La culpa tiene que ver con un código, el de nuestras propias expectativas e ideales o el de las normas y reglas de la familia o la sociedad en la que vivimos, y surge cuando las transgredimos.

Para resolver el sentimiento de culpa hay que conocer a fondo quién es el que culpa. Sea cual sea el código moral de cada uno, el hecho es que existe y una vez que se ha instaurado establece un sistema que garantiza su cumplimiento. Si vemos nuestro comportamiento en perspectiva, es decir, viéndolo como un espectador, e intentamos entender el contexto en que sucedió, podremos superar la culpa y darnos cuenta de que este comportamiento nos ha dañado a nosotros y a los otros. La culpa nos mantiene en el pasado, pero ahora en el presente lo importante es que aprendamos de ello, le demos un significado que nos sirva en el futuro y nos permitamos disfrutar de las cosas.

Cuando los adultos que nos educan tienen vergüenza o se sienten culpables por algo, la utilizan con nosotros para conseguir que nos adaptemos a lo que a ellos les conviene. Utilizar la vergüenza y la culpa para manipular al otro solo indica que la persona no está actuando desde el amor sino desde el miedo. Cuando actuamos desde el amor es como si lo hiciéramos desde la abundancia (que hay para todos, que no tenemos que preocuparnos por que nos toque), mientras que cuando actuamos desde el miedo es como si actuáramos desde la escasez (es como si dijéramos: «Si tengo algo, tú no lo tienes, y si no, lucho por quitártelo para tenerlo yo»). Nosotros funcionamos fundamentalmente desde la escasez; por eso funcionamos desde el miedo; si pudiéramos confiar en que íbamos a recibir todo lo que necesitamos, antes o después, podríamos actuar desde el amor.

La envidia

La *envidia* es una emoción bastante destructiva en el sentido de que, propiamente dicha, desea que el otro no tenga lo que nosotros no tenemos, aun a costa de que lo destruyamos antes de que el otro lo disfrute. Genera una rabia y un dolor por carecer de algo. La envidia está en la base de muchos trastornos psicológicos. Si nosotros no lo podemos tener, no vamos a permitir que nadie lo disfrute. No es un deseo de poseer; es un deseo de destrozar. Podemos tener envidia de nuestros hermanos, nuestros amigos e incluso de alguno de nuestros padres, porque recibe más atención que el que nos prestan a nosotros. Frecuentemente se confunde la envidia con los celos. La envidia y la admiración son dos partes de la misma moneda. La admiración es cuando deseamos tener lo que tiene el otro y tratamos de modelarlo o copiarlo; por lo tanto, es constructiva, mientras la envidia es destructiva.

De niños podemos envidiar que alguien tenga un juguete, una mascota de compañía, unas personas que les presten atención, y detrás de la envidia puede surgir mucha rabia y ganas de hacer daño o agresividad como resultado. Como la mayoría de las veces no podemos expresar o sentimos que no nos van a hacer caso, esta emoción reprimida nos causa dolor.

Los celos

Los *celos* son el deseo de poseer algo o a alguien, y la no posesión implica una frustración, una pérdida, y una actividad para conseguirla. Si sentimos celos de alguien que posee algo que nosotros no tenemos, vamos a intentar conseguirlo, para poseerlo también. La envidia es más destructiva; por el contrario, los celos nos pueden llevar a superarnos. No obstante, existen los celos enfermizos, que consisten en querer poseer a una persona de nuestro agrado, y todo lo que se le acerque se vive como una amenaza. Los celos surgen de la necesidad de poseer, no implican amor de verdad por la otra persona, aunque en nuestra cultura se nos haya hecho creer que cuando tenemos celos amamos de verdad. Los celos nos pueden llevar incluso a sentir la necesidad de tener que deshacerse del rival que nos impide la posesión de ese persona. Los celos referidos a personas siempre implican un triángulo. Podemos tener celos de que un amigo pase más tiempo con otro amigo que con nosotros y eso nos hace dudar de nuestra valía.

Para muchos niños es muy doloroso el nacimiento de un hermano pequeño que de repente les roba la atención o parte de la atención de los padres, y lo viven con mucho dolor. Los niños, al tener menos atención, sienten menos afecto y se ven abandonados o rechazados, lo que les produce mucho dolor, que tenemos que reprimir.

La indignación

La *indignación* tiene que ver con un enfado importante por una situación injusta, ofensiva o perjudicial, como la pérdida de una posesión nuestra. Podemos sentir indignación por pensar que no nos hacen todo el caso que necesitamos o porque nos comparamos con un hermano u otra persona y creemos que salimos perdiendo. La indignación nos hace sentir mucho malestar y pide una reparación, y aunque no se lleve a cabo deja nuestro cerebro en modo «inconcluso».

Yo tengo una cliente que no recibía la atención, afecto y aprecio que necesitaba de su madre, así que, como es normal, se apegaba a sus muñecos, que le hacían compañía. La madre, sin tenerla en cuenta, de vez en cuando iba regalando sus muñecos, y ella llegaba a casa y se indignaba, pero por más que se lo dijera a su madre ella no la tenía en cuenta, así que reprimía su indignación y le hacía sentirse triste e impotente.

También podemos manifestar *orgullo,* que como emoción social indica que creemos que somos más o necesitamos menos que los demás. En realidad, el orgullo como emoción social está compensando una sensación de vulnerabilidad o de sentirnos menos. Parecido al orgullo es el *desprecio,* que es lo contrario de aprecio. Es cuando pensamos que alguien es inferior a nosotros y los despreciamos por ser débiles, inseguros, tontos.

De niños, si nos sentimos mal con nosotros mismos porque nos falta amor, podemos compensarlo portándonos mal con otros niños más débiles e inseguros, mostrando orgullo y desprecio. De niños, si tenemos malestar, podemos ser muy crueles con otros niños porque estamos intentando descargar nuestro propio malestar.

Conclusión

Nuestras relaciones van a contribuir a la imagen que tenemos de nosotros mismos. Mientras somos niños, normalmente le damos más credibilidad a lo que los otros piensan de nosotros frente a lo que pensamos y sentimos de nosotros mismos. No es hasta que tenemos capacidad de reflexionar y disponemos de conciencia social, entre las etapas 5 y 6 del desarrollo, que nos cuestionamos si realmente tienen razón. No obstante, como han sido muchos años de sometimiento y condicionamiento, nos cuesta mucho deshacernos de lo que los demás causan en nuestras emociones. Aprender a manejar y responsabilizarnos de lo que sentimos es una muestra de que somos adultos y hasta que no lo logramos no podemos decir que seamos adultos maduros. Echar la culpa fuera es una muestra de que todavía no hemos desarrollado la madurez para entender qué parte de responsabilidad tenemos nosotros.

Estas emociones también van a contribuir al dolor de fondo al que tenemos que hacer frente. El trabajo personal que debemos hacer de adultos es tomar conciencia de cómo se produjeron y qué personas intervinieron para que sintiéramos vergüenza, culpa, envidia, indignación, orgullo y desprecio. Y lo que procede es aprender a perdonar. Perdonar a los otros por hacernos daño y a nosotros mismos por dejarnos hacer daño y seguir haciéndonoslo a través de nuestro diálogo interior.

Ejercicio para la vergüenza

1. Permítete sentir la vergüenza, date cuenta de que en esos momentos una parte de ti se avergüenza de otra parte de ti. Escribe todo lo que te dice la parte que te avergüenza.
2. Una vez que lo hayas hecho, imagínate que lo que has escrito te lo dice alguien desde fuera. Es normal que te quieras defender.
3. Entonces defiéndete escribiendo cómo le contestarías.

Ejercicio para la culpa

1. Permítete sentir la culpa, date cuenta de que en esos casos una parte de ti culpa a otra parte de ti. Escribe todo lo que te dice la parte que te culpa. En la culpa sentimos que hemos roto unas normas, unas reglas o un código por el que nos regimos para saber si está bien o está mal algo. Date cuenta de este código y, si estás de acuerdo con él, puede ser un código heredado de tus padres.
2. Una vez que lo hayas hecho, imagínate que lo que has escrito te lo dice alguien desde fuera. Es normal que te quieras defender.
3. Entonces defiéndete escribiendo cómo le contestarías.

8

LAS CREENCIAS
QUE NOS LIMITAN

*«El trato que damos a nuestro niño interior
determina fuertemente el trato que damos a nuestro niño exterior».*
ROBERT M. STEIN

Cuando perdemos nuestra tranquilidad o nuestro equilibrio necesitamos entender qué nos pasa. Si un adulto
sabio y cercano nos lo explicara podríamos integrarlo, pero si
no entendemos lo que nos pasa y no hay quien nos ayude,
o nos da miedo o vergüenza preguntar porque tememos que
nos critiquen o humillen, nos lo acabamos explicando nosotros solos.

Estas explicaciones forman a nuestras creencias que son
una manera de interpretar las experiencias que vivimos para
tener unos patrones predecibles, consistentes y repetitivos que
nos den seguridad. Las creencias nos permiten definir, resumir
y categorizar la realidad. Proporcionan una manera de etiquetar
la experiencia y, por lo tanto, una manera de interpretar nuestras vivencias. Una creencia es un juicio: opinión, valoración
sobre algo. Las creencias resumen nuestras experiencias y hacen
que nuestras reacciones futuras con el mundo sean más predecibles y significativas.

Una vez que se forma una creencia, sabemos qué esperar de
su objeto y cómo interpretar lo que vemos y sentimos. Las
creencias simplifican y organizan lo que vemos, proporcionan
un contexto para la experiencia y en cierto modo la determinan.

Una vez formada es difícil cambiarla, porque la damos por cierta, por verdadera, cuando en realidad no es sino una experiencia subjetiva.

Las creencias se desarrollan a partir de:

- Nuestra experiencia personal, cómo resolvemos nuestras necesidades emocionales (yo).
- Las influencias de las personas significativas que nos rodean (los otros).
- La cultura a la que pertenecemos (el mundo).

Como todo, las creencias tienen un aspecto positivo y un aspecto negativo. Lo positivo: nos ayudan a categorizar nuestra vida. Lo negativo: nos limitan. Si asentamos determinadas creencias en momentos en que teníamos pocos recursos (como nuestra infancia), estas pasan a nuestro inconsciente sin que nos las cuestionemos. Por eso, de adultos seguimos teniendo creencias formadas cuando nos sentíamos limitados como niños.

Si entonces nos sentimos indefensos, inseguros, incompletos, imperfectos, insignificantes… este concepto de nosotros mismos permanece en nuestro inconsciente. Aunque tengamos una actitud positiva como adultos, otra parte nuestra infantil puede tener una creencia que nos limita y no nos permite conseguir lo que deseamos.

Podemos tener creencias limitantes respecto de nosotros, de los otros y del mundo en el que vivimos, pero realmente las que más daño nos hacen son las creencias limitantes respecto de nosotros mismos y nuestras capacidades.

Todas ellas nos brindan una sensación de certeza (aunque sea una certeza falsa) y nos permiten, o eso creemos, anticiparnos a los posibles problemas para intentar solucionarlos. A raíz de esto nos empezamos a contar una película de cómo somos y cómo creemos y/o deseamos ser, y esto va a ser determinante a la hora de formar nuestro sentido de nosotros mismos, nuestra identidad. Va a ser como el guion de la película que nos contamos, y nos va a condicionar a la hora de desarrollar nuestro tipo de personalidad.

Las creencias limitantes sobre nosotros mismos surgen de las emociones que más hemos acumulado. Como hemos dicho, estas nos permiten predecir, tener certeza y consistencia, filtrando todo aquello que no esté en consonancia con ellas, y nos dan seguridad. Pero, por otro lado, nos vuelven rígidos, inflexibles, deterministas, e imposibilitan el cambio porque cada vez que algo nuevo aparece, si no atraviesa el filtro de mis creencias limitantes no puedo aceptarlo.

Es muy importante que nos demos cuenta de este detalle: para mejorar, para cambiar, para avanzar, para desarrollarnos, debemos tener la mente abierta, estar dispuestos a cuestionarnos nuestras creencias, por muy útiles que hayan sido hasta ahora, a aprender cosas nuevas y des-apegarnos de las creencias viejas, que ya están obsoletas. Las investigaciones de la neurociencia nos indican que, una vez que hemos grabado un patrón, y sobre todo si se ha grabado con mucha emoción, tenemos la tendencia a repetirlo, y con cada repetición lo reforzamos aún más. Así pues, las experiencias dolorosas no resueltas tienden a estar presentes y se repiten una y otra vez, con lo cual todas nuestras experiencias de la infancia, una vez que se han grabado y repetido, actúan como un filtro seleccionando los acontecimientos posteriores, que se incorporan.

Cuando ya podemos pensar y razonar alrededor de los 7 años, tratamos de explicarnos a nosotros mismos estas sensaciones y emociones de malestar. La verdad es que no nos las podemos explicar, no podemos comprender por qué nuestros padres nos tratan mal o no nos tratan bien. Sin entenderlo y dependientes de ellos, solo nos quedan tres opciones para sobrevivir:

1. Pensar que nuestros padres son buenos y nosotros somos malos.
2. Pensar que nuestros padres no están bien y nosotros tampoco pero nos tenemos que aguantar.
3. Pensar que nuestros padres son malos o no están bien y tenemos un problema que intentamos resolver como podemos.

Estas reflexiones más o menos conscientes nos hacen darnos explicaciones a nosotros mismos para regular nuestro malestar. Si creo que «yo soy malo», esto me da certeza sobre mí, una base de partida, aunque luego lo quiera compensar siendo bueno, o siendo listo, o siendo capaz. Si pensamos que nuestros padres son malos, dejamos de sentirnos confusos y cuestionarnos por qué nos hacen sentirnos mal. Las creencias son una forma importante de dar predictibilidad, consistencia, y nos ayudan a anticiparnos a lo que puede suceder.

Si pensamos que nuestros padres se portan mal o son malos, tenemos un problema, porque dependemos de ellos, así que vamos a tener que buscarnos formas para manejar ese malestar; por ejemplo, soñando, fantaseando, creando amigos imaginarios, buscando salvadores, deseando que venga un hada madrina y nos ayude. Hacer esto nos ayuda a manejar el malestar, nos sirve para compensar las sensaciones de dolor con el bienestar que nos producen las situaciones imaginadas. Este mecanismo tiene un lado bueno y un lado malo. El bueno, temporalmente, nos reconforta y nos hace sentirnos mejor; el lado malo, si lo repetimos mucho, puede llevarnos a confundir la realidad objetiva con esta realidad imaginada.

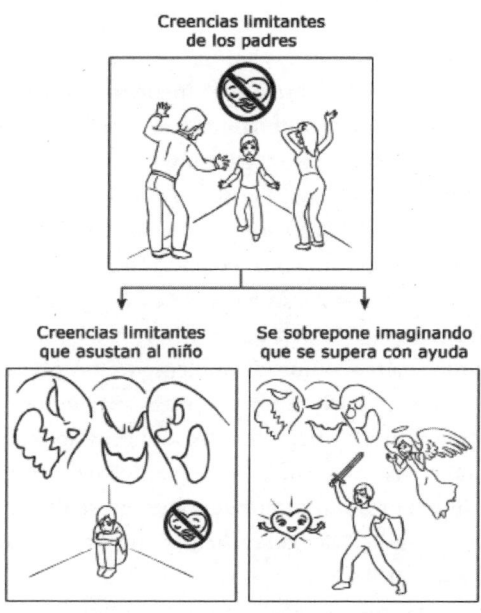

La tercera opción es que nuestros padres sean malos o no estén bien y tengamos un problema que resolver; esto da para muchas elucubraciones y emociones asociadas. Podemos sentir miedo, enfado o tristeza de forma continua y necesitamos maneras para dejar salir esos sentimientos: el miedo buscando apoyos, el enfado siendo agresivos y la tristeza deprimiéndonos, o sentimos las emociones sociales de vergüenza, culpa, celos, envidia, indignación, orgullo, desprecio, odio, que se van amontonando y haciéndonos sentir cada vez peor. También podemos optar por intentar hacernos cargo nosotros de nuestros padres. Difícil tarea esta para un niño, por no decir imposible. Si un niño vive con la fantasía de que puede cambiar su situación, si hace tal o cual cosa, le da muchas ganas de sobrevivir y puede hacer que se supere a sí mismo, aunque para lograrlo lleve una carga muy pesada sobre sus espaldas.

No puedo, no sé, no soy

Aunque desde los 3 años aproximadamente tenemos razonamiento básico, se puede decir que la edad de la razón gira alrededor de los 7 años. Resulta curioso y chocante a la vez que la mayoría de las creencias importantes sobre nosotros, los otros y la vida se creen antes de los 7 años. *Así que tenemos creencias de niño llevando la vida de adultos, ¡qué paradoja!* Tenemos creencias limitantes basadas en las tres más importantes: *no puedo, no sé, no soy lo suficiente.*

Las creencias que tienen que ver con «no puedo» son creencias de cuando éramos niños y posiblemente no podríamos hacer determinadas cosas porque no teníamos suficiente destreza, no habíamos ensayado lo suficiente y no tuvimos apoyo para aprenderlo. Son creencias de cuando no teníamos desarrollado nuestro cerebro lo suficiente, con lo cual, aunque quisiéramos, no podíamos porque nuestra capacidad espacial y motora no estaba lo suficientemente desarrollada.

Las creencias relacionadas con «no sé» tienen que ver con el reflejo de nuestros padres cuando veían que no nos salían las cosas e intentaban ayudarnos, tal vez haciéndolo por nosotros en vez de tener la paciencia de enseñarnos a realizarlo. Puede que de hecho no supiéramos manejarnos para conseguir los resultados deseados, pero tal vez no nos enseñaron en los momentos de desarrollo de nuestro cerebro, con lo cual efectivamente no sabíamos, pues no teníamos desarrollados las conexiones neuronales para hacerlo. Esto, desgraciadamente, tiene mucho que ver también con nuestro sistema educativo: los niños antes de los 7 no deberían aprender a leer, escribir, sumar y restar; deberían aprender jugando, relacionándose, moviéndose, curioseando, asociando. Aunque puedan tener la capacidad de aprender, no es el mejor momento para aprender cosas abstractas como son los símbolos de las letras y los números.

Finalmente, las creencias que tienen que ver con «no soy» se refieren a mi sentido de identidad, a cómo me veo yo a mí mismo, y lamentablemente somos un reflejo de las carencias de nuestros padres. Nuestros padres, consciente o inconscientemente, quieren que seamos como ellos. Quieren que nos convirtamos en una réplica de ellos, a su imagen y semejanza. Pero si no se han trabajado, no manejan sus emociones, no cambian sus creencias limitantes y desarrollan su capacidad de amarse a sí mismos, no pueden amarnos incondicionalmente. Y vamos a acabar siendo un reflejo de su parte negativa, de aquello que nos han estado diciendo y condicionando o programando desde fuera. Fijaos: si vivimos la vida con creencias de niño en el cuerpo de un adulto, ¿cómo nos va a salir algo bien?

Atrás se ha quedado nuestro auténtico ser, se ha escondido en lo profundo de nosotros mismos. Rodeándolo a modo de coraza tenemos todas las emociones desagradables y creencias limitantes asociadas sobre nosotros mismos. Estas emociones desagradables son todas las emociones que hemos sentido y no liberado, y estas creencias son las explicaciones que nos damos de por qué sentimos esas emociones desagradables.

Una de las maneras de cambiar nuestros comportamientos es modificar las creencias que nos limitan. Si tomamos conciencia de las creencias limitantes y hábitos destructivos que tenemos y, desde la aceptación y respeto por lo que estos condicionamientos han significado para nosotros, voluntariamente decidimos cambiarlos, también variará nuestra vida. Para ello tenemos que:

1. Hacer consciente lo inconsciente, identificando nuestras creencias limitantes.
2. Agradecer la función o el cometido que tuvieron estas creencias en nuestra vida antes de cambiarlas. Este paso es muy importante porque establecemos una relación con lo que nos ha sido útil, y para dejar partir un comportamiento hay que hacerle un duelo. Para ello debemos estar en la disposición adecuada, en estado de rela-

jación, lo que va a permitir que podamos cambiar las creencias, tomando conciencia y haciendo voluntariamente lo necesario.

3. Llevar a cabo las acciones necesarias asegurándonos de que intervienen los tres cerebros para cambiar las creencias en los tres niveles: mental, emocional, comportamental.

4. Por último, ser capaces de imaginarnos sin esa limitación. El poder imaginarnos sin la limitación sin que surjan «peros» u «obstáculos» es un requisito indispensable. Trabajar las resistencias al cambio, los miedos que subyacen a lo desconocido y los beneficios secundarios de quedarnos como estamos, es indispensable para poder imaginarnos sin la limitación y creer lo que queremos creer.

Para reprogramar nuestra mente tenemos que estar en disposición para ello. No podemos reprogramar nada desde el miedo, la incredulidad, la duda o la falta de confianza; primero tenemos que trabajar las resistencias al cambio y para ello tenemos que estar en un estado de relajación y de equilibración de la energía de nuestro organismo (cuerpo–mente). Cuando equilibramos la energía, integramos los hemisferios cerebrales y, fomentando un estado de relajación, nos encontramos en un momento óptimo para cambiar las creencias limitantes, pero para que se fijen estos cambios debemos hacer nuevas repeticiones para crear nuevos hábitos.

Si queremos cambiar tenemos que cambiar las creencias, debemos regular las emociones y hacer nuevas repeticiones para crear nuevas costumbres.

Conclusión

Si queremos cambiar nuestras sensaciones de malestar, tenemos que, además de modificar nuestra forma de interpretar nuestras experiencias y las emociones asociadas, variar las creencias resultantes para que no nos sigan condicionando desde nuestro inconsciente. Sobre todo tenemos que cambiar las creencias limitantes que nos formamos cuando éramos niños y que nos siguen condicionando ahora que somos adultos.

9

CUANDO LA FALTA DE AMOR
SE CONVIERTE EN MIEDO

«El amor ahuyenta el miedo y, recíprocamente, el miedo ahuyenta el amor. Y no solo al amor el miedo expulsa: también a la inteligencia, la bondad, todo pensamiento de verdad y belleza, quedando solo la desesperación muda; y al final, el miedo llega a expulsar del hombre la humanidad misma».

ALDOUS HUXLEY

Como ya hemos visto antes, las relaciones que establecemos con nuestros padres y cuidadores primarios son fundamentales para un desarrollo sano. Cada desencuentro, cada falta de contacto, cada sensación de dolor producida por el tipo de relación que establecemos con el adulto que nos tiene que cuidar, nos va dejando un trauma emocional. Si a esta sensación dolorosa no le acompaña una relación reparadora por parte de otro adulto significativo, entonces las relaciones con los adultos van a ir dejando una profunda huella que condicionará la manera en que percibimos la vida.

El trauma es el resultado de un dolor físico o emocional: nos sentimos vulnerables e incapaces de asimilarlo solos porque nos vemos indefensos y sin recursos, y no hay una persona que nos acompañe y ayude a liberar la emoción y darle un significado. Al no haber relación reparadora, no se procesa y sigue estando presente, aunque pueda ser de manera inconsciente.

Podemos sufrir diferentes traumas relacionados con el tipo de cuidado-nutrición, estructura-protección, amor o falta de amor por parte de nuestra madre o cuidador primario, o por la manera en que nos educan y establecen las disciplinas y las normas, pero posiblemente el más doloroso y el que más nos cuesta integrar es la falta de AMOR. Puede ser que nuestros padres no sientan amor, no sepan dar amor, o el que nos dan no nos llega de la forma y en la medida que lo necesitamos.

Cuando sentimos la falta de AMOR por parte de nuestros padres nuestra vida no tiene sentido. De todos los traumas que podemos padecer es posiblemente el más doloroso, puesto que es nuestra primera relación, la más importante, y sus efectos son devastadores para aquellos que no se sienten amados por ellos. Ni mencionar tiene que, en los casos de padres que abusan o maltratan a sus hijos, no hay manera de poderse explicar y asimilar el horror que produce en estos.

Cuando las personas que nos dan la vida nos maltratan y hacen que sea doloroso vincularnos a ellos, entonces dejan una profunda herida que, por lo pronto, nos divide internamente: la parte desesperada por vincularse y la parte que se rinde y no quiere saber nada. Cuando esto sucede también se rompe nuestro contacto interno, nuestra relación con nosotros mismos. En función de la gravedad del abuso o maltrato, nos podemos dividir en distintas partes y cada una de ellas lleva una parte del dolor: es una manera muy sabia que tiene nuestro organismo de permitirnos sobrevivir dividiendo el dolor para que no tengamos que sentir la totalidad del dolor de golpe, puesto que no seríamos capaces de soportarlo.

Podemos vivir un trauma agudo, puntual, como la muerte de una madre o un padre y una ruptura del vínculo y sobreponernos con ayuda de una relación reparadora que nos acompañe en el duelo. Con ella, podremos remontarlo y recuperarnos del todo. El problema es cuando no tenemos esa posibilidad para dejar salir el dolor que supone la pérdida de un ser querido.

Podemos vivir un trauma continuado porque estamos en una familia que nos trata sistemáticamente mal, nos hace de menos, nos ningunea, no nos da cariño, y puede ser que nos podamos sobreponer. A veces el afán de sobrevivir y de compensar este dolor puede generar la motivación y voluntad necesarias para sobreponernos. Por el contrario, puede que nos destroce de tal manera que entremos en una profunda depresión y tengamos incluso ganas de suicidarnos. Cuando no recibimos amor, atención, afecto, aprecio, nos avergonzamos de nosotros mismos y nos dividimos internamente: nuestro auténtico ser se oculta y empezamos a desarrollar una máscara social. Si a esto le añadimos maltrato físico y/o emocional, será mucho más difícil de manejar.

También están los traumas acumulativos, que se pueden resumir como falta de AMOR: no prestarnos atención, no apreciar o respetar nuestra persona, no demostrarnos afecto ni aceptar nuestra individualidad o nuestra autenticidad, no permitir que nos apeguemos, la falta de amistad o compromiso recíproco, el que no nos animen ni admiren nuestras cualidades especiales. Este trauma acumulativo que consiste en falta de AMOR nos deja una sensación de no ser apropiado, de estar de más, de no ser bienvenido al mundo, algo que nos resulta muy difícil de entender.

Cuando la falta de amor se convierte en costumbre

Si nunca hemos sentido AMOR creemos que eso es lo que hay, que así es la vida, y nos conformamos porque no sabemos que existe otra cosa diferente. Sin embargo, nuestro cuerpo sí lo sabe porque es vital, alegre, sensual, y nuestra intuición nos dice que algo no va bien. Si además aparece en nuestra vida en algún momento alguien, otro adulto amoroso, un profesor/a, un abuelo/a, una vecina, una tata, que nos muestre su amor, nos pondrá en contacto, por contraste, con lo que no tenemos.

«¿Por qué no me alegras la vida?», dice un niño a su padre.

Además hay situaciones a las que nos hemos acostumbrado y que las vivimos como normales, cuando en realidad no lo son, y se trata de pequeñas negligencias: que no nos tomen en cuenta, que nos hagan de menos como personas dignas de amor, o que nos critiquen abiertamente; poco a poco todo eso se va sumando y nos va debilitando, sobre todo si proviene de personas significativas como nuestros padres (a quienes nosotros damos un máximo de credibilidad). De no darles credibilidad sería todavía peor, porque estaríamos en manos de alguien no fiable, así que nos «engañamos» a nosotros mismos para creer que nuestros padres son perfectos y tienen razón sobre lo que piensan de nosotros. Este «engaño» nos brinda la esperanza de que si cambiamos, si nos adaptamos, si nos convertimos en lo que ellos quieren, nos querrán.

Los traumas emocionales se quedan grabados a fuego. El fuego es la emoción con la que están asociados; los más significativos tienen que ver con el miedo y con la falta de amor. El miedo, como hemos visto, está relacionado con la supervivencia, y en nuestros primeros años nuestra supervivencia depende de tener una persona adulta amorosa que nos cuide y nos proteja. Pero además la falta de amor nos lleva a no ser aceptados y apreciados como somos, lo que nos hace a su vez dudar de nuestra propia valía y nos conecta con la vergüenza y la culpa. No es fácil para un niño saber manejar, solo, emociones dolorosas como el miedo, el enfado, la tristeza, la vergüenza y la culpa; más bien van a irle incapacitando y a hacerle sentir inapropiado, inútil, impotente, lo que le puede conducir a la depresión.

Cuando no existen relaciones sanas el niño se tiene que ocupar de sí mismo, y sin una relación reparadora es muy probable que desarrolle la expectativa de que «no habrá alguien ahí para ayudarle». Eso es devastador porque los niños no aprenden la noción de un futuro mejor hasta alrededor de los 7 años. Mientras tanto, solo entienden de presente, y presente es siempre, así que lo viven como un infierno perpetuo. Esto hace que esta parte del niño no crezca, mientras que otra parte de la persona sí. Es como si se dividiera en dos: la parte que se queda con el dolor, y la parte que compensa con una estrategia defensiva o protectora y se acoraza en un tipo de personalidad que permite manejar esa vulnerabilidad que se esconde.

Para describirlo de una manera lo más sencilla posible: si me hacen daño cuando soy niño, y soy dependiente de los que me hacen daño (que es lo más difícil de manejar), una parte de mí, mi niño interior herido, se ve completamente indefenso, pero surge otra parte de mí que se apoya en la fuerza de mi niño interior divino: las cualidades esenciales que todos poseemos para sobrevivir. Esta parte que quiere sobrevivir, y que se va a convertir en mi adulto, tiene miedo pero se acoraza. Crea una estrategia o estructura defensiva, el ego o personalidad, que le permite seguir creciendo. Por lo tanto, debido al trauma hay por lo menos dos partes: la herida y la que intenta sobreponerse. Nuestra personalidad estará compuesta por todas las partes y, cuanto más unidas e integradas, más sana será nuestra personalidad.

Cuando hemos sido traumatizados por las circunstancias de la vida, necesitamos de una persona fiable que nos escuche y responda a nuestro dolor. Trabajar el trauma requiere experiencia y lo aconsejable es hacerlo con un psicoterapeuta experto en el tema. La arrolladora indefensión, naturaleza de la experiencia traumática, amenaza nuestra estabilidad emocional y cognitiva, así como nuestra seguridad física. El contacto con una persona fiable y segura favorece que se bajen las defensas y permitamos que afloren a la conciencia las emociones y sentimientos amenazantes. Cuando estas emociones y sentimientos salen a la conciencia, inicialmente nos van a revolver. Van a hacernos *re-memorar*, traer de la memoria escenas dolorosas, pero una vez que podamos afrontarlas, describirlas y liberarlas van a permitir que se puedan integrar las diferentes partes que se habían separado o dividido para contener el dolor. A través de la relación con el psicoterapeuta, la persona puede aprender a establecer un nuevo tipo de contacto interpersonal que le permita acceder a su niño interior y sanarlo. A través de una nueva forma de relacionarse puede aprender a establecer límites, a distinguirse como separado del otro, para respetarse y que le respeten en el proceso.

> *«No rías nunca las lágrimas de un niño. Todos los dolores son iguales».*
> CHARLES VAN LERBERGHE

Muchas veces nuestros traumas se curan en relaciones amorosas reparadoras. Si tenemos la suerte de encontrar a una persona que ha tenido un apego sano, o que ha hecho desarrollo personal y tiene una buena autoestima, puede, desde su AMOR, ayudarnos a sanar nuestras carencias. Es común que de forma inconsciente pretendamos que nuestras parejas hagan ese rol de salvadoras. Es difícil que ellos puedan sanarnos porque esto nos haría depender de ella y nos crearía una relación dependiente en vez de una relación recíproca.

El trauma no tiene por qué ser una condena de por vida

El trauma no tiene por qué ser una condena de por vida, se puede sanar. Para ello hace falta una relación especial, donde nos sintamos plenamente amados: AMOR con mayúsculas. Podemos aprender a desarrollar las cualidades de ofrecer AMOR y, al hacerlo, crear un Adulto Amoroso o un Padre Ideal que pueda ayudar a nuestro niño interior (véase capítulo 22, «Volver a empezar»). Es normal que una persona no entrenada tenga dificultad en mostrar estas cualidades para poder ayudar a otra persona a sanarse; requiere práctica pero se puede hacer.

Es a través de una relación amorosa (en el sentido de respetar las necesidades relacionales del otro y expresar las cualidades del AMOR) que el niño aprende a aceptar y reconocer todos los aspectos heridos de sí mismo que ha rechazado, negado o escondido en lo profundo de su ser y cuyo contacto interno con el resto de su ser peligraba.

La ruptura en la relación con las figuras parentales, o el no establecimiento de una relación sana con ellos, se proyecta en la relación que el niño establece consigo mismo. Las relaciones externas le han reflejado una imagen de sí falsa, y es a través de ese filtro como se percibe. Llega un momento en que nos creemos que somos lo que nuestros padres nos reflejan que somos. Creemos que somos como ellos nos ven y no como nosotros nos sentimos internamente: amor, alegría, amabilidad, espontaneidad, inocencia, generosidad… Lo más doloroso es que empezamos a vibrar en el miedo y nuestra esencia se esconde en las profundidades de nuestro ser. Hasta el punto de que hay un momento que dejamos de sentirnos y pasamos a comportarnos como ellos desean que seamos con tal de no tener problemas.

Esta diferencia entre el auténtico niño interior y el que ven los padres y adultos significativos va a dejar un espacio entre estas dos imágenes de mucho dolor. Un dolor compuesto por muchas emociones, principalmente miedo, enfado, tristeza, vergüenza y culpa, que sustentan la estructura defensiva o máscara que acabamos mostrando al exterior.

En el fondo hay un miedo profundo a no ser aceptado, a ser rechazado y abandonado si no llegamos a las expectativas que nuestros padres quieren de nosotros, en lugar de sentirnos bienvenidos y amados por nosotros mismos. Creemos que si nos paramos e intentamos investigar nuestros miedos, estos nos sobrecogerán, así que buscamos formas de compensación. Pero mientras actuamos desde la compensación, no podemos ver nuestro auténtico ser. Estamos huyendo del niño interior, que está aterrorizado del fracaso y del rechazo. Evitamos nuestro miedo con todos los mecanismos de defensa a nuestro alcance, reprimiéndolos, negándolos, suprimiéndolos, proyectándolos, desempeñando un rol...

Este miedo está en la base de todos nuestros trastornos, nos hace protegernos, nos hace ser agresivos, nos bloquea y nos inhabilita. El miedo está detrás de las dificultades en nuestras relaciones, de nuestros autosabotajes, estrategias de control y nuestros juicios. Nos limita para conocer nuevas cosas, probar y aprender diferentes formas de ver la vida. También puede estar en la base de muchas enfermedades psicosomáticas. Cuando estamos en el miedo difícilmente podemos razonar con claridad. Además el miedo es contrario a la energía de la alegría, que es el resultado de estar conectado con nuestro corazón y sentir el amor. Así pues, nuestro viaje de sanación pasa por afrontar nuestros miedos y conectar con el amor, las cualidades del corazón que nos van a ayudar a transmutar nuestro miedo en amor.

Todos llevamos un niño interior asustado e inseguro. Si imaginamos a ese niño herido como un ser indefenso, necesitado de protección, normalmente se activa nuestro corazón y sentimos lástima, pena y ganas de abrazarlo. Así que una manera de objetivizar ese miedo es imaginar que el miedo es nuestro niño interior herido, que es el que sufre todas las emociones que hemos descrito y tiene miedo de volver a salir para que no le vuelvan a hacer daño.

Este niño interior es nuestra parte traumatizada, que sigue viviendo el trauma en presente. Cuando podemos imaginarlo somos más capaces de conectar con las sensaciones de nuestro cuerpo. Además, objetivarlo nos permite alejarnos y verlo desde fuera. Es como crear un observador capaz de observar a nuestro niño y a nuestro adulto intentando cuidar al niño.

La regresión espontánea

Si debido a nuestros traumas no hemos integrado las diferentes partes de nuestra personalidad —Padre, Adulto y Niño—[*] (véase capítulo 22), es posible que nuestro niño interior, asustado y agresivo, tome las riendas de nuestra personalidad y de repente nos sintamos como un niño en estado de ansiedad y pánico y tengamos una «regresión espontánea» a una edad anterior. Esto obliga a que nuestra parte adulta tenga que hacer algo, además de fortalecer la estructura defensiva para que no acceda a nuestra conciencia. Aquí es donde podemos padecer reacciones desbordantes, como tener rabia desenfrenada, o sufrir cambios emocionales desequilibrados, o intentar no sentir enganchándonos a sustancias legales y no legales para enmascarar los síntomas.

Si por el contrario bloqueamos el miedo del niño, eso no quiere decir que no esté presente, sino que de manera inconsciente nos estará limitando. No podremos tomar decisiones fácilmente, no tendremos confianza, no podremos sentirnos seguros y estaremos en estado de alerta, preocupándonos de anticipar posibles peligros antes de que ocurran.

Podemos pasar nuestras sensaciones, emociones y percepciones al inconsciente para que no accedan a nuestra conciencia, pero lo que no podemos hacer es borrar sus efectos y el dolor que producen, pues estos se tendrán que manifestar de alguna manera, cambiando nuestro estado de ánimo de base por *falta de alegría o sensación de desamor, o pensando que nuestras facultades racionales están mermadas*, pues de lo contrario terminaremos somatizando alguna enfermedad.

Por otro lado, podemos evitar el contacto por miedo a que nos vuelvan a hacer daño; es probable que temamos el rechazo, el abandono o incluso el abuso. Podemos temer que los que están en

---

[*] Con la mayúscula de Padre, Adulto y Niño nos estamos refiriendo a los estados del ego.

nuestra vida descubrirán lo que nosotros más tememos, y es que no somos dignos de amor. Sospechamos que algo está mal con nosotros, o de lo contrario nuestros cuidadores nos hubieran hecho sentirnos seguros y amados.

Mientras tengamos situaciones pasadas traumáticas, y sabemos que lo son si nos alteran emocionalmente (si al recordarlas se producen emociones desagradables en nuestro cuerpo y nos hacen sentirnos como nos sentimos entonces), podremos revivirlas una y otra vez hasta que las resolvamos. Esto es lo que los psicólogos llamamos estrés postraumático, que quiere decir que se repiten después de la escena inicial o trauma que lo causó.

Parte de nuestra sanación pasa por arriesgarnos a mirar a nuestro miedo de frente, con apoyo inicialmente, hasta que desarrollamos los recursos y podemos hacerlo solos. Eso hubiéramos necesitado de nuestros padres, pero muchas veces, por no decir siempre, ellos también tenían un niño herido con sus propios miedos, que también necesitaban tratar y sanar. Otra parte de nuestra sanación pasa por aprender a darnos a nosotros mismos el AMOR que no tuvimos, y por último y no por eso menos importante, aprender a tener una actitud diferente cambiando nuestras creencias, emociones y comportamientos.

Conclusión

En la base de cualquier trauma está el miedo, que deja importantes efectos en nuestro sistema nervioso y nuestro cuerpo, por lo que tenemos que afrontarlo inicialmente en él. Además de entender cómo este miedo es el resultado de nuestras experiencias infantiles, para liberarlo tenemos que movilizar la emoción, cambiar nuestras creencias y practicar nuevos comportamientos que refuercen que lo hemos modificado. Todo esto, lo tenemos que hacer desde el AMOR con mayúsculas.

10

NUEVE FORMAS
DE PROTEGERNOS DEL MIEDO

«Solo una cosa vuelve un sueño imposible: el miedo a fracasar».
PAULO COELHO

Para entender mejor cómo nos llegamos a identificar con determinadas emociones, creencias, motivaciones y comportamientos, y así comprender qué hace que hagamos lo que hacemos, voy a describir los nueve tipos de personalidad que resultan de combinar todos los aspectos que hemos visto hasta ahora. Cuando combinamos los afectos resultantes de los apegos con las emociones, las creencias de los guiones de base y la actitud ante la vida, surgen *nueve niños interiores, que hicieron lo mejor que pudieron con estas variables para no sentir el dolor de los desencuentros con las personas significativas*, creando su propia forma de protegerse, una estrategia particular para manejar el dolor de la mejor manera posible.

Llegamos a estos tipos de niños interiores utilizando como modelo el eneagrama, que es una herramienta de autoconocimiento y desarrollo personal que nos va a ayudar a entender mejor nuestra personalidad y nos sirve como mapa. La personalidad es la forma en que pensamos, sentimos, nos comportamos e interpretamos la realidad. Mostramos una tendencia a una actitud ante la vida con sus creencias, emociones y comportamientos a través del tiempo. Es una forma de afrontar la vida y mostrarnos del modo en que nos vemos a nosotros mismos y el mundo que nos rodea. La personalidad *es algo único* de cada individuo que lo caracteriza como independiente y diferente y coherente en su comportamiento a través del tiempo, aun en distintas situaciones o momentos.

Aunque todos somos únicos e irrepetibles, hay unos rasgos universales que se combinan de diferentes maneras para constituir los diferentes tipos de personalidad. La personalidad se consolida a partir de la adolescencia, pero, como ya hemos visto, la estructura de base está bastante definida a partir de los 7 años.

Nuestra personalidad es una estructura defensiva, que es *siempre nuestra mejor opción*, para relacionarnos con el entorno que nos ha tocado. Nuestra personalidad es una estrategia, consciente o inconsciente, o una combinación de ambas, que nos permite relacionarnos con nosotros mismos y con los demás. Cuanto más me conozca a mí mismo más libre seré para utilizar libremente esa estructura a mi favor. Cuanto menos me conozca a mí mismo, tenderé a tener reacciones (y por ello menos libre en las respuestas conscientes) que se dispararán de forma automática sin que sea consciente de que son hábitos aprendidos y repetidos, hasta que se convierten en reacciones automáticas.

En la base de los tipos de personalidad están tres inteligencias diferentes, pero las tres son necesarias para nuestro normal funcionamiento. Son la inteligencia instintiva, la emocional y la mental, que tienen su correlato en dividir nuestro cerebro en tres cerebros o funciones interrelacionadas:

1. Neocórtex y su función de análisis y procesamiento mental.
2. Límbico y su función emocional, que tiene que ver con las relaciones.
3. Reptiliano y su función de regular las funciones y comportamientos automáticos, incluidos los que hemos aprendido y convertido en hábitos.

Los tres cerebros, las tres inteligencias, funcionan de manera interrelacionada, pero cada una tiene una forma de orientarnos y experimentar el mundo. Esto incluye cómo percibimos, interpretamos y expresamos la información. Los que se guían por el reptiliano se fían más de las sensaciones del cuerpo; los que utilizan prioritariamente el límbico lo hacen por las emociones que suscitan nuestras relaciones con los demás, y por último los que usan predominantemente el neocórtex se guían por la forma de procesar y analizar la información procedente del exterior.

El concepto de tres inteligencias apunta a que no es solo la inteligencia mental la que debemos potenciar, sino la inteligencia emocional y la inteligencia de nuestro cuerpo (donde se graban nuestras memorias sentidas y donde también reside nuestra inteligencia instintiva). Lo ideal sería que utilizáramos todas óptimamente.

Cada cerebro o inteligencia tiene una energía base o una emoción asociada con su función correspondiente, como ya hemos visto. Toda persona tiene las tres inteligencias y podrá expresar todas las emociones, pero habrá tipos que se guíen más por el miedo, otros más por la tristeza y otros más por el enfado. Esto no quiere decir que tengan más enfado, miedo o tristeza, sino que esa energía es la que les motiva.

Cuando estamos relajados y no sentimos miedo o ansiedad, nuestros tres cerebros están funcionando equilibradamente, pero en situaciones de tensión o estrés uno de ellos toma el mando, lo que explica que en situaciones de tensión o estrés tengamos comportamientos diferentes.

Combinando las tres inteligencias con las emociones, creencias, motivaciones, guion de base, creencias nucleares, necesidades relacionales, estrategias de protección e idea central de cada tipo describimos un tipo de personalidad. Ningún tipo de personalidad o niño interior es mejor que otro, cada uno tiene una forma de abordar las dificultades que le presenta la vida. Se suelen denominar a los tipos por número para indicar que no hay ninguno ni mejor ni peor que otro, pero para facilitar el comprender cómo se construye su personalidad le vamos a dar un nombre que representa una polaridad que está en la base del tipo, para indicar que habrá variaciones dentro de la misma.

Las distintas maneras de manejar las diferentes inteligencias se pueden ver en el siguiente cuadro de los nueve niños interiores, que a lo largo de este capítulo iremos describiendo brevemente.

Cuando la inteligencia instintiva o el cerebro reptiliano toma el mando

Cuando estamos en contacto con nuestro cuerpo y nuestra energía vital y disfrute de estar vivos, nos sentimos fuertes y poderosos. Pero cuando de niños nos han hecho daño físico o emocional, aprendemos a desensibilizar el cuerpo para no sentir el dolor. Al hacerlo, nuestro cuerpo ya no nos da información importante y nos sentimos vulnerables. Por eso buscamos la manera de resistirnos a que nos afecten las personas y situaciones e intentamos hacerlo defendiendo nuestra autonomía. No queremos sentirnos así y por ello buscamos maneras de manejar ese dolor. Lo podemos hacer de tres formas: expresándolo, reprimiéndolo o transformándolo.

CUADRO TIPOS DE NIÑOS

	TIPO DE APEGO		
INTELIGENCIA DOMINANTE	DESORGANIZADO VULNERABILIDAD	ANSIOSO DEPENDENCIA	EVITATIVO FRUSTRACIÓN
INSTINTIVA			
Emoción ENFADO - Conectados al presente – Centrado en el cuerpo sensaciones – Guion de base: falta de alegría y disfrute – Busca resistirse a ser afectado por el entorno	8. DURO-SENSIBLE	9. DÓCIL-TESTARUDO	1. FORMAL-ESPONTÁNEO
AGRESIVIDAD	MUESTRA	BLOQUEA	REPRIME
Siente	enfado por ser vulnerable	enfado por ser dependiente	enfado por sentir la frustración
Gestión emoción principal	Muestra enfado por falta disfrute	Bloquea el enfado por falta disfrute	Reprime el enfado por falta disfrute
Miedo	Miedo a ser vulnerable	Miedo a sentirse separado de los otros	Miedo de ser malo y que le critiquen
Deseo	Deseo de que no me puedan	Deseo tener paz y armonía	Deseo ser bueno y hacer las cosas bien
Motivación	Motivado por tener poder	Motivado por tener estabilidad	Motivado por hacer lo correcto
Creencia nuclear YO PUEDO vs. YO NO PUEDO	Yo puedo ser fuerte y poderoso	Yo puedo mantener la paz y armonía	Yo puedo ser justo y saber la verdad

INTELIGENCIA DOMINANTE	TIPO DE APEGO		
	DESORGANIZADO VULNERABILIDAD	ANSIOSO DEPENDENCIA	EVITATIVO FRUSTRACIÓN
Necesidad relacional	Impactar	Ser apoyado y aceptado	Ser respetado
Estrategia de protección	Si me esfuerzo llegaré a importar	Si no sobresalgo me llevaré bien con los demás	Puedo enseñar a los demás a hacer las cosas bien
EMOCIONAL			
Emoción TRISTEZA - Conectados al pasado - Centrado en las relaciones - Guion de base: falta de amor - Busca identidad	2. GENEROSO-INTERESADO	3. ELOGIADO-INSATISFECHO	4. CREATIVO-LASTIMERO
VERGÜENZA	VULNERABLE A LA VERGÜENZA	BLOQUEA LA VERGÜENZA	FRUSTRADO POR LA VERGÜENZA
Siente	tristeza por ser vulnerable al amor	tristeza por depender del amor	tristeza por frustrarse por amor
Gestión emoción principal	Compensa tristeza por no tener amor con alegría	Bloquea la tristeza por no tener amor	Frustrado por la tristeza por falta de amor
Miedo	Miedo a no ser amado y aceptado	Miedo a no ser valioso	Miedo a no ser nadie especial
Deseo	Deseo de sentirse amado y aceptado	Deseo de ser valioso	Deseo de ser sí mismo

→

INTELIGENCIA DOMINANTE	TIPO DE APEGO		
	DESORGANIZADO VULNERABILIDAD	ANSIOSO DEPENDENCIA	EVITATIVO FRUSTRACIÓN
Motivación	Motivado por ser apreciado	Motivado por ser admirado	Motivado por expresarse creativamente
Creencia nuclear YO SOY vs. NO SOY	Yo soy generoso y afectuoso	Yo soy sobresaliente	Yo soy sensible y especial
Necesidad relacional	Dar y recibir afecto	Ser validado e importante	Ser singular
Estrategia de protección	Si soy amoroso tal vez disculpen mis fallos	Si me esfuerzo lograré destacar y que me valoren	Si tengo suerte alguien me descubrirá y se enamorará de mí
MENTAL — Emoción PREOCUPACIÓN - Conectados al futuro - Centrado en su cabeza > ansiedad – Guion de base: falta de protección, miedo a la locura – Busca seguridad	5. OBSERVADOR-PROVOCADOR	6. CUMPLIDOR-DESCONFIADO	7. ALEGRE-EMBAUCADOR
MIEDO	LUCHA	BLOQUEO	HUIDA
Siente	lucha contra preocupación	intenta bloquear preocupación	huye de la preocupación
Gestión emoción principal	Busca soluciones a no entender	Se bloquea por no entender	Huye de no entender

INTELIGENCIA DOMINANTE	TIPO DE APEGO		
	DESORGANIZADO VULNERABILIDAD	ANSIOSO DEPENDENCIA	EVITATIVO FRUSTRACIÓN
Miedo	Miedo a ser inútil e incapaz	Miedo a no tener apoyo y orientación	Miedo al vacío
Deseo	Deseo de ser capaz	Deseo de tener seguridad	Deseo de ser feliz
Motivación	Motivado por el conocimiento	Motivado por sentirse reconocido	Motivado por tener experiencias
Creencia nuclear YO SÉ vs. NO SÉ	Yo sé información y soy inteligente	Yo sé mantener los compromisos	Yo sé animar y entusiasmar
Necesidad relacional	Tener a alguien en frente que es como yo	Seguridad para poder expresar sin temor	Que el otro tome la iniciativa
Estrategia de protección	Si descubro algo nuevo tendré un lugar propio	Si cumplo con mis obligaciones los demás se darán cuenta y me reconocerán	Si dejo de animar esto será muy aburrido

La emoción predominante es el enfado, cuya función es afirmarnos y saber poner límites a los demás, y tiene que ver con nuestro territorio. Cuando estamos conectados con nuestro cuerpo, estamos más presentes, vivimos más el aquí y ahora y en el momento de tomar decisiones nos basamos en nuestros instintos.

Hay tres posibilidades cuando en situaciones de estrés esta energía toma el mando:

El niño 8: duro-sensible. Miedo a ser vulnerable y que le hagan daño

El niño herido 8 ha sentido el daño en su cuerpo y ha tenido la sensación de que se tenía que valer por sí mismo para sobrevivir. Es probable que su padre/madre le hayan hecho daño físico o emocional (directa o indirectamente) siendo negligentes con las necesidades del niño, por lo cual se han sentido vulnerables. Es probable que hayan pasado un trauma muy temprano, a partir del que se dicen a sí mismos: «No voy a volver a sentir dolor, no voy a permitir que me vuelvan a hacer daño», «Tengo que valerme por mí mismo», porque se han sentido injustamente tratados. Por ello toman la decisión de hacerse los fuertes.

Estos niños se sienten limitados y controlados injustamente por las personas que los rodean, tienen miedo pero lo esconden expresando enfado en su lugar. Aprenden a imitar lo que perciben como fuerte o poderoso y deciden hacerse cargo de sí mismos para que nadie se haga cargo de ellos. Así creen que van a obtener el control de su dolor emocional, negando su extrema vulnerabilidad. Según van creciendo evitan mostrar debilidad personal. Ven la vida como una lucha por el poder entre los de arriba y los de abajo y deciden que quieren estar arriba. De niños son los cabecillas de los grupos y pueden usar la intimidación para probar su fuerza. A menudo parece que están buscando confrontación. Por lo general son osados, tenaces y arriesgados.

Saben decir no y tienen claro que no van a permitir que los demás se aprovechen de ellos. Intentan desmontar las máscaras de los demás. Disfrutan provocando a la gente para saber más de ellos. Respetan a los que son auténticos y no les gustan las pretensiones e injusticias de los demás. Disfrutan siendo fuertes y respetan a quienes lo son también. No les gusta la debilidad pero sí les gusta proteger a los que lo necesitan y a los que ellos consideran sus amigos.

Tienen dificultad para admitir y expresar sus sentimientos más tiernos, aunque son muy sensibles a las muestras de afecto de los demás. Tienen facilidad para conseguir la atención mostrando su enfado empleando un lenguaje contundente y muchas veces vulgar.

Una niña tipo 8 nació de un parto más o menos normal pero para atender a la madre la dejaron encima del peso frío y se olvidaron de ella. Cuando por fin una enfermera se dio cuenta que estaba solita, destapada y morada de frío, sufría una hipotermia, lo que la colocó al borde de la muerte. Sobrevivió con mucho esfuerzo.

El niño 9: dócil-testarudo. Miedo a sentirse separado de los otros

El niño 9 suele decir que tuvo una infancia feliz, pero no se acuerda de lo que pasó. Aprendió a adaptarse a lo que se esperaba de él y pensó que eso es lo que tenía que ser. Los conflictos le asustaban porque temía que se rompiera la relación y quedarse solito. Para manejar su miedo y el enfado de no sentirse protegido por los mayores, se disocia (se van a un mundo imaginario de fantasía donde todo está bien) y así se calma. Aprendió que la mejor manera de sentirse en paz era no causar problemas y no tener necesidades o conformarse con lo que tenían.

Estos niños sienten que sus padres no tienen en cuenta sus deseos, así que aprenden a no tenerlos; es como si explícita o implícitamente escucharan: «No molestes», «No te signifiques», «No existas». Tal vez la madre tenga miedo de que el hijo se vuelva un consentido. Consiguen vivir con falta de amor y alegría diciéndose a sí mismos que nada en la vida tiene mucha importancia («Total, qué más da»). Parecen negar su propia valía e importancia, tienen el gesto y el lenguaje de «yo en realidad no importo».

Aprenden a sustituir la falta de contacto y aprecio por la comida, o por actividades que les mantienen como anestesiados y no les permiten sentir el dolor de fondo. Están como adormecidos frente a lo que les motiva. Son observadores y perciben sobre todo lo que les puede alterar e intentan controlarlo para no sentirse afectados. En su ambivalencia entre rebelión y conformismo eligen su propio mundo, aprenden a vivir en una especie de ensoñación, de realidad paralela, donde se sienten en paz. A los niños 9 les cuesta saber lo que desean para ellos mismos y también poner en marcha su voluntad para conseguir las cosas, pero sí saben que no se quieren dejar alterar y ahí son testarudos.

Cuando les confrontan, tienen mucha ansiedad y buscan tiempo para poder responder: se quedan bloqueados. Intentan desviar la atención como tratando de evadirse mientras le dan vueltas a la solución del problema.

Una niña 9 era cariñosa, amorosa y callada; internamente deseaba ser vista y que le prestaran un poquito de atención. Sin embargo, su madre cuando se dirigía hacia ella era para cuidar de su comida, ropa y aseo, y mientras lo hacía era brusca y la corregía con un tono duro y enfadado. Parecía que todo lo que hacía molestaba a su madre. Aprendió a no hacerse notar, a no pedir, a no molestar, aunque ella deseaba y todavía sigue esperando que un día la madre la diga que la quiere y que la valora.

El niño 1: formal-espontáneo. Miedo a ser malo y que le critiquen

El niño 1 tiene la sensación de fondo de que se tiene que esforzar por ser bueno y hacer lo correcto. Es como si tuviera que justificar su existencia, como si escuchara una voz que les dice: «No seas un niño, esfuérzate, sé perfecto». Por ello desarrolla la seriedad y responsabilidad desde muy pequeño. Intenta ser justo y honesto, no usar la mentira, y tener unos valores y principios muy elevados. Es muy ordenado, sistemático, metódico, puntual, disciplinado, meticuloso y ético, pareciendo adulto muy pronto.

Estos niños, aunque tienen muchas ganas de disfrutar y sentirse vivos, se reprimen. Es como si se hubieran dicho a sí mismos que «tienen que controlar sus sensaciones corporales y sus instintos» intentando ser racionales. Buscan la perfección, pero como nada es perfecto esto les crea mucho enfado y resentimiento, lo que tratan de reprimir porque creen que «no es correcto» demostrarlo. Les gusta la predictibilidad y no desean sorpresas.

Cuando se sienten frustrados e insatisfechos, un estado frecuente, se vuelven impacientes con el tiempo y las personas. Cuando ellos sienten que ya se han esforzado lo suficiente o que alguien les ha tratado con injusticia, se pueden volver transgresores. Luego se pueden sentir muy culpables por no haber cumplido sus propias normas.

Se dan cuenta y apoyan a los que ven más vulnerables, pero les cuesta mostrar la propia vulnerabilidad o pedir lo que necesitan. Una vez que han decidido sus criterios, optan por lo que está bien y lo que está mal y juzgan a las personas según sus reglas, lo que les hace poco tolerantes y flexibles.

Una niña 1 era la pequeña de cinco hermanos bastante mayores que la trataban como una niña pequeña y la hacían rabiar. Ella siempre pedía que la respetaran, intentaba una y otra vez que la tuvieran en cuenta y que escucharan sus opiniones, pero tenía la sensación de que su situación era muy injusta. Se sentía triste e impotente, pero nunca quiso pedir ayuda a su madre (ya que el padre estaba ausente) porque según sus normas acusar no estaba bien. De vez en cuando, si le habían hecho rabiar mucho, se ima-

ginaba vengándose, pero siempre se cuestionaba pasar a la acción por las consecuencias.

Cuando la inteligencia emocional o cerebro límbico toma el mando

Esta inteligencia tiene que ver con las relaciones con los demás. Nuestro concepto de nosotros mismos es un reflejo de los demás. Si no nos sentimos amados nos rompemos por dentro y buscamos maneras de agradar para seguir vinculados. Nace un niño interior herido, que con tal de recibir algo de amor, cambia su identidad, su imagen, para adaptarse a los demás con el fin de conseguir que les amen y valoren.

Sienten la pérdida o falta de amor y por eso tienen un fondo de tristeza, pero además por no poder ser ellos mismos tienen mucha vergüenza. En nuestro cerebro límbico se ubican nuestras emociones, nuestros valores y nuestras relaciones sociales, así como también nuestra sexualidad.

El corazón entiende de empatía y sensibilidad hacia los demás, de poder tener compasión por los otros, pero cuando cerramos nuestro corazón sabemos hacer manipulación emocional, desempeñar roles y usar las emociones instrumentalmente para conseguir lo que deseamos.

Hay tres posibilidades cuando en situaciones de estrés esta energía toma el mando:

El niño 2: generoso-interesado. Miedo a no ser amado y aceptado

El niño 2 no se siente amado por ser quien es, así que para encontrar un lugar en la familia decide que va a dar amor y hacer la vida agradable cuidando de los demás. Tiene una capacidad innata para empatizar con las necesidades de los demás y satisfacerlas, lo que le da un sentido de identidad. Cree firmemente que tiene que dar para recibir, y es muy generoso.

Estos niños tienen la creencia de que dedicarse tiempo a sí mismos o a sus necesidades es una forma de egoísmo: «Las personas buenas y generosas no tienen necesidades». Es como si escucharan mensajes de sus padres, que les dicen: «Agrádame», «No pienses», «No te sientas importante», «No me lleves la contraria». Con lo cual piensan que es el otro el que tiene el poder y se adaptan para que no le dejen aislado y solo. Si el poderoso les da su aprobación, se sentirán vistos y reconocidos.

Son amables, cariñosos, siempre tienen una palabra afectuosa con los demás y también saben manipular con ello. Son seductores y requieren atención de los demás, pero no necesariamente les gusta sobresalir. Son voluntariosos pero también son vergonzosos; no les gusta que les ensalcen.

El niño 2 es alegre, sensible y algo tímido, y tiene cierto miedo al rechazo, a no ser lo suficientemente bueno, cariñoso y amable y no le quieran. Le cuesta estar solito y siempre busca a alguien más débil a quien pueda ayudar.

Una niña 2 era la segunda hija, tenía un hermano mayor y tres pequeños y desde muy niña se vio cuidando a sus hermanos, porque sus dos padres trabajaban. Era difícil para ella porque los hermanos no le hacían caso, pero su madre había delegado en ella, y ella lo llevaba con esmero. Se sentía solita, era hija pero hacía de madre con los hermanos y eso era mucha responsabilidad; sin embargo, ponía «a mal tiempo buena cara» e intentaba estar alegre pese a que le costara. Ella hubiera necesitado que alguien se hubiera ocupado de ella y que le dijera: «Eres muy linda, muy cariñosa y te quiero mucho».

El niño 3: elogiado-insatisfecho. Miedo a no ser valioso

El niño 3 no se siente valorado por sí mismo, solo si hace cosas que agraden a sus padres. Pronto aprende a desempeñar el rol que va a recibir aprobación por parte de los padres. Repite aquello que le genera aplausos. Aprendió desde muy pequeño que la mejor manera de llevarse con los padres era adaptarse, ya que así recibiría atención, validación y preferiblemente admiración.

Estos niños tienen la sensación de que los padres implícita o explícitamente le dicen: «Haz que me sienta orgulloso de ti», «Sé un ganador», «Esfuérzate más», «Intenta contentarme». Cuando no logran completar estas demandas, se sienten inaceptables, pero siguen intentándolo, como si se dijeran continuamente: «Lo tienes que conseguir».

Para lograr sus objetivos se esfuerzan y tienen que combatir su percepción de que nada de lo que hacen parece suficiente, así que bloquean sus sentimientos para buscar atributos y actividades que les proporcionen la aprobación y la admiración. En el fondo se sienten muy solos, con falta de amor y vergüenza, por no ser lo que los demás esperan de ellos.

Para ellos, desarrollarse a sí mismos, mejorar y sobresalir son metas por las que están dispuestos a sacrificarse olvidándose de sus necesidades. Quieren proyectar una imagen de éxito para ocultar su sensación de falta de valía. Se identifican con sus roles y les cuesta establecer intimidad.

Un niño 3 tenía un hermano menor alegre y juguetón que solía estar enfermo, con lo cual acaparaba toda la atención de los padres. Como no tenía con quién jugar se dedicaba a leer y a estudiar y aprendió a ser buen estudiante y tener buenas notas. Cuando traía buenas notas le hacían caso y le felicitaban, y eso le hacía sentirse admirado y querido.

El niño 4: creativo-lastimero. Miedo a no ser nadie especial

El niño 4 aprende enseguida que sus padres no están disponibles para proporcionarle apoyo emocional; es como si escuchara: «No cuentes conmigo para estar aquí contigo», «No estés cerca». El 4 no se siente identificado con sus padres, es como si no perteneciera a la familia, o le hubieran cambiado al nacer. Es muy sensible a las diferencias y tiene la sensación de que no conecta con sus padres porque no le reflejaron bien cómo era, como si se hubiera roto el espejo, así que piensa que hay algo equivocado en él.

Estos niños tienen la sensación de que les falta algo y tienen miedo de ser vulnerables, por lo que prefieren rechazar primero antes de sentir que no les quieren. Para evitar sentir el dolor de la no conexión se van a su mundo ideal, imaginado y fantaseado, donde pueden sentir lo que ellos quieran. En sus fantasías se imaginan como héroes o heroínas que viven un drama donde no se sienten queridos, entendidos, y luchan por conseguir el amor, mientras disfrutan con la melancolía y tragedia de la ausencia o pérdida. Es como si anhelaran que alguien se fijara en ellos y les descubra y ame salvándolos de su situación.

Son muy sensibles y viven sus emociones intensamente, lo que les facilita el poder ser expresivos y creativos, pudiendo plasmar sus sentimientos en escribir, dibujar, adornar, creando belleza que luego les haga sentirse bien. Sabotean el conseguir sus sueños, pues es como si una parte suya les dijera que si tienen más que los demás no les van a querer o que no merecen tener lo que otros no tienen. Tienen compasión y empatía, conocen el dolor y tienen sensibilidad a las heridas de los demás, pero les cuesta intimar y huyen cuando alguien les pide más de lo que pueden o quieren dar.

Son muy conscientes de su imagen y tienden a ensayar cómo quieren aparecer ante los demás fingiendo roles. Aunque anhelan la sencillez, tienen un aire de ser especiales y se distinguen aunque no quieran.

Un niño 4 fue el primer hijo, primer nieto, primer sobrino y durante un año fue centro para su madre, mientras su padre sentía celos de la atención que su mujer le prestaba. Pero nació su hermano, le quitó la atención, los cuidados y el afecto al que se había acostumbrado y se sintió abandonado. A partir de entonces se sintió solito, triste, diferente, y creció en su mundo, donde fantaseaba, imaginaba y se entretenía dibujando, disfrazándose, simulando roles para entretenerse.

Cuando la inteligencia mental o neocórtex toma el mando

En el neocórtex se desarrollan los procesos cognitivos superiores, que nos diferencian de los animales. También se le llama el cerebro pensante, porque aquí es donde se produce la capacidad de reflexión, de procesamiento de la información. Es el centro principal de atención en lo referente a la solución de problemas, análisis y síntesis de la información, uso de razonamiento analógico, del pensamiento crítico y creativo. Los dos hemisferios tienen funciones definidas y diferenciadas. El hemisferio derecho es más espacial, global, musical y artístico, mientras que el hemisferio izquierdo es más lineal, racional y ordenado secuencialmente y utiliza el lenguaje como vehículo de expresión.

Esta inteligencia está más relacionada con intentar entender, darle sentido y significado a cómo es el mundo, las personas, el por qué de las cosas. Como hay muchas situaciones que parecen inexplicables, incongruentes, esto nos da una sensación de inseguridad, de falta de orientación y va a hacer que busquemos la seguridad. Además, al haber sentido la ansiedad, anticipamos que vuelva a surgir y por ello nos preocupamos. Buscamos conocer, entender y explicarnos por qué las cosas son como son.

Hay tres posibilidades cuando en situaciones de estrés esta energía toma el mando:

El niño 5: observador-provocador. Miedo a ser inútil e incapaz

El niño 5 desarrolla la estrategia del aislamiento frente a los padres porque o bien se siente invadido porque le demandan demasiado o por el contrario nunca estableció el contacto con ellos. Los padres le generan sensación de peligro cuando están cerca. Decide que no está seguro en su familia y se afana en la búsqueda de algo que le dé seguridad. Cree que tener conocimientos, entender las cosas, se la va a dar. Así que se aparta de la familia, retirándose a un espacio privado, físico y mental.

Estos niños intentan mantener a raya las emociones porque no las entienden y tratan de que no les distraigan de su foco de interés. Les intimidan sus sentimientos. Si se les pregunta qué sienten, contestarán lo que piensan.

Desvían la atención de sus necesidades personales para enfocarse en algo objetivo, recabar, analizar y procesar información. Reducen sus necesidades al mínimo para no necesitar de los demás y que les dejen tranquilos con sus cosas y pasar inadvertidos. Pasan mucho tiempo solos, son observadores, callados, no suelen jugar con los otros niños, prefieren leer y ocupar la mente con un ordenador experimentando e investigando o con un instrumento musical. También les gusta coleccionar cosas, organizarlas y ordenarlas.

No se sienten cómodos en grupos, prefieren estar entreteni-
dos con sus intereses. Pueden destacar en sus conocimientos de
determinados temas, pero no les interesan cosas como el deporte y
las actividades sociales. Tienen amigos con los que tienen intereses
comunes.

*Un niño 5 se sentía invadido por su madre, que estaba todo el rato
pendiente de él, pretendía llevarlo y traerlo a su antojo, y esto le hacía sentirse asfixiado. Él se escondía en su cuarto con sus libros, incluso llegó a
esconderse debajo de la cama para que le dejaran en paz. Tenía pesadillas
con que su madre le aplastaba y no podía respirar.*

**El niño 6: cumplidor-desconfiado. Miedo a no tener apoyo
y orientación**

El niño 6 quiere sentirse seguro por encima de todo; tiene
mucho miedo de no poder sobrevivir solo. Por ello hace lo posible para pertenecer. Es como si recibiera mensajes de no independencia como: «No lo hagas», «Ten cuidado», «No lo consigas»,
«No seas importante», «No sobrepases a tus padres». Por eso
intenta ser reconocido por él y por lo que hace. Se prepara para
la acción pero luego vacila. Es muy solícito y servicial, y le gusta
ser útil a los demás. Se identifica con los que tienen problemas y
dificultades.

Estos niños tienen miedo a ser reprendidos. Desean que sus padres les presten atención, les muestren aprecio y reconozcan sus esfuerzos por ser buenos, obedientes, cumplidores. Necesitan que una figura con autoridad les apruebe y valore su forma de comportarse. Es como si nunca lo hubieran obtenido y lo buscan continuamente. Esto les hace suspicaces y desconfiados de las personas que se ofrecen para hacer algo bueno por ellos.

Detectan las incongruencias, las mentiras y las agendas ocultas. Se centran en los posibles peligros para intentar solucionar los problemas. Se preocupan de las posibles consecuencias e intentan anticipar los diferentes resultados. Les cuesta manejar la posibilidad de tener éxito, incluso pueden boicoteárselo.

Una niña 6 quería mucho a su mamá e intentaba obtener su atención, pero esta siempre estaba muy ocupada y le decía: «Déjame, no seas tan pesada», lo que le producía sentimientos encontrados: enfado con la madre y culpa por enfadarse con la madre. Ella buscaba maneras de que la madre la valorara haciendo las cosas bien, ofreciéndose para ayudar, siendo cuidadosa y ordenada, pero su madre ni se fijaba ni se lo reconocía y ella esperaba que algún día su madre la viera y le dijera lo importante que era para ella.

El niño 7: alegre-embaucador. Miedo a sentirse desvalido y sentir dolor

El niño 7 tiene una sensación de frustración por no haberse sentido conectado con la madre o figura nutritiva, y por eso decide cuidarse él mismo. No quiere decir que sus padres no estuvieran presentes, pero se dio un desencuentro entre sus necesidades de bebé y las de los padres, con lo cual el niño 7 se sintió frustrado.

Estos niños aprenden a negar las emociones negativas y potenciar las positivas más interesantes, fomentando el entusiasmo y su sentido de felicidad para manejar su frustración. Es como si se dijeran: «¿Por qué me voy a quedar con lo negativo y sentirme mal cuando puedo fomentar lo positivo y sentirme bien?».

El niño 7 quiere tener libertad para explorar sus opciones. Tiene miedo de pararse y ponerse en contacto con la ansiedad interna, así que se mantiene en movimiento para que el miedo no lo alcance. Si tiene muchos intereses no sentirá la pérdida por lo que no consigue. Si sus intereses son absorbentes, no le quedará energía para sentir miedo e inseguridad.

Se muestran encantadores y a veces embaucadores. Son imaginativos, fantasiosos e infantiles. Las personas y situaciones serias, saturadas de responsabilidades y que tienen conflictos, les resultan incómodas. Creen que la vida debería ser divertida e interesante y saben cómo planificarse para conseguir que así sea.

Huyen de confrontaciones desagradables, incluso sabiendo que les pueden servir para desarrollarse a sí mismos. Su objetivo es ser felices y no perderse nada. Buscan lo interesante y estimulante y les aburre lo cotidiano.

Un niño 7 que siempre estaba haciendo cosas recuerda lo mal que se sentía cuando «le obligaban a parar»: cuando en el colegio apagaban las luces para echar la siesta o cuando le mandaban a la cama por las noches. Esta imposición de los adultos le generaba mucha angustia porque parar le generaba miedo. Todavía de adulto tiene dificultades para irse a dormir y siempre se entretiene con cualquier actividad antes, aunque se esté muriendo de sueño.

Conclusión

Así pues, los tipos de personalidad de los niños interiores se forman alrededor de la estrategia que desarrollaron para manejar el entorno. Fue su mejor opción para poder manejar sus apegos, emociones, creencias y necesidades relacionales. Se forman a partir de las diferentes experiencias, según el tipo de inteligencia prioritaria que utilizan: mental, emocional o instintiva.

11

EL GUION DE BASE:
LA MANERA DE EXPLICARNOS
NUESTRAS SENSACIONES
Y EMOCIONES DOLOROSAS

*«Tu visión se volverá más clara
solamente cuando mires dentro de tu corazón...
Aquel que mira afuera sueña.
Quien mira en su interior despierta».*

CARL JUNG

Para desarrollarnos, necesitamos sentir amor o conexión con alguien; recibir cuidado y nutrición, estímulos que nos hacen sentirnos bien y satisfechos; y además, aprender estructuras y normas para conocer los límites y sentirnos seguros.

Estas tres facetas son cruciales para nuestro desarrollo, y cada una de ellas en su justa medida. Tenemos que recibir suficiente amor, suficiente cuidado y suficiente estructura. Demasiado amor, estructura y cuidado produce unos resultados inadecuados, lo mismo que ocurrirá si es demasiado poco. Pero la justa medida es muy difícil y por ello prácticamente imposible que lo consiga ningún padre.

Cada uno de nosotros recibió diferentes combinaciones de estos tres requisitos necesarios para nuestro desarrollo. Algunos recibimos quizá más amor, menos cuidado y más protección, por ejemplo. Otros más cuidado, menos amor y más protección... Cada combinación dejó diferentes sensaciones de base que forman nuestro temperamento e influyen en nuestro tipo de personalidad. Su interpretación nos genera una forma de ver la realidad que nos condiciona de forma importante durante toda nuestra existencia.

Esta forma de ver la vida, consciente o inconscientemente, se llama guion, porque es como el guion de la película que nos hemos contado para entender estas primeras sensaciones desagradables.

Podríamos decir que hay tres guiones de base que se forman según nuestra manera de no haber recibido todo el amor, el cuidado y la protección que necesitábamos. Aunque todos tenemos uno de estos guiones, sus manifestaciones son diferentes en función de nuestras experiencias individuales.

Estos tres guiones se corresponden a los tres centros de inteligencia: instintiva, emocional y mental, y en síntesis, podemos decir que se forman como explicamos a continuación.

De niños estábamos llenos de vida, teníamos necesidad de movernos: queríamos correr, brincar, saltar, manifestarnos... Nos expandíamos plenos de vitalidad, de la energía que necesitábamos para ir en pos de los estímulos y así buscábamos atención, nos hacíamos notar. Pero si nuestra vitalidad, nuestro disfrute, nuestras ganas de manifestar nuestra energía molestaban a los padres, seguro que no nos permitieron mostrar nuestra espontaneidad, nuestra curiosidad, nuestras ganas de aprender y de prosperar... Este comportamiento limitador pudo hacer que nos sintiéramos rabiosos y enfadados. En este caso, desarrollaremos un guion de base de *enfado* por la falta de disfrute.

Además del disfrute, desde niños tenemos el potencial de dar amor, de expresar alegría, de ser inocentes y bienintencionados, de manera que podamos aprender a ser conscientes de nosotros y de nuestra existencia en este mundo. La capacidad de dar amor incondicionalmente nos surge de forma natural y así también esperamos recibir amor incondicional, aunque no seamos conscientes de ello. Lo que no nos resulta natural es no recibir amor, pues eso nos confunde, nos asusta y nos entristece. Si cuando mirábamos a nuestros padres esperando recibir ese amor que tanto necesitábamos, recibíamos en su lugar enfado, agresividad e incluso maltrato (que puede manifestarse de diversas maneras), la falta de amor nos generaba un guion de base de *desamor* que nos haría avergonzarnos de ser como somos.

Al mismo tiempo, el no recibir amor nos pudo hacer sentir muy confundidos. La confusión nos lleva al miedo. Porque aunque aún no podíamos razonar, sí entendíamos que dependíamos de personas que no nos querían y que nos trataban mal, o al menos no tan bien como deseábamos. Necesitábamos depender de un adulto bienintencionado para sentirnos seguros y protegidos, y si no lo teníamos, sentíamos miedo a ser rechazados, abandonados y maltratados. La falta de protección nos pudo generar un guion de base de *incomprensión* que nos produce más miedo.

Cada uno de estos guiones va a hacer que lo que falta, sea disfrute, amor o protección, se convierta en la meta fundamental de nuestra vida. Para lograrla vamos a tener tres comportamientos diferentes que van a matizar los distintos tipos de personalidad que comparten el mismo guion. Estas tres alternativas son:

- Salir a perseguir la meta.
- Negarla o ir en contra de ella.
- Tomar una postura ambivalente y combinar ambas según nos convenga.

Si sentimos falta de alegría/disfrute...

De niños estamos conectados con nuestro cuerpo mucho más que los adultos, tenemos sensaciones, sentimientos, emociones y entendemos lo que nos sienta bien y lo que nos sienta mal de forma natural. Sabemos lo que necesitamos, lo que nos beneficia y lo que nos perjudica. Si nos pudiéramos guiar por esta inteligencia intuitiva, encontraríamos el camino correcto que nos conduciría a sentirnos bien con nosotros mismos, con los demás y con la naturaleza. De niños estamos en el presente, no entendemos de pasado ni de futuro. Queremos disfrutar aquí y ahora, las cosas son ya, somos impulsivos y nos guiamos por nuestras sensaciones: agradable/desagradable, placer/falta de placer, disfrute/dolor. Nos cuestan los términos medios. Somos naturalmente disfrutones y sentimos las sensaciones de placer en el cuerpo.

Puede que nuestros padres, por lo que sea, estén tristes o enfadados o tengan miedo, y esto no les permitía conectar con su alegría, así que si nosotros mostrábamos la nuestra ellos no la podían recibir.

Podemos aprender a desconectarnos de nuestras sensaciones corporales de distintas maneras. Cuando lo hacemos para no sentir el dolor o falta de alegría, dejamos de ser conscientes de lo que sentimos en el cuerpo. Los niños cuyo nacimiento ha sido especialmente traumático tienen ese dolor en el cuerpo y, aunque puede que esté anestesiado o reprimido, la memoria corporal está ahí. Esta base, esta falta de sensaciones placenteras, sobre todo si se ha pasado de estar bien en el vientre materno y luego salir al mundo a través del dolor, puede producir un trauma de base que puede generar tristeza y depresión, incluso llevado al extremo ganas de suicidarse. Así pues, el fomentar la alegría y las sensaciones corporales placenteras del niño es una medida de prevención de que caiga en la tristeza y depresión.

Cuando nos educan personas que no saben empatizar, ponerse en nuestro lugar y sintonizar con lo que sentimos, nos van a programar y condicionar según lo que sienten ellos, aunque no lo hagan conscientemente (recordad que nuestras neuronas espejo nos hacen captar sus estados emocionales). Por ello nuestro auténtico ser se va a ir escondiendo más y más y vamos a ir desarrollando una forma de ser que no es nuestro auténtico ser sino una máscara, nuestro tipo de personalidad (que es una estructura protectora y nuestra mejor estrategia), para encajar, para adaptarnos y sobrevivir en el entorno que nos ha tocado. En este proceso dejamos de guiarnos por nuestras sensaciones, porque para ahora serán dolorosas y no las queremos sentir, con lo cual también nos desconectamos de nuestra intuición corporal, la que nos decía lo que estaba bien para nuestro cuerpo y lo que no en función de si nos sentíamos bien o mal con ello. En el proceso de reencontrarnos con nuestro niño interior, tendremos que volver a ponernos en contacto con nuestro cuerpo para recuperar esa intuición natural de lo que es bueno o malo por cómo nos sienta.

Hay personas que no conceden ninguna importancia a su cuerpo, y lo que es más, viven el disfrute del tipo que sea como malo. Si es así van a transmitir eso a sus hijos. De niños tendemos a explorar lo que nos rodea, pero muchas veces se nos niega el poder explorar nuestro cuerpo. Se nos niega el placer de expresar nuestras sensaciones y emociones. Cuando los padres reprimen nuestras emociones están sentando las bases para que nos desconectemos de ellas y manifestemos tristeza. Por ello, de niños aprendemos a soportar el dolor sin quejarnos, y desde muy temprano aprendemos a adaptarnos al estrés (o tensiones) y al dolor. Una de las formas como nos desconectamos del cuerpo es cuando los adultos nos impiden que manifestemos nuestra sensualidad y sexualidad. Cuando en la etapa de sexualidad temprana (alrededor de los 5 años) nos tocamos, nos acariciamos o nos estimulamos porque estamos explorando nuestras sensaciones corporales y nos reprenden, nos sentimos dolidos. La represión de la sensualidad, es decir, el contacto directo de todos los sentidos con nuestra conciencia, es un factor muy importante de cara a desarrollar todas nuestras capacidades sensoriales. El limitarlas a causa de las creencias de la familia y/o sociedad nos está coartando; si además nos estigmatizan con que es malo, sucio o pecaminoso, pues nos van a crear un problema o trauma importante que afectará a cómo manejamos la sensualidad y sexualidad en un futuro.

Una manera de tapar estas sensaciones de dolor (falta de placer) es a través de sustancias, comida, bebida o drogas, que es una forma de alienarnos de nuestro cuerpo y sirve para desconectarnos de las sensaciones corporales displacenteras y crear sensaciones placenteras. Lo contrario a la alegría es la tristeza (estar separados de nuestro cuerpo) y esto nos puede conducir al abuso de drogas que nos hace sentirnos temporalmente bien. Estas drogas son atajos para volver a sentirnos bien y contribuyen a que se restablezca, por poco tiempo, la conexión con el resto del cuerpo. El efecto de la droga es breve y necesitamos otra dosis, cada vez mayor, para estar bien. A medida que la droga se va acumulando, los efectos secundarios se agudizan. Cuando nuestro «yo mismo», nuestro auténtico ser, no está alojado en nuestro cuerpo, se aloja en la cabeza alejado de las sensaciones agradables o desagradables de nuestro cuerpo, y no tiene la capacidad de regular nuestro organismo, que se hace enviando información a través de los sentidos. Como no sentimos el placer, estamos tristes. Como no sentimos el dolor, no cuidamos nuestro cuerpo hasta que el dolor es tan fuerte que ya no es posible ignorarlo por más tiempo, pero a veces es demasiado tarde.

Los que experimentamos la falta de disfrute aprendimos a controlar nuestro disfrute-alegría y lo pudimos conseguir de una de estas tres maneras:

1. Adaptándonos y complaciendo a nuestros padres negando o suprimiendo nuestro disfrute-muestras de alegría, como hace el niño 1: formal-espontáneo.
2. Enfadándonos y rebelándonos, sintiendo las sensaciones de alegría en el cuerpo y disfrutando de ellas, pese a que molestara a nuestros padres, como hace el niño 8: duro-sensible.
3. Bloqueando la sensación de alegría, con el fin de encajar (que pueda terminar en una sensación de falta de disfrute por la vida) o buscando cuando está delante de los padres la manera de disfrutar por dentro sin manifestar alegría por fuera, como hace el niño 9: dócil-testarudo.

Si sentimos falta de amor...

El amor genera relación, conexión, contacto, el sentir al otro próximo, el dar y recibir afecto, nos hace sentirnos agradecidos y generosos, es una sensación creadora y gratificante. Nosotros nacemos con la capacidad de dar amor de forma natural y también esperamos recibir amor. Cuando recibimos amor nos sentimos bien, estamos plenos, nos deleitamos con la vida, nos gusta estar vivos, disfrutamos de sentirnos aceptados, bienvenidos, reconocidos. Cuando no recibimos el *amor* que necesitamos nos sentimos vacíos, solos y sin valor. Esto para un adulto es más o menos manejable, pero para un niño es caótico.

Si nacer nos pone en contacto con el miedo a la muerte, *la falta de amor nos pone en contacto con el miedo a la vida*. El amor es una energía de vida, generadora de alegría, de relación, de contacto. El no sentir el amor de nuestros padres es el segundo trauma más importante que podemos vivir y deja una huella profunda en lo que va a ser la manera de vivir las relaciones, como ya hemos visto en los apegos. Esta falta de conexión o contacto vital para nuestro desarrollo nos quita las ganas de prosperar. Los niños que no han tenido contacto humano o no se han sentido queridos se vuelven raquíticos, crecen menos y tienen carencias afectivas y cognitivas importantes. El amor es tan necesario que, en ausencia, nos lleva a conformarnos con relaciones no gratificantes, y cuando estamos en una relación en la que no nos sentimos bien, nos deja una sensación de no gustar, de no ser apreciado.

Esto nos hace anhelar el encontrar una relación gratificante para obtener ese amor que todos nosotros llevamos dentro, pero al no ser recibido y reflejado de vuelta no nos permite conectar con él. Es como si para conectar con el amor que llevamos dentro, y que nosotros manifestamos de forma natural, para poder sentirlo nosotros, nos tuvieran que conectar a él desde fuera. A modo de metáfora es como si nuestro corazón, generador de amor, diera amor, naciera dando amor, pero para que siga generando tiene que escuchar el eco de que llega, y cuando llega genera más, porque escucha el eco y lo retroalimenta.

Cuando no recibimos el amor desde fuera es como si no existiéramos sin el reflejo del otro, de los demás. El desamor es la falta de conexión, falta de relaciones gratificantes, sensación de no gustar, de no ser apreciado. Cuando no tenemos amor estamos como sin vida, apagados, pero intuimos que lo podemos encontrar, así que una parte nuestra lo sigue buscando o sigue soñando que lo va a encontrar. Por ello anhelamos o buscamos una relación gratificante, pero a veces nos conformamos con relaciones insatisfactorias, porque la falta de contacto, de reflejo y reconocimiento por parte del otro nos hace sentirnos desamparados y preferimos contacto, aunque sea negativo, en vez de no tenerlo.

Vivimos creyendo que no hay suficiente amor disponible, cuando en realidad el amor está en todas partes, manifestándose como compasión, generosidad, alegría, solidaridad, agradecimiento... Cuando nos sentimos amados, nos sentimos confiados, nos sentimos afectuosos, pletóricos, llenos de vida, de energía, entusiasmo y júbilo. Normalmente creemos que si no estamos con alguien no recibiremos amor, que necesariamente tenemos que conseguir que alguien nos dé el amor que necesitamos cuando en realidad todos lo llevamos dentro. Esta sensación de carencia puede generar dependencia y que busquemos alguien que nos cuide es como si buscáramos recibir amor a través del cuidado. O podemos cuidar nosotros de los demás con la esperanza de que luego lo hagan con nosotros. Este tipo de actitud genera codependencia.

La codependencia es la falta de identidad, es estar desconectado de nuestras auténticas necesidades, deseos, emociones y sentimientos. Es depender de los demás para que llenen nuestro vacío. La codependencia es la más común de todas las adicciones. La adicción de pensar que algo fuera de nosotros mismos, es decir, de nuestro ser verdadero, nos puede proporcionar felicidad y plenitud. Fuera de nosotros puede haber personas, lugares, cosas, comportamientos, lo que sea, que lo que hacen es que nos desatendamos a nosotros mismos y busquemos fuera lo que no creemos que vamos a encontrar dentro. La codependencia se basa en relaciones desconectadas. Esto se refiere a las relaciones que tenemos con nosotros mismos, con los otros e incluso con nuestro Ser Superior.

Cuando nuestro auténtico ser se esconde para adaptarse y complacer a nuestros padres o cuidadores para sobrevivir surge un falso ser; un ser codependiente ocupa el lugar del auténtico ser. Perdemos la conciencia de nuestro auténtico ser, de quien realmente somos, y empezamos a creer que somos nuestro ser falso, de forma que de repetir el comportamiento se convierte en un hábito y finalmente en una adicción. *La codependencia no es solo la adicción más común, es la base de todas nuestras adicciones y compulsiones.* Debajo de cualquier adicción y compulsión subyace la codependencia. Y lo que moviliza la codependencia es por un lado un sentimiento de vergüenza de que nuestro auténtico ser es defectuoso e inadecuado, combinado con el impulso sano innato de actualizarnos y de expresar nuestro auténtico ser.

Es cierto que necesitamos relacionarnos y compartir, es una necesidad relacional importante, pero también es cierto que necesitamos conectar con nuestro amor por nosotros mismos primero, para no necesitar del otro. Así, cuando nos relacionemos lo haremos desde la igualdad y no desde la dependencia. *Aprender a amarse a uno mismo es crucial,* y se puede aprender, porque nosotros podemos manifestar el amor por un niño, por un animalito, por un anciano, por otra persona. ¿Qué nos hace pensar que no podemos sentir amor por nosotros mismos? Nos cuesta darnos amor porque al no recibirlo de fuera y en su lugar recibir reproches, críticas, reflejos negativos, nos hemos creído que somos lo que nos dicen que somos y no lo que realmente somos. El problema está en que si no hemos conectado con nuestro propio amor, si no somos capaces de sentir el amor, creemos que nos lo tiene que dar el otro para poderlo sentir y nos volvemos dependientes de los de fuera para recibirlo.

La falta de amor de base va a dejar *un guion de desamor*, que nos va a hacer buscar el amor por encima de cualquier otra cosa. La falta de amor genera vergüenza, es como si nos dijéramos internamente: «Si no soy digno de amor, algo en mí no está bien», «Si al otro no le gusto, algo de mí no es agradable para los demás». Para manejar esta sensación, volvemos a tener tres posibilidades:

1. Damos todo el amor que tenemos y nos esforzamos por seguir generando amor. Así, nos vemos generosos y amables, y eso nos hace sentir bien con la esperanza (tal vez inconsciente) de que algún día lo recibiremos de vuelta, como hace el niño 2: generoso-interesado.

2. Intentamos no sentir el dolor de la falta de amor, bloqueamos nuestros sentimientos de amor, y distraemos las sensaciones ocupándonos en conseguir cosas materiales que nos den valor y admiración, como hace el niño 3: elogiado-insatisfecho.

3. Nos lamentamos de la falta de amor, anhelamos que alguien nos lo dé, fantaseamos que algún día alguien nos «salvará» y encontraremos el amor de nuestra vida. Para no sentir el dolor de la falta de amor, la sublimamos creando cosas bellas, como hace el niño 4: creativo-lastimero.

Si sentimos falta de protección...

Por último necesitamos protección: si nos sentimos protegidos podremos desarrollar nuestras capacidades racionales, pero si estamos en el miedo lo único en lo que podemos pensar es en actuar para sobrevivir al miedo. El miedo nos conecta con un sistema arcaico y animal que nos permite sobrevivir mediante la lucha-bloqueo-huida. Cuando tenemos miedo entra este sistema y limita nuestra capacidad de pensar racionalmente. Entra en funcionamiento una emoción que nos indica peligro-reacción y no podemos reflexionar. De niños, aunque quisiéramos, no tenemos plenamente desarrollada nuestra capacidad racional hasta los 7 años y termina de desarrollarse plenamente en la adolescencia. Así pues, cuando sentimos miedo no podemos pensar con nuestra parte racional, no podemos dejar de tener miedo razonando; solo podemos dejar de tener miedo si nos sentimos protegidos, lo que lograremos si nos vemos queridos, amados y acompañados en nuestro miedo. Pero los padres también tienen miedo, y si nosotros podemos sentirlo su miedo activa el nuestro. Así que si tuvimos padres que tenían miedo, sentimos más miedo, y si no hubo alguien más que no lo sintiera es difícil que hayamos aprendido a regular nuestra sensación de miedo.

Si tenemos límites claros en los que apoyarnos, una estructura, podemos encuadrar las cosas, explicárnoslas y guiarnos en el aprendizaje de cómo manejar el miedo; así nos sentiremos protegidos. Si no nos sentimos protegidos nos preocuparemos, lo que genera ansiedad. La protección se establece orientándonos y guiándonos con respecto a lo que está bien o lo que está mal, lo que es seguro o lo que no es seguro, lo que es correcto y lo que no es correcto. No obstante, los padres pueden no tener estas nociones claras. Pueden estar funcionando desde la inconsciencia por ensayo y error. Los padres muchas veces imponen disciplina y normas porque es así como aprendieron ellos o por miedo de las consecuencias si no lo hacen, no porque se sientan seguros y sepan lo que están haciendo. Si ellos no se sienten seguros, de niños lo captamos y eso nos hace sentir miedo. Los padres que no tienen autoestima no quieren que los niños les observen y se den cuenta de su duda e inconscientemente al hacer esto crean duda en sus hijos. Esto evita que los hijos desarrollen su intuición y su racionalidad, porque van a dudar también. En la medida que los padres tengan miedo o duden de sus capacidades se lo transmiten a sus hijos de forma inconsciente, con lo cual consiguen que los hijos tampoco desarrollen la autoestima y la capacidad para solucionar problemas.

Si de niños vivimos muchas dudas y miedo, nuestra capacidad de razonamiento se va a ver mermada. Nos costará vernos y entendernos a nosotros mismos, a los demás y al mundo, e intentaremos buscar información para ver si entendemos lo que nos está pasando. Esta búsqueda de información, explicaciones, justificaciones, racionalizaciones... nos hará ser muy observadores de los demás y afinaremos en la captación de los gestos. En cambio, si somos capaces de interpretar correctamente, estaremos seguros. Esto nos hace desarrollar una manera de captar las incongruencias para luego intentar aclararlas con nuestros padres. El estar en estado de alerta nos va a hacer estar continuamente *pre-ocupados* y esto nos genera ansiedad y/o miedo.

Cuando preguntábamos o resaltábamos las incongruencias, si ellos se sentían «pillados» lo normal es que se defendieran. El descuento es no tener en cuenta lo que pedimos o necesitamos; por eso nos contestan sin contar con lo que necesitamos, sino con lo que necesitan ellos para no sentirse descubiertos. Cuando nos descuentan nos confunden, estamos viendo algo muy claro, pero o nos dicen que no es cierto o cambian de tema y no nos tienen en cuenta. Esto nos produce la duda, e incluso nos produce una sensación de incapacidad. A la persona que se le descuentan repetidamente sus observaciones se halla en una situación que contradice su intuición y esto le crea un gran estrés mental que le lleva continuamente a querer corroborar sus observaciones. Si ignoramos nuestras observaciones e intuiciones dudamos de nuestra capacidad intelectual, si ignoramos al que nos descuenta y aceptamos sus descuentos nos volvemos paranoicos y si reaccionamos a ambos nos quedamos desorientados. Esto genera desconfianza en nuestras capacidades mentales y nos preocupamos, por lo que sentimos ansiedad.

Además de las incongruencias, también captábamos las mentiras y las medias verdades de forma natural, y estas también nos causan desorientación. Queríamos creer lo que nos decían los mayores, pero cuando las cosas que decían se contradecían entre sí, nuestra mente se aturullaba y buscaba cómo manejar estas inconsistencias; luego nuestra atención se distraía, y esto hacía que pareciéramos poco inteligentes. Las incongruencias y mentiras socavan la confianza en nuestras facultades mentales. En las relaciones humanas, mentir es más la norma que la excepción. Las mentiras y medias verdades son tan corrosivas con los niños como los descuentos. La mentira y el secreto influyen en el guion de la desconfianza en nuestras capacidades mentales y pueden producir confusión mental. Esta se debe a la falta de protección de nuestras necesidades, que, unida a la falta de apoyo y nutrición, puede desembocar en locura. El antídoto para la locura es confiar en nuestras facultades mentales, apoyo y protección humana.

Además del descuento de nuestra racionalidad, está el descuento de nuestras emociones. En la familia el descuento más común es el de los sentimientos. Raramente se nos enseña a solucionar problemas; más bien se nos critica por no saber hacerlo. Cuando los padres no nos estimulan para la solución de problemas, nos sentimos desorientados, tontos y pasivos. Los descuentos consiguen que nos sintamos divididos en partes. Si no respetan nuestros sentimientos y no se admite que podamos expresarlos, como estos forman parte de nuestro ser, tendremos un conflicto entre querer y no querer manifestarlos para no incomodar a la persona que no los admite. No obstante, estos sentimientos continúan existiendo y siguen afectando a nuestros estados corporales y condicionan nuestro comportamiento. Nuestras emociones y sentimientos reprimidos tienden a aumentar y finalmente encuentran cualquier forma de expresión. A veces descargamos los sentimientos acumulados de una sola vez en un estallido emocional, del que luego nos sentimos culpables. Pero nos preocupamos, es decir, intentamos ocuparnos anticipadamente con la idea de que podremos aprender a controlarlo y controlarnos.

Cuando no logramos entender por qué vivimos incongruencias, mentiras y descuentos, tenemos que corroborar todo porque dudamos de nuestro *entendimiento*. La falta de comprensión, el no poder explicarnos las cosas y obsesionarnos con encontrar la explicación, nos hace cuestionarnos a nosotros mismos. Esto va dejando una preocupación y ansiedad de fondo que se sustenta de la siguiente manera: si no entiendo, y parece que lo que veo en la realidad no es lo que es, y lo que siento no es adecuado, yo no estoy bien y me voy a volver loco. *El miedo a volverme loco es la sensación de incapacidad para entender el mundo*, la sensación de que no controlamos nuestra propia mente (y esto se fundamenta en las imposiciones tempranas que atacan nuestra capacidad para pensar y entender el mundo), tiene que ver con sentirnos descontados o no aprobados tal y como somos.

Si sufrimos descuentos en nuestras observaciones y/o sentimientos, nuestro guion será de *incomprensión*, y habremos aprendido a manejarla de una de estas tres formas:

1. Ignorando nuestras observaciones y/o sentimientos y actuando como si no existieran, controlando nuestros sentimientos como hace el niño 7: alegre-embaucador, que se empeña por sentirse feliz, pese a quien pese.

2. Adaptándonos y haciendo convivir nuestras observaciones y sentimientos con los descuentos de los demás, lo que nos hace sentirnos desorientados, confusos y ansiosos, como hace el niño 6: cumplidor-desconfiado.

3. Siendo conscientes de nuestras observaciones y/o sentimientos y buscando maneras de manejarlos, intentando mentalmente encontrar las estructuras y los patrones que hacen que los mayores actúen así, como hace el niño 5: observador-provocador.

Conclusión

Todos los seres humanos necesitamos estímulos que nos hagan sentirnos vivos, relaciones que nos conecten con los demás y estructura o protección para aprender a vivir en sociedad. La manera y la proporción en que nuestros padres nos aportan estas tres necesidades variarán según ellos sean: habrá padres que presten mucha atención a sus hijos y jueguen con ellos y otros que se encuentren en el extremo opuesto y apenas les hagan caso, bien porque no saben cómo relacionarse con ellos o bien porque están muy ocupados.

En lo que se refiere a la protección, el trato de nuestros padres también se moverá entre dos extremos: los más o menos rígidos y/o críticos y, por el contrario, los que piensan que es mejor dar libertad al niño y dejar que aprenda por su cuenta sin demasiada supervisión, tal vez porque ellos han tenido padres muy rígidos y quieren dar precisamente lo que no tuvieron.

Con respecto al cuidado o nutrición que nos aporten, también puede variar entre que nos traten de una forma invasiva, sin respetar nuestros ritmos, nuestras necesidades y nuestros deseos de ser niños espontáneos, alegres, vivos y curiosos, y que no estén disponibles e ignoren nuestras necesidades. Entre estos dos polos, cabe encontrar padres que abusan y maltratan a sus hijos (lo más doloroso y difícil de soportar para un niño) y otros que los sobreprotegen y limitan en exceso.

De la misma manera, respecto de cómo se relacionan con nosotros, están los que lo hacen desde el AMOR con mayúsculas, teniendo en cuenta nuestras necesidades relacionales (que se encuentran en la tabla de las páginas 292-293), o aquellos cuyo querer se ve condicionado por las dificultades que tienen con sus propios niños interiores heridos y que proyectan en sus hijos haciéndoles sentir, cuanto menos, confusos.

Nuestro guion individual, nuestra forma de ver la vida, será el resultado de cómo nos han tratado nuestros padres y cómo nos hemos explicado su trato según las emociones, creencias y sensaciones experimentadas a lo largo de nuestro desarrollo, como veremos a continuación.

PARTE II

12

INTRODUCCIÓN A LAS ETAPAS DEL DESARROLLO

«El niño es realista, el muchacho idealista,
el hombre escéptico y el viejo místico».
JOHANN WOLFGANG GOETHE

Caminamos por la vida como podemos, con los recursos, habilidades y destrezas que tenemos en cada momento; obviamente no tenemos los mismos recursos cuando somos bebés que cuando somos niños, adolescentes o adultos. Sin embargo, nuestras experiencias se van sumando y se van grabando en nuestro inconsciente y van dejando las bases del adulto que seremos, aunque no seamos conscientes de ello. Estas experiencias están hechas de sensaciones, emociones, sentimientos, pensamientos y creencias. Van creando la estructura de base de lo que será nuestra personalidad, el andamiaje sobre el que se sustentará la forma en que nos comportamos en el mundo.

Vamos pasando por diferentes etapas de desarrollo que nos van dejando condicionados de diferente manera. Por condicionados me refiero a que aprendemos determinados patrones, consciente o inconscientemente, y estos van a determinar qué facultades desarrollamos más adelante. Aunque las experiencias que tenemos se quedan grabadas en nuestro inconsciente, las que tienen mucha emoción o una importante carga emocional se quedan a caballo entre el inconsciente y el consciente, se podría decir que se quedan en el subconsciente. Esto quiere decir que están más disponibles y que se pueden activar más rápidamente que las que están en lo profundo de nuestro inconsciente.

Todos pasamos por las mismas etapas, pero no todos lo hacemos de la misma manera. Cómo las pasamos va a depender de cómo filtramos nuestra realidad, y esto es consecuencia de los factores que hemos venido viendo a lo largo del libro. Me refiero a la energía de base con la que hemos nacido, la manera de apegarnos a nuestros padres, las tres inteligencias (instintiva, emocional y mental), las emociones, las creencias y las diferentes destrezas que vayamos desarrollando. Todo ello va a servir de filtro de las experiencias que vayamos teniendo en las etapas de desarrollo.

El paso por esas etapas genera estrés, tensión, nos hace sentirnos desvalidos, incompetentes, incapaces, y eso es normal («Nadie nace sabiendo»), y mientras estamos aprendiendo TODOS somos torpes. Si no lo fuéramos no estaríamos aprendiendo; ya habríamos aprendido. Yo le digo a mis alumnos en los cursos: «Tienes que equivocarte, se aprende mucho más equivocándose y repitiéndolo de otra manera que haciéndolo bien desde el principio». Como decía un profesor mío: «No hay fracaso sino *feedback* o retroalimentación», porque nos obliga a buscar diferentes maneras de hacer las cosas. El no hacerlo del todo bien, el fracasar varias veces y el tener que esforzarse son aprendizajes muy importantes, aunque nos produzca sensación de incapacidad. Estas sensaciones de incapacidad nos generan estrés y el estrés altera nuestras emociones, nos despierta el miedo, el enfado, la tristeza, la preocupación... y esto deja poco lugar para la alegría. Cuando tenemos estrés funcionamos de manera reactiva, esto quiere decir que percibimos lo que estamos haciendo como amenazante. Amenazante para nuestra autoestima porque nos hace sentirnos desvalidos, tontos, incapaces, y nos pone en estado de alerta.

Un poco de estrés nos motiva a superarnos, pero un exceso nos bloquea, y esto quiere decir que es como si no pudiéramos reflexionar, como si se hubiera desconectado nuestra capacidad para razonar, y nos sentimos aturdidos, embotados e inmovilizados. Así nos sentimos muy mal porque la sensación de incapacidad nos hace experimentar vergüenza, que es una emoción social que tiene que ver con cómo me veo yo a mí mismo en comparación con otros, con el ideal que yo quiero para mí, o cómo los demás pretenden que yo sea. El que yo tenga más o menos vergüenza está relacionado con el reflejo que me han hecho los demás de mí. Si me han hecho reflejos positivos, me veré de forma más positiva; por el contrario, si me veo torpe o incompetente, voy a filtrar o percibir la vida desde esa base.

A veces, cuando nos hemos sentido traumatizados en una etapa del desarrollo (porque al intentar aprender y desarrollar las cualidades necesarias para superar esta etapa nos han criticado, ridiculizado o herido de alguna manera), podemos regresar espontáneamente a esta etapa y sentirnos como el niño de entonces. Esto quiere decir que un estímulo emocional competente activa un recuerdo pasado, aunque cargado emocionalmente, y de repente es como si ese niño tomara las riendas de nuestra vida y nos sintiéramos como él, aunque estemos en el cuerpo de un adulto. Esto nos provoca ansiedad porque nos sentimos pequeños y vulnerables en el cuerpo de un adulto que aparentemente se maneja bien en el mundo exterior.

Por eso las diferentes etapas que vamos a ver a continuación nos van a ayudar a reflexionar sobre qué aspectos faltan por desarrollar. En qué etapas hemos sufrido los traumas, y por eso no hemos podido desarrollar las cualidades esenciales de ese tiempo. En cada fase tenemos en cuenta diferentes aspectos que nos van a ayudar a reflexionar sobre nosotros mismos. Es difícil que sepamos qué nos falta si no sabemos lo que hay; es complejo saber en qué fallo si no sé cómo hacerlo bien.

Este es el verdadero trabajo de abrazar a nuestro niño interior. Te invito a volver a revisitar cada una de las etapas de manera consciente para restaurar lo que haya quedado pendiente. Tómate tiempo para analizar la información que te propongo, para explorar las características de cada etapa en tu experiencia personal y descubrir qué necesitas resolver. Utiliza las herramientas que te propongo.

Cada etapa se estructura en distintos apartados para que sea más fácil entrar en ella:

- PRIMERO: la edad correspondiente a la etapa y aptitud que desarrollamos; por ejemplo, en la etapa 1 tenemos la aptitud de confianza frente a desconfianza.
- SEGUNDO: tendríamos unas preguntas que nos ayuden a saber sobre qué se fundamenta esa aptitud.
- TERCERO: cualidades a desarrollar; es una descripción más detallada de tareas, funciones y aprendizajes a desarrollar en esta etapa.
- CUARTO: descripción detallada de la etapa.
- QUINTO: *el diálogo interno.* Tiene que ver con las sensaciones, emociones y creencias que desarrollamos sobre nosotros mismos a partir de lo que hemos recibido del exterior, fundamentalmente de los padres o cuidadores; tiene que ver con cómo nos hablamos a nosotros mismos. Es como si escucháramos la voz de nuestros padres diciéndonos lo que tenemos que hacer, lo que ellos creen que está bien o mal y qué expectativas tienen sobre nosotros.
- SEXTO: *autosabotaje.* Es cuando una parte nuestra quiere algo, mientras que otra quiere algo diferente; es decir, que no están de acuerdo y por ello este conflicto interno va a impedir que consigamos nuestros objetivos.
- SÉPTIMO: *afirmaciones positivas.* Gran parte de la programación que hemos recibido viene de las emociones y gestos de nuestros padres, pero otra parte muy importante son las cosas que nos dicen sobre nosotros, nuestro comportamiento, y cómo nos transmiten sus creencias sobre la vida. Es importante reconocer estas frases que nos han dejado

una profunda huella y cambiarlas. Sí podemos modificarlas. Para hacerlo, primero tenemos que identificarlas, darnos cuenta de que ahora creemos que somos nosotros los que nos las decimos internamente, como una vocecita interna que nos dice: «Eres un inútil», «A ver si aprendes», «Ponte en marcha»… entre otras muchas.

Muchos habríamos necesitado escuchar determinadas frases, como: «Te quiero», «Te amo», «Eres importante para mí», «Puedes tomarte tu tiempo para aprender…». Pues bien, «nunca es tarde para tener una infancia feliz».

Las afirmaciones son mensajes que refuerzan la idea de que estás bien como eres, de que eres aceptado tal cual eres, apreciado por ser así… Por tanto, te dan «permiso» y te «dan apoyo». Las afirmaciones son muy potentes, alteran nuestra energía; las afirmaciones positivas nos energetizan, mientras que las negativas nos drenan de energía e incluso pueden alterar nuestra fisiología, el ritmo cardiaco y la respiración. Repetirnos frases o palabras positivas, como un mantra, nos puede ayudar a reprogramarnos. Es un primer paso para cambiar nuestro guion de vida, aunque también tengamos que tomar nuevas decisiones, completar lo inconcluso de las etapas del desarrollo donde nos hayamos quedado atascados y cambiar los hábitos

Voy a introducir unas frases, que he recogido de diferentes fuentes, para cada etapa del desarrollo, y a ti te corresponde elegir las que necesitas, repetírtelas, o escribírtelas en *post-its* y colocarlas en un lugar visible. Si repites estas frases, por lo menos durante veintiún días, podrás cambiar tu grabación interna.

- OCTAVO: *narración*. Narrar tus imágenes, sensaciones, emociones, pensamientos, impulsos, necesidades y deseos es muy importante. 1. Nos pone en contacto con lo que pensamos, sentimos y nos pide el cuerpo llevar a cabo. 2. Para escribirlo interviene todo nuestro cerebro: el neocórtex procesa la información tanto con el hemisferio derecho, donde están las sensaciones, sentimientos y percepciones globales, como con el hemisferio izquierdo, donde está el lenguaje, la estructura, el orden. Así que estamos conectando ambos hemisferios cuando narramos lo que *pensamos* y *sentimos*. 3. Al narrar lo que imaginamos o recordamos se van a activar recuerdos y emociones asociadas, y estas emociones nos van a indicar temas inconclusos o no resueltos que podemos trabajar. 4. Va a viajar información de nuestro inconsciente a nuestro consciente, y nos vamos a dar cuenta de cosas de las que no éramos conscientes. 5. Si estamos en el estado de ánimo adecuado, es decir, receptivos, curiosos, no juzgadores, aceptadores y amorosos hacia nosotros, el hacer este proceso va a ser una experiencia sanadora. 6. Si cuando lo hemos escrito lo dejamos reposar y lo volvemos a leer pasados unos días, nos daremos cuenta de muchas más cosas porque ahora lo leeremos desde fuera, como si nos lo estuviera contando otra persona. 7. Al leer lo que hemos escrito es probable que nos hayamos distanciado del problema y nos observemos desde fuera; esto nos ayuda a ser más compasivos con nosotros mismos, a entender qué nos llevó a hacer lo que hicimos y a poder perdonarnos. 8. Perdonarnos significa entendernos, aceptar que «lo hicimos lo mejor que supimos en ese momento», aunque, ahora, a raíz de ese incidente, hayamos aprendido a hacerlo mejor, y 9. Si una vez que lo hemos asimilado le hacemos un ritual como quemarlo, enterrarlo, encuadernarlo, nuestro inconsciente entenderá que eso ya está resuelto y reorganizará la información de manera que pase a una memoria más remota.

- NOVENO: *reflexiones*. Son cuestiones acerca de esta etapa para que tú profundices preguntándote a ti mismo/a sobre ellas. Nota: las respuestas que tú tengas a estas preguntas van a estar relacionadas con tu experiencia de la etapa en cuestión. No hay buenas ni malas respuestas; de lo que se trata es de cómo lo vives tú, para que tomes conciencia de que está afectándote en la actualidad.
- DÉCIMO: *meditaciones guiadas*. Las meditaciones despiertan muchas facetas tuyas que tal vez hayas olvidado y hacen surgir sensaciones y emociones que están presentes. Por ello, aunque puedas hacerlas solo o sola, yo te aconsejo que no las hagas en solitario si: a) eres consciente de que te alteras emocionalmente cuando recuerdas tu pasado, b) si has sido víctima de abuso, tanto emocional como físico, y no has estado en tratamiento, y c) si estás en tratamiento por algún trastorno mental.

He grabado las meditaciones correspondientes a cada etapa y las he subido a mi web para hacértelo más fácil. Puedes descargarlas gratuitamente en: *www.victoriacadarso.com* (clave: abrazate).

Una cosa es explorar cómo te ves, cómo te sientes, qué deseos y necesidades tienes, y otra cosa es tener una regresión espontánea a otro momento u otro tiempo en tu vida. Esto puede pasar sobre todo en aquellas personas que no han desarrollado un fuerte sentido de sí mismas, de su sensación de sí, de estar en su cuerpo, y que están ancladas en el aquí y ahora. Para meditar sin problemas uno tiene que poder estar arraigado, sustentado, sostenido, contenido, o bien por sí mismo o por una persona que te apoye. Si tienes dudas de que estás arraigado y te sientes fuerte, simplemente limítate a escuchar y reflexionar sobre estos tiempos y no cierres los ojos y te dejes llevar. Hacer regresiones voluntarias no es un proceso que sepa hacer cualquiera, se necesita entrenamiento adecuado y la protección y apoyo necesario. No obstante, puedes hacer visualizaciones y establecer un diálogo interno con tu niño interior, eso es otra cosa. Para hacer regresiones tienes que poder ser contenido por un adulto protector, intuitivo y amoroso, que puedes ser tú.

Conclusión

A continuación vamos a recorrer todas las etapas del desarrollo, y cada una requiere diferentes aprendizajes. Cada una de estas etapas es necesaria y determinante para las siguientes. En la medida que no las hayamos superado adecuadamente, nos estarán limitando y condicionando nuestro presente y futuro. «Pero nunca es tarde para tener una infancia feliz» ni para aprender a desarrollar las cualidades esenciales que nos van a permitir sentirnos bien como adultos.

13

ETAPA 1.
0-6 MESES: LA CAPACIDAD DE SER.
CONFIANZA *VS.* DESCONFIANZA

*P*reguntas: ¿es seguro para mí estar aquí, hacer saber mis necesidades y esperar que me cuiden?

Cualidades a desarrollar: esta etapa tiene que ver con decidir, ser, vivir, prosperar, pedir y esperar que nos vayan a satisfacer nuestras necesidades de niños. Si sentimos que nos satisfacen nuestras necesidades, esto nos hará confiar en nosotros mismos y en el mundo exterior. Confiaremos en los adultos que nos cuidan y cuando seamos adultos tendremos la capacidad de satisfacer nuestras propias necesidades. En esta etapa estamos conectados con una sensación interna de ser, de estar vivo, de estar en armonía con el entorno. En esta etapa nuestros padres son «el poder superior»; así pues, la manera en que los vivimos a ellos sienta las bases de la confianza en un poder superior. *Por lo tanto, la fiabilidad y la constancia en satisfacer nuestras necesidades permite que desarrollemos la habilidad de poder confiar en los otros y más tarde en el Ser Superior.*

En los primeros meses de nuestra vida de bebés empezamos por desarrollar los cinco sentidos más el sentido propioceptor (o el lugar que ocupamos en el espacio). Conocemos el mundo a través de los sentidos: miraremos, escucharemos, chuparemos, cogeremos y oleremos todo lo que esté a nuestro alcance y nos moveremos pataleando, balanceándonos, desplazándonos; todos estos movimientos nos van a dar una sensación de nosotros mismos en el espacio. De niños necesitamos estímulos y la presencia de personas; aunque puede que no distingamos las personas significativas de los extraños en un primer momento, más tarde nos volveremos cautelosos y sí distinguiremos las personas conocidas de las extrañas.

En esta primera etapa el foco está en nuestro cuerpo, en nuestras sensaciones y emociones. Estamos plenamente en el aquí y ahora, no podemos ni sabemos estar en otra parte. Nuestras sensaciones corporales nos hacen conscientes de nuestra presencia física. Aunque en esta etapa no nos sentimos del todo diferenciados de nuestra madre, o cuidador primario, sentimos lo que sentimos, y *sentimos lo mismo que nuestra madre siente por nosotros.* No tenemos capacidad de pensar. Sentimos en nuestro cuerpo lo que sienten los adultos que nos cuidan. Nos sintonizamos y resonamos con ello, vibramos en la misma frecuencia y sentimos todo lo que sienten ellos. Luego si ellos se sienten bien, nos sentimos bien; si se sienten mal, nos sentimos mal. Captamos cada sensación, cada emoción, cada manifestación de amor, ternura, cariño. Cada gesto de acercamiento, alejamiento, aprecio, desprecio, disgusto, rechazo. *Lo más importante para nosotros en este momento de nuestra vida es lo que nuestra madre, padre o cuidador siente por nosotros, porque eso es lo que nosotros vamos a sentir.*

Cuando estamos recién nacidos solo sabemos intentar ser y estar tranquilos, comer cuando tenemos hambre, hacer nuestras necesidades, utilizar nuestros sentidos y dormir. Los adultos podemos hacer una regresión espontánea a esta etapa cuando experimentamos ganas de simplemente estar en la cama y no hacer nada. O de necesitar dulces o llevarnos algo a la boca, y querer comer frecuentemente. También cuando no podemos pensar con claridad ni concentrarnos. Cuando queremos que los otros nos cuiden, de forma muy sensual, como necesitar que nos mimen, achuchen y abracen, estamos conectando con esta etapa.

Sentirnos bienvenidos nos produce alegría, y esta sensación de base es importante para nutrir y amplificar nuestra confianza a lo largo de nuestra vida. En esta etapa nuestros padres, probablemente sin ser conscientes, están preparando el terreno para que podamos confiar en algo más allá de nosotros mismos.

De recién nacidos buscamos vincularnos con los demás, y esto lo hacemos con lo que disponemos en esos momentos: las sensaciones y emociones. No podemos pensar, hablar, ni movernos de la cuna. En esta etapa somos completamente codependientes de nuestra madre o de nuestro cuidador primario. Dependemos de ella para sobrevivir y para que se ocupen de nuestras necesidades. En esta etapa no nos sentimos diferenciados del entorno: yo soy todo y todo es yo. Existe un nosotros y mi ser depende absolutamente de la persona que me ha correspondido como madre o quien me va a cuidar (si es una madre sustituta).

Estamos indefensos y nos sentimos vulnerables, pero normalmente descubrimos que llorando o gritando podemos recibir atención. Digo normalmente porque durante bastante tiempo ha estado de moda «educar» a los bebés para que dejaran de llorar, no respondiendo cuando lloraban para «acostumbrarlo a dejar de llorar». Lo que aprendemos de niños, si no nos atienden, es que llorar no sirve para nada. Que mi mamá viene cuando quiere y esto me hace sentirme solo, indefenso, asustado. Esta práctica nos envía las señales de: «Tus necesidades no son importantes, no estoy para cuando tú quieras». El que no nos hagan caso cuando lloramos y dejarnos llorar para que nos acostumbremos está generando apego evitativo; es decir, que en este caso terminamos desapegándonos emocionalmente porque llegamos a la conclusión de que no nos van a atender cuando lo necesitamos y dejamos de pedir. La respuesta de los otros a nuestros lloros o gritos nos indica que realmente importamos y que nos dan la bienvenida. Siempre que lloramos, expresamos una necesidad —física o emocional— que requiere que nos atiendan, preferiblemente lo antes posible. Si nuestras necesidades emocionales no son satisfechas, algo se rompe en nuestro interior; nos sentimos solitos e indefensos. Nos sentimos inseguros, desatendidos, no queridos.

El que nos den de comer y para ello nos cojan en brazos nos conforta, pues nos sentimos conectados, protegidos, contenidos, y esto estimula todo nuestro sistema nervioso, que es muy importante de cara a nuestro desarrollo. Cuando nos cogen con amor, nos tratan con cuidado, nos acarician, nos limpian y cambian con atención y mientras nos hablan con un tono agradable que nos relaja y tranquiliza, esto nos envía un mensaje de: «Estás a salvo, puedes relajarte que yo te cuido», y hace que respiremos profundamente y que se active correctamente nuestro sistema inmune. Si en vez de este trato recibimos un trato brusco, fuerte, doloroso, nos estresamos y tensamos, respiramos entrecortadamente por la ansiedad que nos genera, es probable que lloremos y el mensaje que recibimos es: «Eres una carga, me llevas tiempo y esfuerzo». Esto para nosotros es devastador, nos conecta con el miedo y nos cambia la bioquímica, la energía, la sensación de nosotros mismos. Si se da de forma continuada y persistente, nos afecta profundamente, generando un trauma que nos va a afectar en el futuro.

Revivimos facetas de esta etapa cuando estamos esperando un bebé, las mujeres embarazadas, y cuando cuidamos de un bebé. También cuando estamos comenzando cualquier proceso nos sentimos torpes y vulnerables y nos conecta con esta etapa. Y cuando estamos sufriendo mucho estrés, o cuando hemos tenido una pérdida afectiva. En esos momentos conviene que busquemos tiempo y condiciones para simplemente descansar, cargar las pilas y darnos a nosotros el cuidado y cariño que necesitamos.

De bebés pasamos mucho tiempo simplemente siendo, y no podemos decir: «Me aburro». Puede que demandemos más atención, o puede que estemos bien solos, eso va a depender de nuestro temperamento. En los primeros meses estamos entretenidísimos explorando nuestro entorno y adquiriendo las habilidades que más adelante necesitaremos para aprender. Cuanto antes aprendan a respetar nuestras necesidades individuales de bebé, antes se desarrollará nuestra autoestima. Muchos, de bebés, fallamos en el aprendizaje, no porque no seamos inteligentes sino porque no nos entrenan adecuadamente. *Parece que existe una progresión casi geométrica entre la cantidad de atención y tiempo significativo dedicado a un niño y el desarrollo intelectual y emocional de este.*

Vamos a intentar establecer contacto visual y sonreímos y hacemos ruiditos. Poco a poco vamos a desarrollar una sonrisa social. Es normal que nos guste el contacto social y prefiramos estar acompañados que solos. Preferimos mirar personas que objetos que hayan puesto a nuestro alrededor para estimularnos. Nos fijamos en las caras, puede que no las reconozcamos pero las sentimos diferentes, y ya expresamos enfado y tristeza. Sonreímos con todo nuestro cuerpo cuando nos sonríen y lanzamos las manos, abriéndonos y levantando las piernas. Imitamos algunos movimientos y expresiones faciales. Nos intrigan los sonidos y nos volvemos hacia donde proceden, aunque prefiramos mirar y sentir a las personas. Nos gusta jugar y relacionarnos. Poco a poco vamos diferenciando a las personas y cada vez hacemos más ruidos y chillidos. El caso es que pasamos mucho tiempo observando, sintiendo, probando con sonidos, con movimientos: *estamos descubriendo lo que es ser.*

De adultos, la mayoría ya hemos perdido esa capacidad de «ser», y es muy probable que nos hayamos convertido en personas de «hacer». Acaso nos imaginamos tomándonos un tiempo simplemente para sentirnos vivos, para sentir nuestro ser, para sentir nuestra respiración, nuestras sensaciones corporales, nuestros sentimientos y emociones dejando pasar los pensamientos y concentrándonos en ser, en estar en el aquí y ahora. Esto es *mindfulness:* aprender la atención plena, el estar presente en el aquí y ahora, el volver a simplemente ser, como éramos de bebés al nacer, sin juicio, solo amor, amabilidad, curiosidad, espontaneidad, naturalidad, dulzura. De bebés somos la máxima expresión de paz y armonía (si no duele nada, claro está), de disfrutar de la vida, de estar vivos, de ser uno con el todo, de estar conectados con nuestro origen, con nuestro auténtico ser, que a su vez está conectado con el Ser Superior.

Una vez que somos conscientes de las necesidades de esta etapa y de qué cualidades podemos desarrollar, si se han quedado bloqueadas, conviene que visitemos esta fase periódicamente y nos demos tiempo y nos «recarguemos las pilas», cuidándonos a nosotros mismos, mimándonos y animándonos. Antes de empezar a hacer nada tenemos que establecer nuestro poder interior. Debemos aprender a escuchar nuestro cuerpo, ser conscientes de que sin él no estaríamos aquí y saber apreciarlo y cuidarlo. Conviene que nos familiaricemos con él y nutrirlo adecuadamente, de la misma forma que lo haríamos para alguien a quien amamos, o con un bebé que está a nuestro cuidado.

Ya sé, nos cuesta acariciarnos, tocarnos, ser sensuales con nosotros mismos, pero si no aprendemos a serlo tampoco podremos hacérselo a los demás ni apreciarlo cuando sean sensuales con nosotros. Muchos de nosotros tenemos dificultad con que nos toquen, acaricien, abracen, y esto tiene que ver con cómo nos tocaron cuando éramos niños. Una vez que hemos reconectado con nosotros mismos, entonces podemos conectar con los demás; si conectamos con los otros para que completen o suplan nuestras necesidades y carencias, nos volvemos dependientes y no podremos valernos por nosotros mismos. Las relaciones satisfactorias se basan en dos personas que están bien por sí mismas, pero que juntas están todavía mejor.

Esta etapa tiene que ver con *la necesidad relacional de respeto*. Aunque seamos bebés necesitamos que nos respeten como seres únicos, a los que hay que tratar bien, y tener nuestras necesidades en cuenta. No por ser un bebé se nos puede obligar, forzar y querer que nos adaptemos a lo que desean los mayores. La causa de

que se queden cualidades nuestras, de esta etapa, sin desarrollar
es que nos hayan tratado de la forma que viene a continuación:

Comportamientos parentales negativos:

- No tratar al niño con cariño y amor.
- No responder a las señales del bebé.
- Tratar al bebé con brusquedad y rigidez.
- Transmitir al niño sus problemas emocionales.
- Falta de protección del niño y de un entorno seguro.
- «Castigar al niño».

Diálogo interno: de bebés, si no nos proporcionan lo que necesitamos, aunque no pensemos, llegamos a las siguientes deduccio-
nes: «No soy importante o valioso», «Mis necesidades no son
importantes, las de los demás son importantes», «Molesto», «No
confío en que soy bienvenido», «No me quieren». Y estos pueden
ser los mensajes inconscientes que ahora no nos impulsan a satisfacer nuestras propias necesidades o a hacer el diálogo interno que
escuchamos cuando nos apetece cuidarnos.

Autosabotaje: si no nos hemos sentido bienvenidos al mundo,
si nuestras necesidades no fueron atendidas como necesitábamos,
una parte nuestra (ojo, que digo una parte) se rechaza a sí misma, no
se acepta totalmente, y esto hace que tengamos comportamientos destructivos (en vez de constructivos). Entre los comportamientos destructivos está el negarnos nuestras necesidades, intentar
bloquear las emociones de enfado, tristeza y miedo. En vez de buscar la proximidad física y emocional, nos retiramos o nos ponemos
en marcha para no sentir el dolor del vacío que ha dejado la falta
de conexión y contacto con nuestra madre o con un cuidador primario, que habría podido reparar esa carencia. Podemos sustituir
afectos; la frustración de base, con poner buena cara, la sensación de soledad siendo socialmente correctos, pero lo que queda

es una rigidez, tensión y falta de contacto que se transpira aunque no nos demos cuenta.

Claves de que hay fallos en esta etapa:

- No confiar en los otros, creer que los otros nos van a fallar.
- Esperar que los otros sepan lo que quiero sin pedirlo.
- No saber lo que queremos, creer que no necesitamos nada, sentirnos entumecidos.
- Creer que las necesidades de los otros son más importantes que las nuestras.
- No permitir que nos toquen o, por el contrario, necesitar tocar compulsivamente.
- Evitar hablar de nosotros mismos, especialmente dar información negativa.

Acciones reparativas:

- Aprender a confiar en uno mismo y en otros adultos.
- Buscar maneras de obtener nuestras necesidades.
- Aprender a dejarnos tocar cuando nos apetece.
- Aceptar el cariño de los otros.
- Vincularnos emocionalmente.
- Pedir que nos den cariño.

Afirmaciones para el ser:

- Bienvenido al mundo, celebro que estés aquí.
- He preparado un lugar especial para ti.
- Voy a cuidar de ti y hacer que estés a gusto.
- Me alegro que seas un(a) niño(a).
- Te quiero tal y como eres.

- Te prestaré toda la atención que necesitas.
- Tus necesidades y seguridad son importantes para mí.
- Me gusta estar contigo, cogerte, hablarte, acariciarte.
- Me gusta darte de comer, bañarte, cambiarte y pasar el tiempo contigo.
- Puedes sentir todas tus sensaciones y emociones.

Ejercicio de narración: imagina que acabas de nacer, ¿quién está ahí, quién viene a visitarte? ¿Cómo te sientes tratado, qué sensaciones corporales te producen las diferentes personas de tu entorno? Tienes la sensación de que hay gente, ruido, o de que te sientes solito(a) y no escuchas, ni observas cambios, ves a gente o solo puedes atisbar los límites de tu cuna. Con estas sensaciones, ¿cómo te sientes? ¿Qué emociones/sentimientos resultantes hay de esta etapa de tu vida?

Reflexiones:

- ¿Qué significa la confianza para ti?
- ¿Con quién sientes que puedes confiar más, con quién menos?
- ¿Te consideras una persona confiable? Si es así, ¿eres tú digno/a de confianza?
- ¿Cómo te sientes dependiendo de alguien, o si alguien es dependiente de ti?
- ¿Crees que tienes derecho a tener necesidades o te da miedo aceptar que las tienes?

Nota: las respuestas que tú tengas a estas preguntas van a estar relacionadas con tu experiencia de la etapa en cuestión. No se pueden contestar ni bien ni mal; la forma en que respondas es un reflejo de lo que eres. Si hay situaciones traumáticas en esta etapa, se repetirán en las siguientes, esperando resolverse, y seguiremos manifestando este tipo de dificultades siendo adultos hasta que trabajemos el trauma pendiente.

Comprobación de que has desarrollado las destrezas de esta etapa:

- Cuando reconoces la diferencia entre yo soy y yo hago, es decir, nuestra existencia frente a nuestros comportamientos.
- Cuando pides respeto y esperas que los demás te traten con consideración y cuidado.
- Cuando puedes confiar en que los demás tienen buenas intenciones.
- Cuando puedes y quieres relacionarte emocionalmente con los demás.
- Cuando te permites tocar y ser tocado/a.
- Cuando sabes cuidar de tus necesidades y hacer lo mismo con los demás.
- Cuando puedes ser y mostrar tu sensualidad.

14

ETAPA 2.
6-18 MESES: LA CAPACIDAD
DE HACER. VOLUNTAD
VS. VERGÜENZA

Preguntas: ¿es seguro para mí explorar e intentar nuevas cosas? ¿Puedo confiar en lo que aprendo? ¿Puedo retener y soltar? ¿Puedo dar y recibir?

Cualidades a desarrollar: esta es una etapa importante de auto-confianza. De confiar en nuestros sentidos, en los movimientos de nuestro cuerpo, en sentirnos seguros para explorar. Aprender a explorar el entorno sin tener que pensar, solo sentir. Ponernos en relación con las sensaciones del cuerpo y el contacto con la naturaleza. El poder desarrollar nuestra curiosidad, disfrutar aprendiendo. Desarrollar la iniciativa y la voluntad de llevar cosas a cabo y terminarlas. Sentirnos libres para movernos por el mundo. También tiene que ver con el retener y soltar, dar y recibir.

Si en la etapa anterior éramos más pasivos en el sentido de no poder desplazarnos y por lo tanto estábamos más centrados en qué sentíamos, ahora podemos ser curiosos moviéndonos. Aprendemos a fiarnos de que podemos mover nuestro cuerpo, de que estamos seguros para poder explorar. Ya podemos sentarnos, gatear, tirar cosas y escuchar cómo hacen ruido. Habremos pasado de gatear (que es muy importante para desarrollar nuestra sensación del eje central de la columna) a irnos apoyando y levantándonos, e incluso empezar a andar. En esta etapa queremos explorar por nuestra cuenta pero también queremos contar con el apoyo de un adulto por si lo necesitamos. Los padres nos tienen que proporcionar un entorno seguro para que podamos explorar sin peligro.

Normalmente aquí, junto con la figura nutritiva que nos proporciona cuidados y nutrición, necesitamos la orientación y estructura, los límites que nos hacen sentirnos seguros. Este es el momento en que toma una función relevante la figura protectora, normalmente el padre, que nos orienta y guía en nuestra exploración. Esta etapa tiene que ver con movernos, hacer cosas, con la creatividad, la motivación, la curiosidad, el asombro y la inocencia. Si nos falta el apoyo exterior para poder llevar a cabo las actividades exploratorias de esta etapa, no aprenderemos a tener apoyo interno o confianza en nuestros recursos para realizar nuestras tareas. Nos podemos cuestionar si ser activos o pasivos (no nos atreveremos si no tenemos sensación de arraigo o seguridad de base, que tendrá mucho que ver con la etapa anterior). Todo nos llama la atención, lo miramos con inocencia, asombro y sin juicio. Cuando lo probamos y lo sentimos en el cuerpo es cuando nos damos cuenta de si produce placer o displacer, si nos gusta o nos disgusta. Es una etapa de probar. Aquí empieza, aunque se consolida en la siguiente etapa, la transición de la dependencia a la autonomía.

Esta es la fase de hacer, de explorar el mundo a través de los cinco sentidos, el sentido propioceptor y el de estar vivo. Aprendemos a fiarnos de nuestros sentidos, de que podemos usarlos para atraer las cosas hacia nosotros y descubrir cómo se sienten. Necesitamos estimulación para desarrollarnos; así pues, nos sale de forma natural el querer, mirar, oír, gustar, tocar, oler, movernos y explorar el mundo. Estamos orientados al placer. Necesitamos descubrir cómo nos sientan las cosas, y esto lo hacemos a través de los sentidos. *Es una etapa de incorporación y de expresión.* Aprendemos haciendo, probando por ensayo y error, repitiendo, no reflexionando. *El estar en contacto con nuestras sensaciones sienta las bases de nuestras percepciones, que luego van a dar lugar a nuestra manera de pensar.*

Nos distraemos con facilidad, hay tantos estímulos interesantes que es difícil mantener la atención; todo es nuevo, todo atrae. No tenemos capacidad para restringir nuestros impulsos por nosotros mismos; por ello los padres tienen que enseñarnos los límites. Con estos viene la frustración, y aprender a manejarla es importante. No obstante, los padres deberían animarnos a desarrollar nuestras capacidades; cuando los padres tienen miedo de que nos podamos hacer daño y nos sobreprotegen, nos hacen sentirnos torpes y tener miedo y nos volvemos cautelosos y retraídos. *Si nos restringen la movilidad nos van a coartar la iniciativa.* Es como si nos dijéramos: «Para qué lo voy a intentar si no me van a dejar», o «Si me dejan me van a estar corrigiendo», o «Mis padres van a pasar miedo y me van a hacer pasar miedo… Total, para qué».

En la medida en que vamos confiando en nuestras capacidades vamos haciendo más cosas y empezamos a querer actuar con más autonomía y voluntad. La lucha entre querer seguir nuestros impulsos y los límites que nos ponen desde fuera puede crear duda y vergüenza si no nos tratan con cariño y amor. Es la lucha entre seguir nuestros instintos en vez de hacer lo que nos piden desde fuera porque es lo socialmente correcto.

Es conveniente que los padres no juzguen ni interpreten los comportamientos de los niños, pues estos pensarán que no les aceptan y les desaprueban. Lo que no es útil es criticar, avergonzar o descontarnos; así, solo nos sentimos no queridos. No distinguimos entre que se enfaden con nosotros porque no nos quieren o que lo hagan porque nos hemos portado mal. Por eso conviene que nos animen, alienten y enseñen con mucha paciencia, para que podamos aprender. Si nos celebran lo que hacemos bien, nos motivan para que sigamos interesados en aprender y queramos practicar hasta que lo sepamos hacer.

De niños necesitamos disfrutar de aprender lo que estamos conociendo, ser creativos y activos y recibir apoyo mientras estamos haciendo todas esas cosas. Saber que vamos a recibir ayuda si la necesitamos nos ayuda a *desarrollar la iniciativa*. Cuando de niños disfrutamos probando todo, incluyendo mojarnos, mancharnos y revolcarnos por la tierra, y se nos permite, desarrollamos *la capacidad de disfrute*. Cuando se nos limita, se nos desaprueba, se nos critica, entonces se nos está limitando la capacidad de disfrute. O si se nos reprende por ensuciarnos, por «no portarnos como una señorita» o se nos dice que «somos un desastre», poco a poco van minando nuestras ganas de aprender y disfrutar.

En esta etapa los padres continúan creando fuertes vínculos o apegos con nosotros y nos empiezan a exponer a otros apegos con otras personas que pueden ser importantes para nosotros, como abuelos, tíos, cuidadoras... Un entorno seguro, amoroso y nutritivo crea un sentido de: «Este es un lugar donde alguien me quiere». Nuestros padres crean relaciones con otros padres que tienen niños de nuestra misma edad y esto hace que aprendamos a depender además de otras personas de confianza.

En esta etapa el contacto adecuado, el sostener, coger, acariciar y apoyar sigue siendo muy importante. A través del contacto percibimos la conexión con el otro. De niños vamos a intentar alejarnos y volvemos para asegurarnos que el adulto sigue ahí y nos sigue apoyando y dando seguridad. Cuando los padres no tienen paciencia, y no nos permiten que disfrutemos mientras hacemos algo o están demasiado enfocados en los resultados, nos decimos: «No lo haces bien, date prisa, no disfrutes hazlo», o por el contrario: «Para qué lo voy a hacer si no lo hago bien, ya no lo intento, no me gusta».

A caballo de esta etapa y la siguiente se da el aprender a retener y soltar: con las manos, boca y esfínteres. A partir de los 2 años es la época en la cual se enseña a los niños a controlar los esfínteres, a hacer «pipí y popó» en el orinal en vez de encima. A veces a los mayores nos cuesta hablar de pis y caca porque nos enfrenta con muchas cosas que tal vez no queramos ver, y es que los niños pueden decidir retener a voluntad su pis y su caca y hacerlo dónde y cuándo lo desean. Es como si tuvieran cierto poder donde ellos deciden, y disfrutan pudiendo decidir. Aquí no podemos mandar, ni forzar, ni obligar. Además, no es lo mismo el día que la noche. Puede que durante el día podamos controlar los esfínteres y no por la noche, lo que les crea bastante desilusión a nuestros padres. Además en esta etapa habrá muchos avances y retrocesos y es un periodo de bastante frustración para nuestros padres y el comienzo de nuestra sensación de vergüenza. Esta surge cuando vemos las caras de frustración, desaprobación o asco de nuestros padres cuando nos hemos hecho pis y caca encima. Es una sensación de impotencia porque en un principio no hemos desarrollado la capacidad de controlar. Sin embargo, cuando aprendemos a controlar y nos damos cuenta de que podemos ejercer un control sobre ello, nos produce placer el poder decidir qué hacemos.

La necesidad relacional de dar y recibir afecto también cobra importancia en esta etapa. Si de niños captamos que solo recibimos afecto si hacemos las cosas bien, sentiremos mucha tensión si hacemos las cosas mal. Es muy importante que los adultos nos aseguren que nos quieren siempre, aunque nos corrijan los comportamientos o nos enseñen a hacer las cosas mejor. Es importante para nosotros escuchar: «Mamá y papá te quieren siempre, pero hay que cambiar lo que haces, hay que hacerlo mejor».

Comportamientos parentales negativos:

- No proporcionan protección.
- Restringen la movilidad.
- Critican o avergüenzan al niño por explorar.
- Le castigan por tener comportamientos infantiles.
- Esperan que los niños no toquen objetos valiosos.
- Esperan que los niños controlen los esfínteres demasiado pronto.

Diálogo interno: no soy suficiente. No es seguro explorar. Lo que hago y cómo lo hago no está bien. Me contengo y no pruebo cosas nuevas porque no lo voy a hacer bien. Me van a avergonzar y me voy a sentir torpe. Tendré que buscar la aprobación de los demás.

Autosabotaje: podemos tener falta de motivación para hacer las cosas o empezarlas y darnos cuenta de que nos ha fallado la motivación. Empezamos cosas pero no las acabamos por miedo a la desaprobación. En vez de iniciar, intentar, perseverar, desarrollando la voluntad, lo dejamos si no nos es fácil y rápido. También podemos volvernos dependientes y esperar que otros nos ayuden. Podemos decir que vamos a hacer algo y luego no hacerlo. Hay problemas con las comparaciones con otros, sintiendo que no damos la talla. Usamos el mecanismo de la proyección; esto quiere decir ver en el otro lo que realmente está en nuestra propia mente; por ejemplo, imaginar la desaprobación por parte del otro cuando es una desaprobación que nos hacemos a nosotros mismos. Lo que está en el fondo de estos autosabotajes son mandatos como los siguientes: «No hagas cosas, no seas curioso, no inicies, no te molestes, no lo vas a hacer bien, no sabes». Aprendemos a observar el comportamiento de los otros adivinando lo que necesitan los demás y terminamos complaciendo en vez de actuando para aprender.

Claves de que hay fallos en esta etapa:

- Aburrimiento, desgana o reticencia para iniciar.
- Ser hiperactivo o hipercallado.
- Evitar hacer las cosas, o no hacerlas si no las vas a hacer perfectas.
- Ser compulsivamente ordenado y pulcro o dejado y despreocupado.
- No creer que sabes lo que sabes (sientes que no tienes credibilidad).

- Pensar que no importa sentirse inseguro, no apoyado y protegido.

Acciones reparativas:

- Poder pedir ayuda cuando la necesitas.
- Vete a apreciar un lugar donde no hayas estado antes.
- Expande tus iniciativas.
- Explora objetos, muévelos, huélelos, míralos, escúchalos, apílalos y obsérvalos atentamente; date cuenta de cómo te sientes cuando estás aprendiendo.
- Explora nuevos talentos, comidas, actividades y culturas.
- Intenta ir al trabajo por diferentes rutas.

Afirmaciones para potenciar la exploración:

- Está bien que seas curioso y quieras mirar, tocar y probar las cosas.
- Estoy aquí para atender tus necesidades, tú no tienes que atender las mías.
- Puedes utilizar todos tus sentidos cuando explores.
- Puedes explorar y experimentar y yo te apoyaré y protegeré.
- Puedes hacer las cosas tantas veces como necesites.
- Puedes estar interesado en todo.
- Me gusta observarte iniciar las cosas, crecer y aprender.
- Te quiero cuando estás activo y cuando estás tranquilo.
- Está bien sentirte asustado cuando no puedes.
- Está bien enfadarte cuando no te salen las cosas como quieres.
- Está bien estar triste cuando necesitas atención y no la recibes.
- Puedes ser tú mismo y contar con que estaré a tu lado.

Ejercicio de narración: imagina cómo fueron tus primeros movimientos, reptando, gateando, andando, y las sensaciones al respecto. Imagina tus ganas de explorar, de probar, tu curiosidad y asombro.

Escribe cómo te gustaría que los demás te apoyaran y animaran para que desarrollaras las capacidades que se quedaron bloqueadas en esta etapa.

Recuerda a las personas que sí confiaron en ti y rememora cómo te animaban y cómo te sentías cuando confiaban.

Reflexiones:

- ¿Confías en las sensaciones que tu cuerpo siente respecto de las cosas?
- ¿Respondes a esas necesidades cuando sabes las que son o las niegas?
- ¿Qué te dices a ti mismo respecto de intentar algo nuevo?
- ¿Qué te hace pensar que no puedes o no vale la pena intentar algo nuevo?
- ¿Cómo anticipas que van a reaccionar las personas significativas cuando intentas hacer algo nuevo?
- Explora tu sensación de vergüenza respecto de no hacer las cosas del todo bien.

Comprobación de que has desarrollado las destrezas de esta etapa:

- Cuando te pones en contacto con tus sensaciones y necesidades y las escuchas.
- Cuando te des permiso para no saber hacer algo sin que te dé vergüenza.
- Cuando desarrollas tu curiosidad, tu creatividad, tus ganas de aprender.

- Cuando te permites pedir apoyo para aprender a hacer las cosas que no has aprendido.
- Cuando te permites hacer las cosas lentamente, equivocarte, y volverlo a intentar.
- Cuando empiezas a confiar en tus posibilidades de desarrollar nuevas destrezas.
- Cuando no te pones metas sino que te permites hacer algo por el mero disfrute de hacerlo.

15

ETAPA 3.
18 MESES-3 AÑOS:
LA CAPACIDAD DE PENSAR.
INICIATIVA *VS*. CULPA

*P*reguntas: ¿está bien que pueda aprender a pensar por mí mismo? ¿Puedo separarme físicamente de mis padres y seguirán estando ahí?

Cualidades a desarrollar: esta etapa tiene que ver con el aprender a separarnos y establecer límites. Aprender a decir no. Aprender que podemos tener una opinión personal. Aprender a pensar por nosotros mismos. Aprender a expresar y regular emociones. Poder sentirnos diferentes de los demás. Conlleva el aprendizaje de la responsabilidad que tiene que ver con sentirse libre. Está relacionada con la resistencia, conformarse o rebelarse, así como contrariarse y controlar. Según aprendemos a depender menos de los demás y más de nosotros empezamos a experimentar la resistencia, el olvido, y a postergar. También tiene que ver con la propiedad lo que es mío y lo que no es mío. La hostilidad y el enfado son muy típicos en esta etapa. Es una fase en la que comienza a cimentarse la autoestima.

En esta etapa nos podemos mover lo suficientemente bien como para alejarnos de nuestros padres o cuidadores. Queremos poder separarnos de los padres aunque necesitamos confiar en que ellos van a seguir estando ahí cuando volvamos. En esta etapa ser tan dependiente de los demás nos empieza a aburrir. Queremos aprender a separarnos de los padres y confiar en que no vamos a perder su amor. *La ansiedad de separación al principio de esta etapa subraya la importancia de hacer las transiciones de separación de forma cuidadosa.* Aprendemos a probar los límites, intentamos forzarlos protestando. Dependiendo de lo estrictos que son nuestros padres con nosotros y de las represalias, también podemos adaptarnos y terminar complaciendo.

Es la primera vez que intentamos poner límites a los demás y apartarnos de aquellos con los que hemos estado vinculados. No obstante, queremos seguir estando conectados y saber que van a estar ahí para nosotros. Queremos tener la sensación de controlar, de probar si es seguro estar separados y pensar. En esta etapa todavía necesitamos el contacto físico y el poder explorar el mundo de las dos etapas anteriores. También tenemos la capacidad verbal para protestar.

Muchas veces esta etapa se conoce como la etapa del no, porque aprender a decir no nos da una sensación de control. En esta etapa solemos batallar con nuestros padres o cuidadores. Estas batallas son cruciales para nuestro crecimiento, pero para nuestros padres puede resultar muy cansado. *Es una etapa que marca el paso entre dependencia y autonomía.* Necesitamos sentirnos mayores pero también dependientes, ser aprobados cuando hacemos las cosas bien y comprendidos cuando lo hacemos mal o elegimos no hacerlo. Necesitamos poder decir no sin que nos castiguen. Pocos conseguimos este apoyo emocional porque requeriría que nuestros padres pudieran desapegarse o manejar los sentimientos que se les despertaran de controlarnos. Así que la mayoría de nosotros hemos recibido mensajes mixtos sobre actuar independientemente, lo que nos ha creado confusión acerca de los límites. Esto tiene que ver con cómo manejaban los propios límites nuestros padres, si necesitaban tenernos cerca y dependientes o nos soltaban y forzaban a ser más independientes.

Por ejemplo, si cuando decíamos que no nuestros padres nos mostraban su pena y disgusto, aprendemos que nuestra independencia les causa dolor, así que eso nos hace suprimir nuestra individualidad. Si cuando intentamos tener independencia nos ridiculizan o nos pegan o nos amenazan con que nos abandonan, podemos responder retrayéndonos, rebelándonos o teniendo una pataleta. Cuando tenemos pataletas en esta etapa, lo más probable es que nos hayan terminado humillando porque obviamente tienen el poder. Nos pueden haber puesto una disciplina más estricta. Si nos amenazan con el abandono sentimos miedo y, como hemos visto, podemos rebelarnos, intentar huir, pero como no lo logramos nos metemos hacia dentro o nos quedamos bloqueados. También se da el caso de que nuestros padres nos quieran convertir en independientes antes de tiempo y en ese caso podemos sentir mucho miedo.

Lo que hayamos experimentado de niños respecto de separarnos de otra persona se repetirá cuando seamos adultos. De hecho, repetimos en nuestras relaciones de adultos lo que hemos aprendido en nuestras relaciones de niños. Así que si tuvimos problemas, o no supimos aprender a manejar el estar separado e independientes, ahora de adultos tampoco lo sabremos manejar. Los límites son muy difíciles de crear si no tuvimos permiso para ser independientes ni la libertad para decir no. *Establecer y mantener nuestros límites nos hace sentir que tenemos derecho de estar ahí y de esperar consideración y privacidad.* Si nuestros límites son continuamente violados, tendremos problemas de adultos para establecerlos o, por el contrario, tendremos unas normas muy duras. Además esto hará que tengamos dificultad para respetar los límites de los otros. Podemos no darle importancia a nuestra necesidad de privacidad y esto será debido a que no nos la respetaron de niños. A esto se llama fusión, cuando no hay límites definidos entre tú y el otro. No sabes dónde acabas tú y dónde empieza el otro. Si nuestras emociones y las de nuestra madre o cuidador estaban fusionadas, entonces nos cuesta diferenciar nuestros sentimientos de los suyos. Por ejemplo, si la felicidad o tranquilidad de nuestra madre dependía de que fuéramos «buenos y obedientes» todo el tiempo, podemos crecer pensando que somos responsables de las necesidades de los demás.

Sin límites es difícil también separar entre lo que está bien y lo que está mal. Los límites y poder decir no nos proporcionan la independencia para relacionarnos y responder a los otros. No podemos saber lo que es un comportamiento correcto o incorrecto si no nos podemos relacionar con los demás. *Es a través de la relación con los demás que establecemos lo que es aceptable y no aceptable.* Para separarnos necesitábamos sentirnos lo suficientemente seguros y también que podíamos depender del otro. Es normal ver que los niños pequeños se acercan a la madre, la abrazan y luego salen corriendo, como comprobando que sigue ahí. Ver cuánto puedes participar en el mundo exterior y que te sigan queriendo es una dinámica que está en la base de todas las relaciones.

En esta etapa aprendemos a decir no. Decir no nos ayuda a marcar límites. También nos ayuda a saber cuándo decir sí. Cuando no nos dan o nos impiden acceder a lo que queremos, podemos tener rabietas, dar patadas, morder, tirar cosas. Sentir enfado u hostilidad es típico de esta etapa, es una herramienta para romper la dependencia. Aunque tengamos ganas de pegar y morder, debemos aprender a manejarlo. Según aprendemos a depender menos de los demás y más de nosotros mismos, podemos desarrollar las ganas de acumular, el postergar, el olvidarnos de las cosas y mostrarnos inalterables y resistentes a los deseos de los demás. Evitamos obedecer y/o acatar las normas de los demás. También podemos hacerlo para expresar la negatividad, para mover nuestros límites, empujando a los otros, para desarrollar el control, para discernir lo que es mío de lo que es tuyo, para establecer independencia. Para probar nuestra opinión.

Esta también es una etapa de aprender a pensar y querer entender las cosas. Cuando pensamos, de alguna forma nos separamos de los demás. Pensar es estar con nuestros pensamientos, aprender a darnos cuenta de que no somos el centro del universo. Queremos descubrir qué controlamos y qué no, ver la causa y el efecto. Necesitamos saber nuestra importancia en relación con los demás. Queremos saber lo que es nuestro y lo que es de los demás. Tenemos miedo de separarnos porque intuimos que la independencia y pensar por nosotros mismos no nos va a permitir sobrevivir. Dudamos entre evitar pensar para no separarnos y pensar y deducir. Por ello se producen dificultades al detallar en exceso descomponiendo la realidad en pequeños trozos y no tener una visión global, o por el contrario tener solo una visión global para no ver el detalle. Nos podemos obsesionar con los pensamientos para no dejar espacio por sentir el miedo de la separación. Otra manera de no desarrollar la forma de pensar es no completar los pensamientos y esperar que los otros los acaben. Esto nos hace no fiarnos de nuestros propios pensamientos hasta que son confirmados por otros.

La necesidad relacional es de sentirme validado e importante. De que lo que yo demando es relevante y se puede tener en cuenta, de que puedo manifestarme como soy, de poder ser auténtico. Por el contrario, si no me tienen en cuenta, me coartan y me limitan en exceso, voy a desarrollar vergüenza y dependencia de los demás porque voy a dudar de mis posibilidades.

Comportamientos parentales negativos:

- Utilizar demasiados debes o no debes, entrar en luchas de poder.
- Intentar parecer un buen padre consiguiendo un niño complaciente.
- Criticar al niño cuando dice no o se rebela, descontarle.
- No poner límites claros o expectativas claras.
- Poner expectativas demasiado altas.
- Avergonzar y humillar al niño.

Diálogo interno: no puedo separarme sin que me dejen de querer. Si digo no, se van a enfadar. Las ideas de los demás son más importantes que las mías. Tengo que hacer lo que me dicen porque si me rebelo es peor. Tengo que ocuparme de los demás. Lo que dicen de mí debe de ser verdad.

Autosabotaje: dificultad para pensar por nosotros mismos y en nosotros mismos. Dificultad para tomar decisiones. Tenemos dificultad para ponernos límites a nosotros mismos. Si no logramos separarnos, echamos la culpa a los demás de lo que nos pasa. Podemos hacernos los tontos para que esperen menos de nosotros. Podemos volvernos demasiado responsables siempre adivinando lo que necesitan los demás. Otra forma de afirmarnos es necesitar tener razón aun cuando sepamos que no estamos en lo cierto. Podemos llevar la necesidad de separación al extremo de sacrificar las necesidades de conexión de las etapas anteriores tomando la decisión de que es mejor estar separado que tener necesidades de dependencia; esto tiene que ver con un apego aislado.

Claves de que hay fallos en esta etapa:

- Dificultad para establecer límites.
- Manifestar expresiones indirectas de hostilidad.
- Dificultad para expresar cómo te sientes por vergüenza o miedo a ser humillado.
- Decir sí o no sin pensarlo, miedo a decir que no y adaptarse.
- Sentirte inadecuado o, por el contrario, pensar que el mundo gira alrededor de uno.
- Miedo al propio enfado y al de los demás.

Acciones reparativas:

- Cuidar al niño interior ofreciéndole cariño, seguridad y protección.
- Hacer una lista de los límites que quieres poner y decirle no.

- Celebrar tus éxitos: hacer algo que te agrade y, cuando lo consigas, celebrarlo.
- Manifestar tus emociones de forma adecuada.
- No meterse en batallas de ganar o perder.
- Hacer algo donde te pruebes a ti mismo que puedes.

Afirmaciones para potenciar el pensamiento:

- Me alegra que estés empezando a pensar por ti mismo.
- No hay nada de malo en que te enfades, y no te permitiré hacerte daño ni a ti mismo ni a otros.
- Puedes decir no y te respetaré.
- Puedes presionar y desafiar límites tanto como necesites, yo estaré a tu lado.
- Puedes aprender a pensar por ti mismo.
- Puedes pensar y sentir al mismo tiempo.
- Puedes saber lo que necesitas y pedir ayuda.
- Puedes separarte de mí y yo seguiré queriéndote.
- Estoy aquí para atender tus necesidades, tú no tienes que atender las mías.
- Está bien que nos enfademos, resolveremos nuestros problemas.
- Está bien que estés asustado cuando haces cosas nuevas.
- Me encanta ver cómo empiezas a crecer y te independizas.
- Te quiero y te estimo.

Ejercicio de narración: recuerda o imagina cómo era tu entorno a esta edad, quién más estaba ahí, ¿tenías hermanitos, amiguitos? ¿Estaba algún abuelo, tío, cuidador?

Recuerda qué te han contado o imagina quién te ponía los límites y cómo te los ponían. ¿Intentaste forzar los límites que te ponían o te adaptaste?

¿Te empezaron a llevar a la guardería? ¿Cómo llevaste el separarte de tu mamá? ¿Qué hacían contigo cuando tenías rabietas? ¿Te dio por pegar o morder a los otros niños?

Reflexiones:

- Piensa en alguna ocasión que quisiste decir no y no te atreviste. ¿Cómo te sentiste?
- Piensa en alguna ocasión que alguien te dijo no a algo que tú deseabas mucho. ¿Cómo te sentiste?
- ¿Te sientes más a gusto estando conectado o sintiéndote próximo a alguien o manteniendo tu espacio y distancia?
- ¿En una relación romántica te cuesta poner límites y te adaptas a los deseos de tu pareja?
- ¿En una relación romántica te preocupas de las necesidades de tu pareja por encima de las tuyas?

Comprobación de que has desarrollado las destrezas de esta etapa:

- Cuando no te adaptas a lo que quieren los demás y aprendes a mostrar tu opinión.
- Cuando aprendes a manejar tu enfado y pedir asertivamente que respeten tus límites.
- Cuando dices que no si algo no te apetece y no te ves obligado a complacer.
- Cuando puedes expresar cómo te sientes sin temor a sentirte humillado.
- Cuando desarrollas una buena opinión sobre ti mismo y no necesitas esperar que te aprueben los demás.
- Cuando aprendes a tomar tus propias decisiones.
- Cuando aprendes a no quedarte en una relación en la que te sientes dependiente.

16

ETAPA 4.
3-6 AÑOS: LA CAPACIDAD DE TENER IDENTIDAD Y PODER. IDENTIDAD *VS*. CONFUSIÓN DE ROLES

Preguntas: ¿está bien ser quien soy, con mis habilidades únicas? ¿Está bien que yo sea diferente y pueda ser yo? ¿Tengo que ser igual a los demás?

Cualidades a desarrollar: tiene que ver con nuestra identidad, con nuestros sentimientos y pensamientos hacia nosotros mismos. Afirmar nuestra identidad separada de los demás. Aprender los límites del poder personal. Aprender que los comportamientos tienen consecuencias. Descubrir el efecto en los otros y el lugar que ocupamos en los grupos. Practicar comportamientos socialmente aceptados. Saber ejercer el poder para afectar las relaciones. Aprender a estar en grupo y encontrar nuestro lugar y rol en las situaciones sociales. Es una etapa que tiene que ver con sentirnos a gusto o a disgusto siendo una niña o un niño. También está relacionada con nuestra sexualidad temprana, con explorar acerca de nuestras sensaciones placenteras. Necesitamos información de nosotros mismos, de nuestro cuerpo y sexualidad. Cada sexo requiere empezar a sentirse identificado y vinculado con el padre/madre del mismo sexo. Es una etapa de fantasía, ilusión, amigos imaginarios y emocionalidad.

En esta etapa nos preguntamos: ¿quién soy? ¿Cómo soy? ¿Qué me gusta? ¿Cuáles son mis talentos y capacidades? Todo eso nos lleva a hacernos muchas preguntas y a consultar a los demás. Tiene que ver con cómo nos sentimos respecto a nosotros mismos, a nuestro cuerpo, a nuestras cualidades personales. *En esta etapa empezamos a afirmar nuestra identidad separada de los otros.* Podemos sentirnos admirados, avergonzados, abochornados, humillados… Es un momento de ponernos en contacto con nuestra valía personal. Si nuestros padres supieron diferenciar entre nuestro comportamiento y nuestra persona o nuestra esencia, habremos desarrollado una base de valía personal. Si, por el contrario, lo confundieron y nos reprendieron por nuestro comportamiento como si fuera nuestra identidad, nuestra valía habrá sufrido tremendamente. Podemos haber crecido pensando que éramos esencialmente malos y tendremos miedo de cometer errores porque cada error confirma nuestra falta de valía. Esto puede hacer que no materialicemos o concluyamos las cosas por miedo a no tener éxito, que también se convierte en lo contrario: miedo a tener éxito.

Estamos empezando a crear nuestra versión única del mundo, cogiendo de aquí y de allá, nos damos cuenta de las diferencias de las personas, de los sexos, de los roles sociales. La identidad que creamos en esta etapa va a tener mucho que ver con las experiencias y decisiones que hayamos tomado hasta la fecha. Las conclusiones a las que llegamos tienen dos funciones: una interna, cómo me siento yo por dentro, y otra externa o social, cuál es la mejor manera de presentarme para ubicarme en el entorno que me ha tocado.

Nuestra sensación de falta de valía y autoestima se convierte en el núcleo de nuestra vergüenza. Tememos no gustar, no ser queridos, y eso nos produce miedo de ser abandonados. Muchos de los mensajes negativos que nos damos a nosotros mismos tienen que ver con esta etapa del desarrollo. *Nuestros sentimientos de vergüenza, el miedo a sentirnos evaluados, la búsqueda de perfección y nuestro pensamiento dual entre blanco y negro, bueno y malo, aceptable y despreciable se originan en esta etapa.*

Somos sensibles a las palabras que los demás dicen sobre nosotros. Estamos constantemente alerta para escuchar información sobre nosotros mismos. Queremos saber qué efecto tenemos en el mundo. Aprender el alcance de nuestro poder personal.

También es un momento de mucha fantasía, idealización e imaginación. Estas imágenes nos ayudan a identificarnos con rasgos que queremos incorporar. Admiramos cualidades y tratamos de imitarlas de forma consciente. Falseamos nuestra identidad, empezamos a ser conscientes de que podemos actuar, mentir, engañar. Para poder manejar el dolor del des-encuentro con los demás nos vamos al mundo de la fantasía. Por un lado nos ayuda a sentirnos bien con nosotros mismos, pero es importante que aprendamos a separar la fantasía de la realidad. Nos podemos imaginar que somos un héroe o heroína y vivimos nuestros problemas a través de ellos.

Nos fascina encontrar la dinámica de las relaciones, qué lugar ocupamos en los grupos, intentamos probar los distintos roles. *Aprendemos qué consecuencias tiene cada comportamiento.* Aprendemos a ejercer poder en las relaciones. Provocamos conflictos para darnos cuenta de nuestra influencia. También aprendemos lo que es un comportamiento bueno o malo, cuando actuamos de acuerdo con lo que los adultos consideran aceptable o tenemos ganas de rebelarnos. A veces lo hacemos mientras que otras usamos la imaginación y fantasía para librarnos del dolor. Aprendemos a practicar comportamientos sociales, de cooperación y de competición. Este es el momento en que aprendemos muchas de las emociones sociales: vergüenza, envidia, celos, culpa, desdén, admiración, etc.

Descubrimos o tomamos conciencia de nuestro cuerpo, empezamos a diferenciarnos, nos damos cuenta de nuestra identidad sexual. Nos preocupa qué es ser masculino o femenino. Nos podemos sentir atraídos por el mismo sexo o por el sexo contrario. Es un momento de explorar nuestro cuerpo, de sentir sensaciones de placer, de estimularnos. El sentir esta energía sexual nos confunde y, si no nos explican la sexualidad con naturalidad, la suprimimos o sustituimos y nos empezamos a sentir culpables. Nos preguntamos qué es ser un chico o una chica. Decidimos qué comportamientos vamos a fomentar y cuáles no. Curioseamos las partes privadas de los demás. Comparamos genitales, nos tocamos los unos a los otros. Es un momento de preguntar sobre ello. La manera en que nos contestan a las preguntas sobre el sexo va a determinar cómo vamos a ver las relaciones sexuales en un futuro. Si nos avergüenzan, humillan o bromean sobre estas cuestiones, van a crearnos un foco importante de vergüenza y culpa.

Cuanto más positiva se siente nuestra madre durante el embarazo respecto a su sexualidad y si vamos a ser niño o niña, más posibilidades tendremos de llegar a la edad adulta con una actitud sexual sana y madura. El que nuestros padres no manejen su sexualidad adecuadamente hará que nosotros no nos sintamos tampoco seguros respecto de nuestra sexualidad. Los padres tienen que saber que es fisiológicamente normal y natural que los niños de esta edad tengan sensaciones sexuales y se estimulen para obtener placer. El que nuestros padres sientan sensaciones de ternura, que pueden confundir con sexualidad, hacia nosotros, sus hijos, también es normal; lo que no es normal es pasar a la acción. Nuestra madre puede sentir sensaciones sensuales y eróticas dando de mamar. Nuestro padre puede sentirse excitado relacionándose con sus hijas con ternura. Si nuestro padre no es consciente de que puede sentir sensaciones eróticas hacia sus hijas, puede sentirse culpable o puede sobrerreaccionar asustado por sus propios impulsos y dejar de tener contacto con sus hijas.

Desgraciadamente también se da el caso de que el padre, ante la curiosidad de sus hijas, se aproveche de las circunstancias, y esto le lleve al incesto. La confusión del afecto o ternura con el sexo puede llevar a sexualizar a los niños/as. Si eso ocurre el niño/a puede, de adulto, ser más sexual de lo normal o, por el contrario, estar desconectado de su cuerpo porque fue la manera que aprendió de manejar sus impulsos sexuales en esta etapa. También en función de cómo se desarrolló esta etapa podemos confundir nuestras necesidades sexuales con sentirnos amados.

En esta etapa de niños queremos abrazar al padre del sexo opuesto e incluso querer besarlos en la boca: *es un momento para establecer los límites de quién se relaciona con quién y de qué manera.* De niños tenemos celos de que nuestros padres se relacionen. Es como si pensáramos que hay escasez de amor y si se los dan nuestros padres entre sí a nosotros no nos llega. De niños podemos sentir agresividad hacia nuestro padre/madre que nos quita el amor del padre/madre que nosotros deseamos. Se producen muchos sentimientos, de culpa, vergüenza, miedo, ansiedad, que van a determinar cómo se vive la sexualidad de adultos. También puede aparecer una predisposición biológica a la sexualidad. La tendencia homosexual es una tendencia biológica no aprendida y, debido a los prejuicios, estas personas llevan una carga adicional de vergüenza y culpa. Si eres un hombre o mujer homosexual necesitas saber que es natural y válido sentirte como te sientes.

Si hemos aprendido a confiar en nosotros mismos y vamos formando nuestra identidad, es el momento en que se nos desarrolla la curiosidad, que nos hace empezar a preguntar sobre todo. Esta curiosidad sana nos lleva a decirnos a nosotros mismos: «Puedo ser único y especial», «Soy un niño/niña y puedo empezar a imaginar y proyectar mi futuro». El poder iniciar y elegir se tiene que sustentar en una base de identidad y poder. Un trastorno de desarrollo en esta etapa será reflejo de la disfunción familiar, o de los modelos inapropiados que hemos tenido como padres. Si nuestros padres son adultos avergonzados, codependientes, adictos, los hijos imitaremos muchos de sus comportamientos, lo que nos dificultará, cuando seamos adultos, tener relaciones íntimas. Mucho del dolor de esta etapa es debido a que, aprendiendo a forjar nuestra identidad, normalmente de forma inconsciente copiamos modelos defectuosos; es decir, comportamientos parentales en los que se reflejan los problemas que los padres tienen consigo mismos, con su cuerpo y en sus relaciones. También los comportamientos parentales nos pueden causar rechazo, pero entonces sentimos culpa y nos criticamos por ser desleales. Tenemos que saber que nuestros padres, a su vez, habrán copiado o heredado de sus padres esas emociones de vergüenza, culpa e inadecuación.

Cuando tenemos un niño herido debido a los modelos que hemos tenido, vamos a tener la compulsión a la repetición o la tendencia a elegir una pareja que sea una proyección de nuestros padres, alguien que tenga los aspectos positivos y negativos y que complemente los roles de nuestro sistema familiar. Por eso es muy importante que nos demos cuenta de qué modelos hemos tenido para poder sanarlos y así tener relaciones sanas y comprometidas con la pareja.

En esta etapa es prioritaria la *necesidad relacional de ser singular,* original, único, diferente. Es la necesidad de diferenciarnos, de sentir que tenemos una identidad propia. De que nos aceptan como somos y que valoran nuestra persona.

Comportamientos parentales negativos:

- Tomarnos el pelo, descuentos, humillaciones.
- Ser incoherentes entre lo que dicen y hacen respecto de los temas de esta etapa.
- Si critican nuestra curiosidad, esto hace que no nos sintamos aceptados y sí rechazados.
- No esperar que podamos pensar por nosotros mismos, evitar contestar aquellas preguntas que les avergüenzan.
- Ridiculizar el que hagamos juegos de rol o fantasías, y responder a nuestras fantasías como si fueran reales, lo que nos confunde.
- Entrar en juicios o peleas de que está bien o mal, qué es mejor o peor.

Diálogo interno: los demás son más importantes que yo. No me consideran. No encajo. Si supieran cómo soy no les gustaría, puedo intentar sobresalir o pedir la aprobación de los demás. No me puedo fiar de cómo me ven los demás, necesito definirme. Hay algo en mí que no está bien. No es seguro que yo muestre mi poder, soy una víctima. Necesito aprobación de los demás. Forma de pensamiento condicional (si tal o si no cual). Dificultad para establecer prioridades. Confusión respecto de crecer.

Autosabotaje: si he optado por pensar en vez de sentir, puedo haber olvidado mis sensaciones, y eso me produce dolor; para evitar sentir ese dolor puedo fantasear, imaginar, idealizar y no contactar con la realidad. Confusión respecto a mi identidad, habilidades, roles y poder en las relaciones con los demás. Sustituir emociones de miedo por enfado y/o las sensaciones sexuales con cuidar o ser cuidado por los demás. Cuando me activo me siento enfadado o me puedo retirar para no mostrarme. Puedo tener miedo a crecer y saboteo el proceso actuando como si tuviese menos edad. Debido al mal manejo de los temas sexuales, puedo volverme autodestructivo de diferentes maneras.

Claves de que hay fallos en esta etapa:

- Desear y temer estar en una posición de poder.
- Sentirse inseguro acerca de ser adecuado, sentir vergüenza.
- Tener confusión de identidad, necesitando definirse a sí mismo o en relación con otros.
- Compararse con los demás y necesitar destacar.
- Idealizar, imaginar o fantasear para mitigar el malestar.
- Sentirse raro con respecto a tu cuerpo.
- Ser excesivamente crítico de ti mismo y de los demás.
- Usar el sexo como una manera de conseguir contacto.

Acciones reparativas:

- Aprecia tu propia identidad, habla o comenta tu idea de los roles sexuales.
- Date cuenta de tu poder, en qué lo tienes y en qué no, y cómo lo ejercitas.
- Aprende a apreciar tu cuerpo y tu imagen física, para estar a gusto.
- Apúntate a un curso de iguales: grupo de hombres o de mujeres.
- Disfruta escribiendo cómo te sientes, cómo te ves y qué quieres para ti, tus sueños e ilusiones.
- Aprende los modales adecuados de tu cultura.

Afirmaciones para tu identidad:

- Puedes explorar quién eres y descubrir quiénes son las otras personas.
- Puedes ser poderoso y pedir ayuda al mismo tiempo.
- Puedes intentar diferentes roles y maneras de ser poderoso.
- Puedes aprender los resultados de tu conducta.
- Todos tus sentimientos hacia mí están bien.
- Puedes aprender lo que es imaginario y lo que es real.
- Amo quien eres.
- Me gusta tu energía vital. Me gusta tu curiosidad por el sexo.
- Está bien que descubras la diferencia entre niños y niñas.
- Estableceré límites para ayudarte a descubrir quién eres.
- Está bien que seas diferente y tengas tus propios puntos de vista sobre las cosas.
- Está bien imaginar cosas y tener fantasías e ilusiones.
- Te enseñaré a diferenciar la fantasía de la realidad.

- Está bien descubrir las consecuencias de tu comportamiento.
- Puedes pedir lo que quieras.
- Puedes preguntar si dudas de algo.
- No eres responsable de tu padre y/o madre.
- No eres responsable de los problemas familiares.
- Está bien que averigües quién eres.

Ejercicio de narración: recuerda o imagina cómo fue para ti empezar a ir a la guardería o preescolar. ¿Tenías amiguit@s? ¿Cómo te sentías en los grupos? ¿Tenías alrededor niños de tu edad o estabas solit@? ¿Quién jugaba contigo? ¿Cómo te entretenías? ¿Cómo te sentías en los grupos?

¿Cómo pasabas el tiempo libre? ¿Fantaseabas, imaginabas cosas, tenías algún amig@ imaginario, soñabas despiert@? ¿Tenías algún héroe o heroína al que te querías parecer?

¿Recuerdas algo referente a la sexualidad temprana? ¿Jugabas a médicos y enfermeras? ¿Sabes si te avergonzaron por tener interés por el sexo y tocarte a ti mismo/a? ¿Tocabas a otros niños o niñas y/o te tocaban a ti? ¿Cómo lo recuerdas?

Reflexiones:

- Recuerda cómo era tu vida cuando tenías esta edad, quién constituía tu entorno, con quién te relacionabas.
- ¿Cómo te sientes y piensas con respecto a cómo crees que eres?
- Te gusta ser niño o niña o estás confuso/a respecto de tu identidad sexual.
- ¿Cómo te sientes con respecto a cómo ves tu cuerpo?
- ¿Cómo te sientes con respecto al lugar que ocupas, en tu familia, con respecto a tus amigos, respecto de las personas significativas para ti?

- ¿Cómo vives el sexo, lo vives con naturalidad, con vergüenza, con culpa?

Comprobación de que has desarrollado las destrezas de esta etapa:

- Cuando encuentras tu lugar y te sientes bien en los gru-
pos.
- Cuando aceptas tu género y vives bien tu identidad
sexual.
- Cuando utilizas la fantasía y la ilusión con objetividad.
- Cuando eres consciente de las consecuencias de tus com-
portamientos.
- Cuando te sientes bien contigo mismo.
- Cuando te aceptas como único y singular.

17

ETAPA 5.
6-12 AÑOS: LA CAPACIDAD
DE DESARROLLAR ESTRUCTURA.
CAPACIDAD *VS*. INCAPACIDAD

Preguntas: ¿cómo puedo crear una estructura interna que me sostenga a mí y a otros? ¿Cómo puedo desarrollar mi competencia para dominar las destrezas técnicas y sociales que necesito para vivir en mi cultura?

Cualidades a desarrollar: crear estructuras o patrones que, una vez establecidos, van a filtrar qué información nueva admitimos y cuál descartamos. Estamos aprendiendo cómo aprender. Experimentamos diferentes maneras de hacer las cosas. Aprender a dialogar, estar en desacuerdo. Aprender a manejar los errores. Cómo estructurar nuestro tiempo, establecer lo que es importante. Los tipos de destrezas que aprendemos tienen que ver con lo que hemos aprendido en las etapas anteriores. Aprendemos a ser habilidosos y mañosos. Aprendemos de las estructuras externas, así como a instalar nuestra propia estructura interna. Aprender la relevancia/significación de las reglas. Esto incluye entender la necesidad de normas y reglas, la libertad que surge de ello y la relevancia de las mismas. Examinar los valores en los que se basan las normas y reglas es importante. Comprobar las reglas, ideas y valores de la familia, así como las estructuras fuera de la misma. Experimentar las consecuencias de romper las reglas, estar en desacuerdo y seguir siendo amado. Es una etapa de adquirir muchas destrezas, aprender de los errores y decidir qué es adecuado. Pensar y hacer. Realizar preguntas de por qué y cómo. Razonar acerca de los deseos y necesidades. Aprender cuál es la propia responsabilidad y la de los otros.

Cuando llegamos a esta etapa hemos ido adquiriendo experiencias de las fases anteriores, hemos tenido sensaciones, emociones, pensamientos, deseos sexuales, sentimientos de identidad... y ahora parece que lo que toca es aprender destrezas y aprender de los errores. A esta etapa también se le llama periodo latente, por la ausencia de impulsos sexuales marcados, que volverán a surgir de nuevo en la adolescencia. *Aquí empezamos a aprender todo lo que nos va a servir para la vida adulta.* Para ello tenemos que aprender a observar, escuchar y recabar información. *Tenemos que aprender a analizar, reflexionar, poner en práctica y ver los resultados.* Esto nos va a hacer sentirnos aplicados y competentes. También aprendemos a reflexionar sobre nuestros deseos y necesidades. Desarrollamos controles internos.

Empezamos a discernir cuál es nuestra responsabilidad y cuál la responsabilidad de los demás. Comprobamos las reglas de la familia y aprendemos acerca de sus ideas y valores y empezamos a formar las nuestras. Comenzamos a estar en desacuerdo, con mucho cuidado de no perder el cariño y amor de nuestra familia.

También es un momento para practicar jugando, pues el juego nos ayuda a saber relacionarnos con los demás. De forma natural en esta edad somos alegres, juguetones, nos gusta relacionarnos y tenemos ganas de aprender. También aprendemos sobre cómo encajamos en los grupos sociales, cómo de cómodos nos sentimos en ellos. Este momento tiene que ver con *cómo nos sentimos de competentes en determinadas áreas: en la familia, en el colegio, con los amigos o grupos a los que pertenezcamos, referente a nuestras propias capacidades.* Nos damos cuenta de la confianza que tenemos en nosotros mismos a la hora de llevar a cabo algún proyecto. Nos damos cuenta de que podemos competir con otros y de cómo nos sentimos con los resultados. El periodo que abarca esta etapa tiene que ver con una especie de consolidación de las etapas anteriores, marcadas por un crecimiento físico y emocional importante y que ahora se va a consolidar en una reflexión e integración antes de que volvamos a tener otro cambio importante, que es la adolescencia.

A partir de los 7 años *somos capaces de pensar con lógica pero todavía es un pensamiento concreto.* Nuestros pensamientos todavía son bastante egocéntricos y pensamos que si somos aplicados y competentes vamos a hacernos un sitio en el mundo. Si logramos nuestros objetivos académicos, nos da la sensación de poder y esperanza. Hasta la siguiente etapa no seremos capaces de abstraer y de poder guardar preposiciones contrarias a los hechos. Cuando observamos incongruencias o pillamos a nuestros padres en una renuncia, todavía creemos que los adultos son buenos. Cuando nos tenemos que esforzar mucho para poder entender lo que nos enseñan y tener que hacer tareas olvidamos un aspecto importante, que es jugar y relacionarnos con los demás, porque eso nos va a ayudar a desarrollar las habilidades sociales que necesitaremos como adultos.

Esta es una época de dominar tareas, de fomentar nuestras capacidades mentales y de mejorar y practicar nuestras relaciones sociales. También tiene que ver con la sensación de encajar, de pertenecer, de ser parte del grupo, de adaptarnos o conformarnos a los comportamientos de los demás e intentar no ser excluido. Ser incluido significa ser aceptado por los iguales; ser excluido significa sentirse aislado. Es un momento de nuestra vida en que cambiamos de amigos con facilidad, con lo cual podemos sentirnos aceptados, de igual manera que nos podemos sentir excluidos e ignorados. En esta etapa aprendemos la capacidad para cooperar.

Otra destreza que tenemos que dominar es la capacidad de enfocarnos y completar proyectos y trabajos. Son destrezas que nos tienen que haber enseñado, pero si tenemos malos recuerdos de la segunda etapa (donde necesitábamos tener apoyo para desarrollar los patrones de podernos centrar, mantener la atención y desarrollar los pasos hasta la consecución de la tarea), es probable que nos sintamos deficientes en esta área. Si no hubo nadie para enseñarnos a estudiar, a disciplinarnos para que aprendiéramos a concentrarnos, es probable que de adultos no seamos capaces de completar tareas, las posterguemos y nos tachen de vagos o perezosos. A lo mejor el problema es que nunca tuvimos la oportunidad de internalizar los patrones necesarios en las edades correspondientes.

En esta etapa, y debido a cómo es la estructura escolar, que agrupa a los niños por edades suponiendo que tienen el mismo grado de madurez, se comparan las competencias de los niños, y estas se basan fundamentalmente en la memoria. Las escuelas recompensan el conformismo y la memorización más que la creatividad y la originalidad. Pero la memoria se ve afectada si tenemos problemas emocionales que nos causan estrés y que entorpecen nuestra atención, concentración y retención; así pues, si nuestra memoria se ve afectada, nos sentiremos incapaces. El fracaso escolar causa un profundo dolor a los niños de esta edad.

Es una etapa donde antes o después *nos tenemos que mostrar*, bien sea en los deportes, en la clase delante de nuestros compañeros, en actividades extraescolares, y aquí nos arriesgamos a que nos evalúen, critiquen y humillen. Muchas personas han sido traumatizadas en estas edades cuando les han sacado delante de la clase a hacer algún ejercicio y les han criticado, juzgado y humillado en público. Muchos de nosotros tenemos este miedo de hablar en público. Por eso la fobia número 1 es la fobia de hablar o mostrarse en público. Cómo sobrevivimos a la presión de nuestros iguales es muy indicativo de la confianza que desarrollamos de mayores.

También es una etapa que, aunque puede ser silenciosa psicológicamente, y con esto quiero decir que puede parecer que no hay crisis mayores, desarrollamos para intentar encajar sin parecer ridículos. Si en esta etapa no desarrollamos las habilidades sociales necesarias, puede que ahora de adulto nos sintamos incómodos y abochornados cuando estemos en situaciones de grupo, cuando creamos que vamos a ser aceptados o rechazados en función de lo que digamos o cómo nos comportemos.

Es probable que si nos bloqueamos en esta etapa es porque pasará algo en nuestro entorno, en nuestra familia, donde se distrajo nuestra atención sobre lo que estábamos haciendo, con lo cual se dispersó nuestra energía y eso no nos permitió que desarrolláramos nuestras habilidades. De hecho, incluso puede ser que sintiéramos que si nos centrábamos en nosotros íbamos a ser desleales con nuestra familia, porque esto haría que no mostráramos atención a sus intereses.

Para quitarnos este dolor de no estar a la altura, muchos buscamos mentores a los que poder admirar e imitar, y esto es un paso importante en nuestro desarrollo profesional. Los niños de entre 6 y 12 años pueden buscar a un adulto, fuera de la familia, que les haga sentir que los enseña, confirmando así que están aprendiendo a hacer bien las cosas. Esto cuando somos adultos lo llevamos a nuestro trabajo y necesitamos tener jefes a los que respetamos y de los que podemos aprender. Cuando trabajamos tenemos necesidad de que otro nos diga lo que es mejor para nosotros mismos y que nos enseñe a tomar el poder. Mientras necesitemos que alguien externo nos oriente, lo colocamos en un nivel superior y nos sentimos inferiores. Esta es una necesidad del niño de entre 6 y 12 años. Hay que conseguir que el niño interior de esta edad transfiera la admiración a su propio adulto, aunque esto conlleve el duelo de despedirse de padres y tutores.

La necesidad relacional es la de la confirmación de la experiencia: necesitamos saber que otros sienten como nosotros, piensan como nosotros y tienen comportamientos parecidos a los nuestros. De no ser así, nos sentimos raros, fuera del grupo, diferentes, incluso nos sentiríamos marginados.

Comportamientos parentales negativos:

- Forzar las reglas sin aparente criterio.
- Esperar que el niño aprenda sin instrucciones.
- Llenar el tiempo del niño con lecciones, deportes y actividades, de manera que el niño no tiene tiempo de explorar sus intereses.
- No permitirle mostrar sus sentimientos de insatisfacción, no fomentar los intereses del niño.
- Incapacidad o falta de ganas de dialogar sobre creencias, valores, normas… y esperar que desarrolle solo la responsabilidad.
- No permitirle que explore las consecuencias de sus acciones protegiéndole o limitándole.

Diálogo interno: no soy capaz, no me siento competente, tengo que desarrollar mis destrezas y habilidades. Las reglas no son importantes, no son justas, no puedes fiarte de las reglas. Si no sigo las reglas voy a tener problemas. No puedo romper las normas porque estoy indefenso. No sé lo que sé.

Autosabotajes: podemos parecer habilidosos cuando internamente nos sentimos inseguros y lo ocultamos. Podemos expresar opiniones discutiendo ideas o valores, pero tenemos dificultades para ser cercanos, abriéndonos y estableciendo intimidad. Definimos la realidad manteniendo a las personas a una distancia prudente. También podemos evitar crecer mostrándonos incompetentes y siendo dependientes de los demás. Podemos centrar nuestra atención en cosas materiales en vez del contacto con personas que necesitamos. O podemos competir con los amigos en vez de cooperar para conseguir fines. Es un momento de mensajes conflictivos respecto de las reglas, quién las establece y cómo seguirlas. Dificultades y confusión con lo que es valioso. Dificultades para tomar decisiones. Esto se puede manifestar cuando somos adultos como autosabotaje, el no poder terminar las cosas, el no hacerlas bien, el tener miedo de no conseguirlo o tener miedo de conseguirlo, el temor a progresar profesionalmente, o definir metas de forma objetiva. Te puedes sabotear a ti mismo económicamente porque no quieres superar a tus padres o te puedes sabotear con la salud reproduciendo las mismas enfermedades para mantener la lealtad hacia ellos. Si te saboteas personal o profesionalmente en la actualidad, lo más probable es que algo sucediera en esta etapa que frustró tu habilidad para desarrollar tu autoconfianza y las destrezas que necesitabas para progresar.

Claves de que hay fallos en esta etapa:

- Tener dificultad para formar parte de un grupo.
- Solo funcionar bien en solitario.
- No entender la significación de las reglas.
- No entender la libertad que proporcionan las reglas.
- No querer cuestionarse los propios valores.
- Necesitar significarse de alguna manera.

Acciones reparativas:

- Desarrollar la habilidad para observar, mirando, escuchando y experimentando para obtener información y pensar sobre ella.
- Desarrollar las habilidades intuitivas.
- Diferenciar entre deseos y necesidades.
- Evaluar las normas y aprender de su utilidad, desarrollar la capacidad de aceptar las consecuencias de saltarse las normas.
- Mejorar las habilidades de no estar de acuerdo con alguien y saber negociar.

Afirmaciones para desarrollar capacidades:

- Puedes pensar antes de decidir sí o no y aprender de tus errores.
- Puedes confiar en tu intuición para ayudarte a decidir qué hacer.
- Puedes encontrar una manera de hacer las cosas que funcione para ti.
- Puedes aprender las reglas que te ayudan a convivir con los demás.
- Puedes aprender cuándo y cómo estar en desacuerdo.
- Puedes pensar por ti mismo.
- Puedes encontrar ayuda en lugar de quedarte sintiendo malestar.
- Te quiero incluso cuando no estamos de acuerdo, amo crecer contigo.
- Puedes ser tú mismo en la escuela, puedes defenderte y yo te apoyaré.
- Está bien que aprendas a manejarte.
- Está bien que recapacites sobre las cosas y que las pongas a prueba antes de hacerlas tuyas.
- Puedes confiar en tus opiniones pero tendrás que asumir las consecuencias de tu elección.
- Puedes confiar en tus sentimientos; si te asustas, dímelo.
- Puedes escoger tus propios amigos.
- Si tienes miedo podemos hablar de ello.

Ejercicio de narración: imagina que visitas al niño que fuiste durante esta edad: ¿cómo te lo imaginas? ¿Qué crees que siente: está alegre, solo, confundido? ¿Qué actitudes crees que tiene respecto de lo que «le toca hacer»? Si hablaras con él acerca de cómo vive su día a día, qué le hace sentirse bien, qué le hace sentirse mal, ¿qué crees que te diría? Si le preguntas si está de acuerdo con las normas y valores de su familia, de lo que esperan de él y de lo que él quiere para sí mismo, ¿qué crees que te contestaría? Es importante que le preguntes qué creencias tiene sobre sí mismo, sobre los otros: niños, profesores, adultos, sobre el mundo… y cómo se explica lo que le ha tocado en la vida. Esto nos dará su «guion de vida», su manera de explicarse cómo se ve a sí mismo en esta vida.

Reflexiones:

- Piensa cómo era para ti el experimentar con diferentes maneras de hacer las cosas.
- Recuerda cómo te sentías cuando discutías o estabas en desacuerdo.
- Cómo era para ti descartar la manera en que otros hacían las cosas y hacerlo a tu manera.
- Cómo vivías las equivocaciones antes de encontrar lo que funcionaba.
- De qué manera desarrollaste tus habilidades intelectuales, emocionales y sociales.

Comprobación de que has desarrollado las destrezas de esta etapa:

- Cuando has sido capaz de aprender a argumentar tus opiniones e ideas.
- Cuando empiezas a darte cuenta de cuáles son tus valores y los defiendes.
- Cuando has aprendido a confiar en tu propia manera de hacer las cosas.
- Cuando has aprendido a cometer errores y aprender de ellos.
- Cuando has aprendido que puedes estar en desacuerdo.
- Cuando has aprendido a desarrollar habilidades sociales.
- Cuando puedes elegir entre pasar tiempo solo o estar en grupo.

18

ETAPA 6.
12-18 AÑOS: LA CAPACIDAD DE SEPARARSE. IDENTIDAD *VS.* CRISIS DE IDENTIDAD (CONFUSIÓN DE ROLES)

Preguntas: ¿cómo me puedo convertir en una persona separada con mis propios valores y seguir perteneciendo? ¿Está bien que sea independiente, puedo descubrir mi sexualidad y ser responsable?

Cualidades a desarrollar: aprender a manejar la frustración ante los cambios. Cada vez que haya cambios se activará esta etapa. En esta fase hay que empezar a dar los pasos hacia la independencia. Conseguir la separación emocional de la familia, surgir como un individuo con identidad propia y con valores propios. Ser competente y responsable de las necesidades, sentimientos y comportamientos propios. Esta es una etapa de revisitar y cuestionar las tareas de las etapas anteriores: ser, hacer, pensar, identidad, poder y estructura, todo sumado a las presiones de una sexualidad emergente. Es un momento en que podemos oscilar entre parecer maduros o infantiles. Vacilamos entre querer ser independientes frente a ser dependientes del afecto de otros. Parecemos razonables y competentes y luego nos mostramos rebeldes. Estamos intentando encontrar nuestro lugar con las personas de nuestro mismo sexo y con el sexo opuesto. Necesitamos aprender a romper las reglas para separarnos de nuestros padres. Tenemos que saber cuándo marcharnos, adaptarnos o mantenernos dentro de la estructura familiar. Desarrollamos la capacidad de cooperar. Comprobamos nuestras habilidades frente a las de los demás.

La adolescencia marca *la transición hacia convertirnos en adultos. Es el periodo más tormentoso de nuestro ciclo vital.* Hacemos este cambio más rápidamente a nivel corporal y fisiológico que a nivel mental-emocional-social. Todas las cualidades que no hayamos desarrollado en las etapas anteriores van a ser puntos de choque en esta etapa. Aun en las mejores circunstancias, la adolescencia es una época de crisis, de cuestionamiento, de caos, de reorganización. Las dificultades en las relaciones sociales con los iguales, la atracción sexual por el otro, la necesidad de sentirnos diferenciados, de tener una identidad propia pero a la vez de pertenecer al grupo causa infinitas tensiones. Actuamos de manera más independiente de lo que nos sentimos y resultamos más rebeldes de lo que somos. Es un momento de definirnos fuera de la familia. Ser diferentes de nuestros padres es una manera de separarnos de ellos. Nos definimos a nosotros mismos en contra de los demás, no a favor de lo que queremos.

Se trata de un periodo de transformación y de crisis profunda. Hay cambios hormonales que crean estrés en el organismo, lo que produce alteraciones emocionales y comportamentales. Además estos cambios hormonales producen el surgimiento de cambios fisiológicos y de deseos sexuales. Esto afecta a nuestra manera de ver el cuerpo y es un periodo difícil por los cambios que se producen en él.

Se podría hacer una distinción entre los 12 y 15 años, donde solemos hacer actividades con otros de nuestro mismo sexo. *Aquí la familia deja de ser el núcleo principal de influencia.* Pasamos a tener un grupo de iguales que tiene mucha importancia, más incluso que nuestros padres, sobre todo en decisiones referidas a lo superficial: aficiones, vestido, gustos... Primero es la pandilla de un solo sexo, y más tarde se vuelve mixta, llegándose incluso a consolidar en relaciones de pareja. Este grupo es el apoyo más importante que tenemos, sin él la tensión producida por tanto cambio sería insoportable. El dilema entre la necesidad de separarnos de los padres y no saber cómo conectar con los iguales es la base de la sensación de rareza y de aislamiento.

Este es un momento en que queremos establecer nuestras propias ideas y valores, y buscamos nuestra propia identidad personal. Esta actitud, en muchas ocasiones, crea un distanciamiento y conflicto con nuestros padres. Nuestra identidad está basada en todo lo que hemos integrado de las etapas anteriores. *Es un momento en que estamos centrados en nosotros mismos;* de hecho, los cambios cerebrales y hormonales de este momento no nos permiten tener conciencia social. Es un tiempo solitario, independientemente del número de amigos que se tengan.

De adolescentes somos muy rápidos en darnos cuenta de las inconsistencias, de los comportamientos falsos y de las cosas que no nos parecen justas. Discutimos con nuestros padres e insistimos en nuestro punto de vista, aunque dudemos o sepamos en nuestro fuero interno que podemos estar equivocados, pero nos ayuda a construirnos una identidad. La tarea primordial de esta etapa es definirnos a nosotros mismos. La rebeldía es una respuesta a cualquier cosa que amenaza esta autodefinición. De adolescentes vamos a reaccionar contra cualquier cosa que amenace nuestra individualidad.

> *La adolescencia es una enfermedad que se cura con el tiempo.*

Si nos sentimos enfadados, resentidos o temperamentales acerca del comportamiento de otro, normalmente es nuestra parte adolescente que nos está indicando que nuestra identidad está siendo amenazada y que hay que poner límites. El poner límites, el poder actuar asertivamente y confrontar la situación forma parte de sanar esta etapa. Requiere práctica, paciencia y persistencia.

También nos rebelamos ante las incongruencias, las falsas promesas y normas ilógicas; si en la anterior etapa nos cuestionábamos las normas, en esta nos afirmamos en contra de las normas.

Cuando en esta etapa *se despierta nuestro interés sexual por el otro*, pocos sabemos qué hacer con ello y cómo manejarlo. Este interés va acompañado de cambios corporales y fisiológicos. Es posiblemente un momento en que somos más consciente de nosotros mismos, de nuestro cuerpo, de nuestra imagen, y nos sentimos raros, incómodos, torpes.

En esta etapa ya somos capaces de adoptar el punto de vista de otras personas pero no queremos tenerlo en cuenta. *Creemos que nuestros padres están obsesionados con nosotros de la misma forma que nosotros lo estamos con ellos.* Es un momento en que sentimos que nuestros padres nos están buscando y nos sentimos muy paranoicos. Estamos muy pendientes de cualquier mirada, gesto, detalle de desaprobación de los demás, y lo interpretamos como juicios valorativos sobre nosotros. Nos sentimos incomprendidos por nuestros padres y vivimos una crisis de su autoridad. Como normalmente seguimos siendo dependientes de ellos, nos sentimos coartados y nos da mucha rabia.

De adolescentes somos narcisistas en cuanto que estamos obsesionados por nuestra imagen y nos podemos pasar horas delante del espejo. Nuestra conciencia sobre nosotros mismos tiene mucho que ver con cómo hemos superado y qué hemos integrado de las etapas anteriores. Cuando hemos aguantado mucho desprecio, humillación y dolor en las etapas anteriores, aquí nos desquitamos mostrando conductas rebeldes, violentas e incluso delictivas y puede que, si nos intentan controlar demasiado, incluso autodestructivas, como modo de hacerles daño a nuestros padres con nuestro comportamiento. Son momentos en los que incluso nos incorporamos a grupos con vestimentas, ideologías y valores muy dispares de los de nuestros padres. Necesitamos experimentar mucho, es una forma de ampliar horizontes, ideas, estilos, roles y comportamientos. También es un momento en que podemos probar drogas, alcohol y tener comportamientos agresivos.

> *Lo que es normal en la adolescencia se considera neurótico en otro momento.*

Tenemos una necesidad imperiosa de hablar y comunicarnos, es una forma de afirmarnos según nos escuchamos a nosotros y de sentirnos conectados y amados.

Es una etapa de decir adiós a las amistades con las que ya no compartimos intereses y aficiones. Vamos a cambiar nuestras rutinas, entrando en la universidad o en el mundo laboral; es un momento decisivo en todos los sentidos. No obstante, seguiremos teniendo necesidades y dificultades cuando surjan nuevas oportunidades. Tenemos que aprender a hacer buen uso de nuestro tiempo; si hasta ahora nos disciplinaban y establecían nuestros horarios desde fuera, ahora somos nosotros los que vamos a marcar nuestros tiempos. Ahora tenemos el poder de tomar nuestras propias decisiones. Tenemos derecho, ya somos mayores edad, y eso nos da nuevas responsabilidades y nuevos derechos: lo uno va de la mano de lo otro.

En esta etapa es prioritaria nuestra *necesidad relacional de seguridad.* En estos momentos de tanto caos necesitamos encontrar seguridad en personas, que pueden ser nuestros amigos, o creencias, o grupos que nos hagan sentir que pertenecemos y que nos apoyan y no estamos solos en medio de tanto caos.

Comportamientos parentales negativos:

- Dificultad para comunicar opiniones y emociones con los hijos.

- Separarse emocionalmente dejando de ser cariñoso.
- Defectuoso manejo de las reglas, no prestarse al diálogo.
- Ridiculizar los sueños, fantasías o intereses sexuales de los hijos.
- No confrontar los comportamientos destructivos de los hijos.
- Intentar que el hijo no se distancie.

Diálogo interior: no me fío de ti. No me puedo fiar de mis decisiones. No es seguro crecer. No soy popular. No gusto a las posibles parejas. Me siento torpe cuando me gusta alguien. No sé cómo relacionarme con el sexo opuesto.

Autosabotajes: confusión de roles; experimentar con demasiados roles hace que perdamos nuestro sentido de nosotros mismos, que solemos desarrollar yendo en contra de algo. Empezamos a exteriorizar el dolor de las necesidades no satisfechas de la infancia. De adolescentes exteriorizamos los secretos de familia. Es un momento en que surgen los mensajes conflictivos sobre identidad, sexualidad, competencia y separación. Nos sentimos atrapados y confundidos respecto de crecer, de separarnos y de ser independientes. Manifestamos la sexualidad de forma inapropiada. En esta etapa se establece cómo vamos a relacionarnos en las relaciones íntimas, y esto tiene que ver con cómo de seguros nos sentimos con nosotros mismos, lo que va a afectar nuestras relaciones de adultos. La rebeldía exterior, con los demás, es un reflejo de la rebeldía que sentimos con nosotros mismos. Si tener éxito personal o profesional significa que superamos a uno o ambos padres, y como de niños necesitamos que nuestros padres sean «dioses» o figuras de autoridad que todo lo saben (aunque sepamos que no lo son), es posible que inconscientemente hagamos todo lo posible para no conseguir tener éxito. El hacer esto nos hace sentirnos seguros y protegidos a la hora de salir al mundo. Puede ser que nuestros padres no lo supieran todo, incluso que no fueran fiables o responsables, pero nos cuesta mucho dejar atrás nuestra necesidad emocional e irracional de que lo fueran. Superarlos, aprender a hacer cosas que ellos no eran capaces de hacer, tomar riesgos que ellos fueron incapaces de asumir significa sobrepasarles. Lograr esto nos puede hacer sentir desleales. Podemos sobrepasar a nuestros padres y convertirnos en la persona que queremos ser solo si nos deshacemos de la ilusión de que ellos saben lo que es mejor para nosotros. Nuestra incapacidad de deshacernos de esa ilusión dará lugar a un comportamiento que resulte en un sabotaje personal o profesional. Muchas personas inconscientemente se sabotean el prosperar para no superar a sus padres.

Por otro lado, existe la creencia de que los hijos debemos superar a los padres, y de hecho los padres suelen querer conscientemente que así sea. Sin embargo, puede haber una parte suya inconsciente que compita con nosotros, o que tengan el temor de que si los superamos no los necesitaremos y no se sentirán útiles, y por ello les privaremos de una de las funciones primarias del parentaje: ser padres. También podemos tener miedo a sobrepasarles porque si lo hacemos entonces seremos plenamente responsables de nuestra vida. En ambos casos hay mucho dolor.

Claves de que hay fallos en esta etapa:

- Sentir preocupación desmedida por el propio cuerpo, la apariencia, el sexo, los amigos.
- Estar inseguro de los propios valores y ser muy vulnerable a la presión del grupo; mirar a los otros para definirse a sí mismo.
- Tener problemas con empezar o terminar trabajos, roles, relaciones.
- Experimentar demasiada dependencia (o lo contrario) de la familia y de otros grupos.

- Tener dificultad para mantener compromisos, ser irresponsable.
- Confundir el sexo con el afecto.

Acciones reparativas:

- Tener una larga charla con un mentor que pueda ser importante para ti.
- Comprobar las ideas y valores y separarte de gente que te hace daño.
- Conseguir distinguir entre separación y conexión con la familia de origen.
- Emerger como una persona independiente, con valores propios, creencias e identidad.
- Ser responsable de las propias necesidades, sentimientos y comportamientos.
- Integrar la sexualidad de forma apropiada en la actual situación.

Afirmaciones para pertenecer y diferenciarte:

- Puedes saber quién eres y aprender y practicar habilidades para la independencia.
- Puedes aprender la diferencia entre lo que es sexual y lo que es afectivo (nutritivo).
- Puedes ser responsable de tus necesidades, sentimientos y comportamientos.
- Puedes desarrollar tus propios intereses, relaciones y causas propias.
- Puedes aprender a utilizar antiguas habilidades de nuevas maneras.
- Puedes crecer en tu masculinidad o femineidad y todavía ser dependiente a veces.

- Está bien que decidas sobre a qué grupo quieres pertenecer.
- Está bien que aprendas a ser responsable.
- Está bien comprometerse con un grupo o causa.
- Puedes tener amigos/as íntimos.
- Espero con ganas conocerte como adulto.
- Te quiero y voy a estar siempre contigo.
- Confío en que me puedas pedir apoyo.

Ejercicio de narración: recuerda cómo diste los pasos hacia tu independencia. Cómo hiciste para poder separarte emocionalmente de la familia. Qué tuviste que hacer para surgir gradualmente como una persona independiente con identidad y valores. Cómo aprendiste a ser competente y responsable de tus propias necesidades y comportamientos. Con quién te relacionaste y en qué o en quién te apoyaste para obtener la seguridad necesaria para dar los pasos hacia tu independencia.

Reflexiones:

- Piensa cómo fue para ti rebelarte contra tus padres (si lo pudiste hacer).
- Piensa cómo fue para ti ir en contra de las normas, valores y formas de ver la vida de los demás.
- Mira a ver si se te despierta un crítico interno que te cuestiona cuando te atreves a rebelarte.
- Cuestiónate si tuviste o tienes problemas para expresar tu opinión o pedir lo que necesitas.
- Date cuenta de si has sido capaz de crear un sentido de identidad propio.
- Cuando te sientes mal, ¿proyectas tu propio malestar en los demás pensando que es su culpa?
- ¿Eres muy controlador y crítico con el comportamiento de los demás?

Comprobación de que has desarrollado las destrezas de esta etapa:

- Cuando hemos podido separarnos físicamente de nuestros padres.
- Cuando hemos desarrollado nuestra propia filosofía de la vida.
- Cuando hemos aprendido a manejar nuestra sexualidad sin sentirnos culpables.
- Cuando tenemos claros nuestras opiniones, valores y reglas.
- Cuando apreciamos nuestra propia independencia y sabemos poner límites.
- Cuando hemos establecido nuestros grupos de apoyo fuera de la familia.
- Cuando no tenemos necesidad de controlar a nuestra pareja y confiamos en la relación.
- Cuando no tememos sobresalir y descubrir nuestros propios gustos.

19

ETAPA 7.
18-40 AÑOS: LA CAPACIDAD DE INTERDEPENDENCIA. INTIMIDAD *VS.* INDEPENDENCIA

*M*uchos de los que leáis este libro puede que os encontréis en esta etapa o en la siguiente. Aunque, en principio, tendríamos que haber
podido integrar a nuestro niño interior, lo más probable es que nos lo
estemos empezando a cuestionar en esta o la siguiente etapa. Por ello quiero que seáis conscientes de las fases que hay a partir de aquí para que
podáis integrar lo que os pasa ahora con lo anterior, y veáis por qué se os
están despertando etapas anteriores no resueltas.

Preguntas: ¿cómo puedo compatibilizar mis necesidades de
intimidad y conexión con mi necesidad de libertad e independencia? ¿Cómo puedo solucionar la dualidad independencia frente a
interdependencia?

Cualidades a desarrollar: esta etapa es el viaje de la independencia a la interdependencia y supone el reciclaje de las etapas anteriores. Es una etapa para desarrollar destrezas en el trabajo y en las
actividades lúdicas y recreativas. Para buscar mentores y hacer de
mentor. Crecer en el amor y en la inteligencia emocional. Ofrecer
y aceptar intimidad. Desarrollar la creatividad y querer ser único.
Aceptar la responsabilidad de uno mismo y aprender a relacionarse
con los demás. Encontrar apoyo para el propio crecimiento y apoyar el de los otros. Encontrar el equilibrio entre dependencia,
independencia e interdependencia.

Esta etapa idealmente es un camino de vuelta por todas las anteriores, para sanar todo lo que se haya quedado bloqueado, inconcluso o no bien asimilado, y para encontrarse realmente con uno mismo. Es como si volviera a empezar el ciclo de nuevo: contactar con nosotros mismos, explorar, reflexionar, llegar a nuevas conclusiones, integrar. Esto es lo ideal, aprender a ser uno mismo, volver a nuestros orígenes e ir sanando las heridas de las etapas anteriores con conciencia y buena voluntad. Y es que una vez pasadas las etapas anteriores somos más conscientes, tenemos más recursos, disponemos de más capacidad para entender las cosas que nos suceden. Además, ya se ha desarrollado nuestro córtex prefrontal y normalmente habremos desarrollado la empatía, la conciencia social y la capacidad de vislumbrar nuestro lado más trascendente, nuestros valores, virtudes e ideas espirituales.

Experimentar de forma lúdica las siguientes tareas es importante para superar esta etapa con nota:

1. Asumir nuestra propia libertad porque sin libertad no tenemos responsabilidad.
2. Aprender a responsabilizarnos de lo que nos acontece de ahora en adelante.
3. Reconocer y trabajar las diferentes facetas de las etapas anteriores que se han quedado inconclusas.
4. Reflexionar sobre qué queremos para nosotros mismos en esta vida, nuestros objetivos y metas.
5. Identificar qué nos gusta, qué nos disgusta, cuál es nuestra pasión, con qué disfrutamos; si podemos trabajar en lo que disfrutamos sería lo ideal, pero en todo caso debemos desarrollar un área de disfrute; es importante tener un *hobby*.
6. Desarrollar y mantener relaciones y amistades que nos proporcionan apoyo y aliento.

7. Aprender a des-apegarnos de personas y entornos que nos limitan y no nos dejan crecer.

8. Desarrollar nuestra propia filosofía de vida y/o nuestra espiritualidad.

9. Decidir si queremos tener una relación de pareja o preferimos conocernos bien a nosotros mismos antes de hacerlo.

Sin embargo, esto no es lo que suele suceder. Lo que suele suceder es que o bien nos vinculamos a una pareja, o bien a amigos o amigas. Solemos crear una relación o relaciones de dependencia de nuestra pareja y/o amistades y cuando queremos darnos cuenta hemos repetido con esta persona los patrones inconclusos de las etapas anteriores. O bien vamos buscando alguien que nos «salve» de nuestra soledad, con quien vincularnos, y buscamos cómo estar ocupados para no darnos cuenta de que todavía tenemos muchas cuestiones que no entendemos y de las que nos falta información. Podemos conseguir información leyendo o haciendo cursos de diferentes tipos que nos mantienen ocupados, o buscamos grupos a los que pertenecer para no ponernos en contacto con nuestra soledad.

Y es que estar solos con nosotros mismos nos asusta; nos da miedo darnos cuenta de que tenemos sensaciones, emociones, deseos y necesidades que están pidiendo que las atendamos y que nos crean malestar. Por eso de alguna manera creemos que nuestra solución es encontrar a alguien, ahí fuera, que nos quiera. Tenemos la esperanza de que con su amor se sanará esa sensación interna desagradable de no amor hacia mí mismo, no aceptación de mí, y muchas veces incluso de rechazo. Es como si creyéramos que si aparece un príncipe azul que se fije en nosotros todo se arreglará y vamos a estar bien y «viviremos felices y comeremos perdices».

Esta etapa pide a gritos que aprendamos a amarnos a nosotros mismos, pero nosotros esperamos desesperadamente que otros nos amen primero. No entendemos eso de «amarnos a nosotros mismos», nos parece incomprensible. Seguimos pensando en lo más profundo de nuestro ser que nosotros nos podremos amar si alguien nos ama antes, y así cuando nos amen nos podremos amar nosotros después. En realidad estamos de alguna forma esperando resolver lo que se quedó inconcluso en nuestra familia de origen, donde a la gran mayoría nos faltó más AMOR. Así que nos embarcamos en la aventura de relacionarnos. Y digo aventura porque empezamos el doloroso camino de ensayo y error que nos puede dejar muy tocados según pasamos de relación en relación. Lo que sí que es cierto es que nuestras relaciones van a seguir un patrón (el de las relaciones), dentro de otro patrón (encontrar en las relaciones la sanación de lo que se ha quedado inconcluso en nuestra familia de origen), dentro de otro patrón mayor (tenemos que poder hacer el camino de reconexión con nuestro niño interior para poder tener relaciones sanas y con conciencia).

El primer patrón es que las relaciones van a pasar por etapas, cuando nosotros tenemos la ilusión o la fantasía de que el amor, tal como se da al principio de la relación, es para siempre. La etapa de enamoramiento, que nos pone en contacto con todos nuestros sentidos, es una fase de euforia, de excitación, de no ver más allá del ser querido, de solo ver lo bueno y maravilloso. Lamentablemente, lo normal es que dure máximo treinta y dos meses, y va seguido de la etapa en que se nos cae el velo de la ilusión y empezamos a ver lo no tan bueno, e incluso lo malo, lo que nos molesta, lo que despierta nuestro malestar. Para superar esta etapa lo indicado sería que miráramos dentro de nosotros mismos para ver qué nos está reflejando el «ahí fuera» de lo que tenemos «aquí dentro» de nosotros. No obstante, es mucho más fácil echar la culpa fuera, ya que eso es lo que hemos hecho los primeros 18 años mientras estábamos limitados por nuestros padres y nos sentíamos impotentes. Si tenemos un poquito más de conciencia y entendemos que las relaciones son un reflejo de nuestras propias dificultades, tal vez podamos continuar con la pareja y empezar, juntos, a trabajar nuestras mutuas dificultades, lo que será una manera de consolidar la pareja y crecer juntos.

No obstante, entre los 28 y los 38 años es un momento que muchos deciden, si no lo han hecho antes, tener hijos, para de forma inconsciente tener algo que les una o les reúna. Lo que sí hacen los hijos es que nos reflejan las etapas por las que pasamos nosotros por nuestra niñez, y nos ponen en contacto, queramos o no, con los aspectos dolorosos de nosotros mismos. Nuestros hijos despiertan a nuestro niño interior y empiezan a tocar aspectos nuestros dolorosos, que muchas veces sin querer les pasamos a nuestros hijos. Además los hijos, normalmente, en vez de unir, lo que hacen es desunir, porque educar a los hijos es muy difícil y crea muchos conflictos de opinión entre los padres. Existen muchos conflictos sobre qué tareas lleva quién a cabo, sobre quién asume qué responsabilidades, para las que muy probablemente no estemos preparados. Con lo cual hay múltiples momentos de crisis, que si se aprende de ellas son nuevas oportunidades de encuentro y desarrollo personal, pero si uno las esquiva u oculta como puede, son una bomba en potencia que va incrementándose y que tiene cuenta atrás. En estas crisis también se pueden dar rupturas, con o sin hijos, y tendremos que hacer el primer duelo por nuestro corazón roto.

Si tenemos el corazón roto y aprovechamos para aprender, mejorar y crecer con el sufrimiento que esto nos produce, entonces resulta estupendo, pues esta ruptura ha tenido un cometido importante y va a ser una oportunidad de crecimiento. Si por el contrario nos sume en la decepción y buscamos desesperadamente otra pareja con quien volver a empezar, haremos que vuelvan a empezar las etapas del desarrollo anteriores, hasta la próxima crisis (donde la vida nos colocará de nuevo en la misma tesitura de mirar dentro de nosotros para sanar nuestras heridas de base, o volver a no querer mirar e intentar desesperadamente buscar otra relación).

También se da el caso de que, una vez sufrido el trauma de amor o nuestra primera ruptura, le cojamos tanto miedo que optemos por vivir en la fantasía de que algún día vendrá un príncipe azul que nos salvará y que inconscientemente rechacemos a todos «los sapos» que se nos ponen delante porque nadie cubre nuestras expectativas. Realmente lo que sucede es que estamos muertos de miedo de volver a pasar por el dolor del corazón roto.

Y por último están las personas que tienen demasiado miedo, no porque sean miedosas sino por las experiencias de su niño interior herido; que no se han atrevido a tener una relación y viven dándose explicaciones de por qué es así. Algunas buscan respuestas, otras se resignan y otras descargan su malestar en los demás, culpando al mundo de su mala suerte.

Lo que subyace en esta etapa en realidad tiene que ver con la necesidad que todos, como seres humanos que somos, tenemos de conectar con los demás, de relacionarnos íntimamente frente a la necesidad de conocernos a nosotros mismos, ser independientes y actualizarnos. Si no hacemos lo último antes de hacer lo primero viviremos nuestro desarrollo a través de los conflictos en las relaciones con los demás.

Las relaciones con los demás nos reflejan diferentes aspectos de nosotros mismos que tenemos que trabajar. Realmente el principio por donde tenemos que comenzar son las relaciones que yo tengo conmigo mismo, ya que estas son un reflejo de cómo he vivido la relación de mis padres conmigo. Hemos internalizado cómo nuestros padres se han relacionado con nosotros y lo estamos repitiendo internamente constantemente. Por eso tenemos que revisitar nuestro pasado para sanarlo y cuando lo hagamos podremos conectar con nuestro niño interior divino, nuestro auténtico ser o nuestro ser superior, que se ha escondido detrás de todo el dolor que hemos vivido en nuestra infancia.

Una vez hecho esto, nos podremos relacionar con los demás de forma sana, porque si no estaremos reviviendo nuestras situaciones inconclusas de diferentes formas, mediante la transferencia, la proyección y el hecho de que despierten nuestra sombra.

Estamos condenados a repetir nuestro pasado mientras no lo asimilemos, integremos y sanemos, sobre todo cuando el pasado estuvo cargado de emociones dolorosas o decepción. Como psicoterapeuta, gran parte del trabajo con mis clientes consiste en que juntos nos demos cuenta de qué situaciones del presente son patrones del pasado que hace falta desactivar y reprocesar; es decir, liberar la emoción y darle un nuevo significado.

Es como si las situaciones del pasado se repitieran en el presente. Como si reviviéramos los personajes de nuestra infancia, una y otra vez, en las personas de nuestro presente. Esto es lo que los psicólogos llamamos transferencia, es decir, transferir algo de alguien del pasado a alguien del presente. También se podría decir que vivimos un «trance»: vemos en personas del presente las características de personas de nuestro pasado, con las que tuvimos relaciones que no concluyeron aceptablemente, y por eso están «pendientes». Revivimos situaciones inconclusas del pasado en el presente para intentar darles un final feliz.

Transferimos sentimientos, necesidades, expectativas, fantasías, creencias y actitudes. Pasamos las carencias de amor que tuvimos con nuestros padres para que las sane nuestra pareja. Relaciones de competencia con nuestros hermanos para que las sanen nuestros amigos/as. Inseguridades con nuestros compañeros y compañeras de colegio a nuestras relaciones laborales, siempre buscando una conclusión. Nos miramos los unos a los otros a través de las lentes de nuestra propia historia. Nuestras relaciones, si no nos hemos trabajado de antemano a nosotros mismos, van a hacernos transferir situaciones del pasado al presente.

Cuando hemos tenido experiencias dolorosas en la infancia, y hemos bloqueado las emociones porque no les hemos dado una resolución, buscamos maneras de que no nos duelan. Utilizamos los mecanismos de defensa de negación, proyección, desapropiación, sensibilización, disociación, etc, todos ellos mecanismos que nos ayudan a manejar nuestra realidad pero que nos hacen vivir una ilusión o un trance, permitiéndonos sobrevivir. Estar en trance es encontrarse en un estado alterado de conciencia. Cuando un niño es corregido y controlado todo el tiempo, aprende que no es apreciado como es. Aprende a que tiene que dejar de ser él mismo para ser aceptado, con lo cual aprende a desarrollar una identidad falsa y a esconder su auténtica identidad. Esto le crea dolor y rabia. Como expresarla le situaría en una situación difícil, aprende a utilizar mecanismos para reprimirla hasta que la pueda solucionar.

Hay tres maneras fundamentales en las que transferimos nuestra historia a los demás para solucionar nuestro dolor inconsciente:

1. Transferimos a los otros asuntos inconclusos de nuestro pasado. Por ejemplo, si yo no he satisfecho mi necesidad relacional de sentirme validado e importante para mis padres, buscaré que mi pareja me complete esta necesidad relacional. Así que le transfiero, inconscientemente, a mi pareja lo que se quedó inconcluso en mi familia de origen.

2. Proyecto en el otro lo que no soy capaz de ver en mí mismo para que yo pueda trabajar lo que tengo dentro viéndolo ahí fuera. Proyecto en otra persona MIS características positivas o negativas, de las que soy inconsciente. Le paso a los otros los rasgos, sentimientos y motivaciones que me pertenecen. Te veo controlador a ti cuando en realidad no me doy cuenta de lo controlador que soy yo.

3. Me alteran o disgustan ciertas personas porque su presencia está activando aspectos míos que se encuentran en mi inconsciente y despiertan mis emociones reprimidas y el dolor que tengo bloqueado. Me están despertando mi «trance», lo que está oculto a mi consciencia, y me

está posibilitando la «tranceformación». Estas personas me dan la oportunidad de cuestionarme: ¿qué malestar se me está activando?

Por ello la transferencia inconsciente de las experiencias de nuestro pasado le sigue dando el poder a las personas significativas de nuestra vida, y el hecho de darnos cuenta de nuestra transferencia nos devuelve el poder a nosotros en el aquí y ahora.

La transferencia se presenta en todas nuestras relaciones y repetimos nuestra historia una y otra vez hasta que tomamos conciencia. Cuando tenemos reacciones intensas de atracción o de evitación hacia una persona, puede ser una indicación de que es una transferencia que pide resolución; es decir, la situación nos está activando algo del pasado sin terminar. Puede ser que la persona ante la que hemos reaccionado tan vehementemente nos haya recordado a otra persona por semejanza física o por personalidad. Cualquier persona que se vuelve importante para nosotros, por ese mismo hecho, está repitiendo un rol crucial de nuestro pasado.

No tenemos que ver la transferencia como patología sino como un sistema de alarma de nuestra psique que nos está indicando lo que tenemos que poner al día. Nuestro trabajo es darnos cuenta y afrontar estas tareas sin buscar sustitutos o sucedáneos. Nos metemos en la transferencia por razones positivas. Estamos buscando sanar una herida que todavía supura. Intentamos sanar y completar nuestra historia a través de nuestras relaciones con las parejas, colegas de trabajo, amigos… La transferencia nos ayuda en nuestro desarrollo personal porque nos podemos dar cuenta en las reacciones de los otros de lo que está faltando en el presente. Vamos a transferir tanto si nuestro pasado es positivo o negativo, ya que los dos nos han impactado. La transferencia es una forma de volver a actuar lo que está inacabado del pasado en nuestra infancia o de nuestras relaciones primarias.

La necesidad relacional de esta etapa es que el otro tome la iniciativa, que significa que la otra persona se interese por interactuar con nosotros; que no seamos nosotros los que iniciemos el contacto, sino que el otro también tome las riendas y lo inicie. Es el conseguir que el otro, de alguna manera, reconozca y valide la importancia de uno en la relación.

Comportamientos parentales negativos:

- Vivir en el pasado, incapaces de hacer el duelo y seguir con la vida.
- Imponer los criterios propios en los demás.
- Pretender que los hijos sigan el propio modelo.
- Intentar que los hijos continúen siendo dependientes emocionalmente.
- Manipular para conseguir tener a los hijos cerca.
- Tener inflexibilidad de roles, no poder relacionarse con los hijos como adultos: de adulto a adulto.

Diálogo interno: me da miedo aprender cosas nuevas, tal vez me sienta inútil o incapaz. Me asusta demasiada cercanía, me da miedo que me invadan. No soporto que los demás me quieran imponer su criterio. Me produce ansiedad no saber qué es lo que me hace tener emociones contradictorias. Me cuestan las relaciones de pareja. Tengo miedo a que me hagan daño las personas que me importan.

Autosabotajes: en esta etapa nos saboteamos no prestando atención a los temas no resueltos de nuestro pasado porque esto nos mantendrá repitiendo los mismos patrones, problemas y dificultades una y otra vez. Podemos cambiar de pareja, trabajo, amigos, pero repetiremos los mismos patrones hasta que los sanemos. Muchas veces, y en función de la intensidad de los problemas no resueltos de fondo, habremos somatizado, es decir, habremos convertido un problema emocional en un problema físico que se manifiesta en nuestro cuerpo en forma de enfermedad. La enfermedad nos está indicando que tenemos que prestarle atención a un aspecto de nuestra vida que estamos descuidando. Si no entendemos qué nos quiere decir esta enfermedad, qué está simbolizando, y vamos al origen de la misma, no al síntoma, en esta etapa vamos a conseguir que la enfermedad se cronifique. Si por el contrario lo tomamos como una oportunidad para entender qué nos está diciendo y reflejando la enfermedad, esto nos ayudará a poner el foco en nosotros mismos, aprender a ocuparnos de nosotros y cuidarnos. Cualquier enfermedad nos está transmitiendo un mensaje: hay muchos libros que indican con qué está relacionada cada enfermedad; algunos, que cito en la bibliografía, son muy interesantes.

Claves de que hay fallos en esta etapa:

- Extrema dependencia, miedo a ser independiente, codependencia.
- Independencia para no tener interdependencia.
- Vivir en el futuro, en las posibles ilusiones evitando el presente.
- Miedo a envejecer.
- No saber luchar por lo que necesitas.
- Conductas evasivas a través de adicciones.

Acciones reparativas:

- Hacer cursos de desarrollo personal.
- Leer libros de autoayuda.
- Ir a terapia.
- Participar en grupos de apoyo.

- Aprender a poner límites a los padres.
- Aprender a decidir qué es lo importante para cada uno.

Afirmaciones para conocerte a ti mismo:

- Puedes construir y examinar tus compromisos desde tus valores y causas propias, tus roles y tus labores.
- Puedes ser responsable por tus contribuciones a cada uno de tus compromisos.
- Puedes ser creativo, competente, productivo y alegre.
- Puedes confiar en tu sabiduría interna.
- Puedes saludar y despedirte de las personas, los roles, los sueños y las decisiones.
- Puedes terminar cada parte de tu viaje y esperar con ganas el próximo.
- Tu amor madura y se expande.
- Eres digno de amor en cada etapa de tu vida.
- Está bien que explores el mundo y conozcas nuevas cosas.
- Está bien que expandas tus límites, puedas decir no y marcar tu espacio.
- Está bien tener tu propia visión del mundo, ser quien eres y comprobar tu poder.
- Está bien que aprendas a hacer las cosas a tu manera, con tu propio código de valores y moral.
- Está bien relacionarte sexualmente.

Ejercicio de narración: hazte y respóndete las siguientes preguntas: ¿cómo he llegado hasta aquí? ¿He llegado haciendo el camino con consciencia o siento que me han empujado las circunstancias? ¿He sido libre o me he sentido condicionado por los demás? ¿He tomado mis propias decisiones conscientemente o ha sido como reacción a las decisiones que me afectaban de los demás?

Comprobación de que has desarrollado las destrezas de esta etapa:

- Poder tener relaciones comprometidas.
- Poder dar y ofrecer intimidad.
- Poder encontrar nuevas maneras de hacer las cosas.
- Encontrar apoyos para el propio crecimiento personal y servir de apoyo para otros.
- Aceptar la responsabilidad de uno mismo y preparar las bases para poder ser responsable de los descendientes.
- Poder expandir los compromisos con uno mismo: a la pareja, familia e incluso comunidad.
- Saber equilibrar la dependencia con la independencia y la interdependencia.
- Aprender a manejar los encuentros, desencuentros y despedidas o pérdidas afectivas.

20

ETAPA 8.
40-65 AÑOS: LA CAPACIDAD DE ENTREGA. ENTREGA *VS*. AUTOABSORCIÓN

*P*reguntas: ¿quién soy, qué hago aquí, para qué existo? ¿Qué he hecho hasta ahora con mi vida? ¿He participado en mi vida o me he adaptado a las circunstancias? ¿Yo realmente qué quiero?

Cualidades a desarrollar: esta es una etapa en la que se produce una crisis existencial. La persona empieza a notar cierto malestar, que tal vez no había notado antes porque estaba demasiado ocupado y se empieza a cuestionar muchas cosas. Es como pasar el ecuador de la vida. Es un momento de empezar a ser consciente de que se envejece, y la percepción de la vida cambia. Si se ha hecho desarrollo personal, se empiezan a encontrar respuestas y explicaciones a nuestra existencia. Es un buen momento para empezar a conectar con la espiritualidad, el conocimiento de uno mismo y de los demás. Es un momento de desarrollar los compromisos más allá de uno mismo: la familia, la comunidad, el mundo. También es un momento en que puede haber enfermedades o muertes de los progenitores o de personas mayores del entorno, y por eso nos ponemos en contacto con nuestra propia muerte.

La crisis de los 40 es una realidad. Algunos la pasamos un poquito antes y otros un poquito después de los 40, pero es un periodo muy conmovedor, tanto si te altera como si te ayuda a despertarte. Se produce una especie de crisis existencial donde en algún momento o de alguna forma nos paramos y nos preguntamos: ¿cómo he llegado yo hasta aquí, me he llevado a mí mismo/a o me he dejado llevar por las circunstancias? ¿Estoy donde quiero, deseo y me pide todo mi ser, o me siento atrapado en un cuerpo (que me es ajeno y no vivo como propio), en unas circunstancias y con unas personas con quienes ya no me relaciono satisfactoriamente? ¿Me voy a quedar así otros cuarenta años? Este es un momento en que naturalmente se produce mucho tumulto interior, mucha emocionalidad, mucha obsesión con estas preguntas, mucha búsqueda. En este momento puedo tomarme un tiempo, aunque sea unos días, para reflexionar.

Si tenemos la suerte o desgracia (depende de cómo se mire) de que no sucede ninguna de las dos cosas, entonces pasaremos a la siguiente etapa, arrastrando todo el lastre, sin ser conscientes de que cada vez este se hace más pesado, y nosotros más inflexibles y rígidos, y nuestra situación más difícil de desentrañar. Esto no quiere decir que no lo tengamos que tratar: solo quiere decir que se nos presentará de nuevo más adelante, tal vez a los 45 o a los 50, pero, queramos o no, la vida nos lo volverá a colocar delante, ¡es ley de vida!

Si en esta etapa tenemos hijos, normalmente serán adolescentes y estén reflejando nuestros propios cuestionamientos sobre las normas, las reglas, los valores, el porqué de la forma en que nos comportamos… De alguna manera nos están haciendo un favor porque nos sacan de nuestra zona de confort y nos hacen preguntarnos cosas que tal vez nunca nos hayamos cuestionado. Además, los hijos en esta etapa están aprendiendo cosas nuevas, a las que tal vez cuando nosotros teníamos su edad no podíamos acceder. Nos ayudan a desarrollar nuestra curiosidad y a tener ganas de explorar y de aprender cosas nuevas, a actualizarnos, a no quedarnos estancados en más de lo mismo.

Si en esta etapa no tenemos hijos, pero sí pareja, es probable que estemos un poco aburridos de hacer siempre las mismas rutinas, a no ser que nos hayamos preocupado por entender las etapas por las que pasan las parejas y hayamos tenido interés de informarnos, a través de libros, de terapia individual o en grupo o de cursos de desarrollo personal, sobre cómo hacer para darle a nuestra vida otra luz, otro ánimo, otro entusiasmo. Esto tal vez nos lleve a entablar nuevas amistades, e incluso relaciones, y tal vez nos echemos un/a amante porque de alguna forma es una manera de revivir las sensaciones que tenemos tan olvidadas. Si nos damos la oportunidad de tener un/a amante, sin dejar a nuestra pareja, esto nos va a hacer vivir una doble vida, que puede ser muy excitante o producirnos mucha ansiedad, culpa, remordimiento. Esto va a hacer que nos cuestionemos todo una y otra vez. Es probable que nos desesperemos por tener que elegir, ya que nos costará mucha dificultad tomar decisiones, tanto como nos hubiera llevado en nuestra época de aprender a tomar decisiones. Nos podemos sentir como un adolescente en su primera cita. También nos podemos sentir como un niño que no quiere perder ni estar sin ninguna de las dos opciones o personas. Lo queremos todo y nos enfadamos e incluso nos cuestionamos por qué no puede ser, por qué no se puede tener todo lo que uno quiere.

Si esta etapa nos pilla solteros o sin pareja, podemos engancharnos, si no lo hemos hecho antes, a alguna adicción que nos acompañe, que nos permita evadirnos del malestar de fondo (al que no queremos mirar de frente porque nos da mucho miedo). Puede que para no mirarlo sigamos haciendo más de lo mismo, las mismas rutinas una y otra vez, pues esto nos hace sentirnos aburridos, desencantados, solos y tristes, y no sabemos qué hacer para cambiar nuestra situación. Tal vez nos planteemos buscar pareja, pero si no lo hemos hecho hasta ahora nos dará mucho miedo. Si ya tuvimos alguna pareja, pero nos salió mal, esto nos dará más miedo todavía. Estos temores nos mantienen inmovilizados, bloqueados e imposibilitan que nos pongamos en marcha para hacer nada, excepto tal vez pedir ayuda. Pedir ayuda es un comienzo:

dice un dicho oriental que «cuando el alumno está listo aparece el maestro»; pues bien, tener la intención de pedir ayuda ya es el primer paso, y los siguientes habrá que darlos poco a poco.

Puede que sí nos hayamos planteado dar algún paso y por eso tal vez queramos hacer algo para los demás y así por lo menos sentirnos útiles. Tal vez visitemos a familiares mayores y les hagamos compañía, o nos apuntemos en algún tipo de voluntariado para ayudar a los demás, y eso es estupendo, pero seguiremos teniendo la misma sensación de fondo de vacío, soledad, tedio o aburrimiento en cuanto dejemos de estar en compañía. Porque esta sensación interna nos está pidiendo que miremos hacia dentro, que conectemos con nuestro niño interior herido primero, para sanarlo, y una vez lo hayamos hecho, con el niño interior divino, nuestro auténtico ser, la conexión con el Ser Superior, nuestra espiritualidad.

A lo mejor nos resguardamos en la religión y eso nos ayuda a sentirnos acompañados. Está bien sentirnos apoyados por una institución religiosa, sea cual fuere, pero ¿nos hemos parado a pensar cómo nos seguimos sintiendo en el interior? ¿Vamos a aceptar sentirnos mal y resignarnos o vamos a confiar en que todavía tenemos energía de sobra para volver a empezar? Sí, volver a empezar y retomar alguna pasión o pasiones, volver a disfrutar de la vida, de las personas, de las cosas. Nunca es tarde para recuperar la ilusión.

> «Si hacemos las mismas cosas tendremos los mismos resultados, si queremos resultados diferentes tendremos que hacer cosas diferentes».
>
> ALBERT EINSTEIN

Sin embargo, si seguimos haciendo más de lo mismo, la vida sigue pasando, y nosotros seguimos estando en el mismo lugar. Afortunadamente, queramos o no, los que están a nuestro alrededor van creciendo, algunos van cambiando, y cuando ellos cambian varía la relación que tienen con nosotros, y nos veremos forzados a cambiar. Puede que nos resistamos, pero entonces perderemos las relaciones que han progresado y nos han dejado atrás. Si por el contrario tomamos conciencia, queramos o no, algo en nosotros también cambia, aunque sea poco. Este es un momento en que nuestros padres empiezan a ser mayores y necesitan de nosotros. Por un lado, lo podemos vivir como que nos interrumpen nuestros quehaceres diarios y nos quejamos, pero por otro lado nos brinda la oportunidad de reconciliarnos con ellos. Lo más normal es que si no nos hemos trabajado a nosotros mismos, no solo no podamos o no sepamos reconciliarnos con ellos, sino que además creamos que nos alteran. En realidad ellos no nos alteran, sino que nos alteramos nosotros. Lo que están haciendo nuestros padres es activar nuestros recuerdos pasados no resueltos, para que los volvamos a revisitar y consigamos sanarlos. Aun así, puede que todavía nos resistamos a hacer este trabajo y añadamos aún más lastre a nuestra ya pesada carga.

> *No hay más ciego que el que no quiere ver.*

Esa es nuestra elección, nadie nos puede decir lo que tenemos que hacer, y si nos lo dicen somos libres para hacer caso o no, ¿o no nos consideramos libres? Sí, somos libres, aunque por todas partes nos sintamos encadenados y atrapados y responsables. La libertad es una sensación interna, aunque externamente nos sintamos encarcelados. Todavía somos jóvenes, aunque nos sintamos viejos para animarnos y entusiasmarnos con nuevos proyectos, con hacer cosas con las que disfrutemos. No obstante, es muy importante que no nos olvidemos de nosotros mismos, de nuestras necesidades, de nuestras pasiones. En vez de volver a poner nuestro foco fuera, en los otros, en hacer, en producir, es importante volver el foco hacia dentro y aprender a ser. A ser lo mejor que podemos ser, a estar bien con nosotros mismos, porque cuando estamos bien con nosotros mismos todo el que esté a nuestro alrededor se contagiará de nuestra paz, alegría y salud. Nuestra mayor responsa-habilidad es ser capaces de estar bien con nosotros mismos para transmitirle nuestra coherencia, congruencia y bienestar a todo el que entre en contacto con nosotros. Esta es nuestra mayor contribución a la comunidad o sociedad en la que nos movamos.

La *necesidad relacional* de esta etapa es la *de impactar al otro*. El impacto se refiere a tener una influencia que afecte al otro en alguna manera deseada. El notar que el otro recibe nuestra aportación y la aprecia y le influye.

Diálogo interno: me estoy haciendo mayor. Ya no voy a encontrar una relación que me llene. No he hecho lo que quería haber hecho. Me he dejado llevar por las circunstancias. ¿Realmente quién soy? ¿Estoy haciendo lo que quiero? ¿Me gusta lo que hago?

Autosabotaje: en este momento muchos pensamos que nos estamos haciendo mayores y «vamos a perder el tren» y nos saboteamos con comportamientos adolescentes. Intentamos probarnos a nosotros mismos: ver si seguimos resultando atractivos para el otro. Establecemos nuevas relaciones que pueden crear crisis en nuestras relaciones actuales. Hay momentos en que parece que no nos importan las consecuencias de nuestros actos, como si funcionáramos desde el impulso, el deseo, y según nos sintamos emocionalmente. Nos cuesta reflexionar, necesitamos nuevos estímulos, cambios, salir de la rutina.

Claves de que hay fallos en esta etapa:

- Cuando se buscan relaciones fuera de la propia.
- Cuando las ideas y comportamientos se vuelven más rígidos en vez de flexibles.

- Cuando se empieza a somatizar.
- Cuando se tiene un malestar de fondo y no se sabe por qué.
- Resistencia a los cambios de la edad.
- Falta de interés por aprender, crecer y cambiar.

Acciones reparativas hacia uno mismo:

- Hacer cursos de desarrollo personal.
- Leer libros de autoayuda.
- Ir a terapia.
- Participar en grupos de apoyo.
- Aprender a ponerle límites a los padres.

Afirmaciones:

- Tus necesidades son importantes.
- Puedes ser independiente y a la vez tener relaciones interdependientes con los demás.
- Puedes desarrollar nuevas relaciones y compromisos respetando los que tienes.
- Puedes cuestionarte tus roles, valores y cometidos.
- Puedes aprender a amar de forma madura.
- Puedes cambiar de rumbo en tu camino.
- Puedes ser amado independientemente de tu edad.
- Puedes confiar en tu sabiduría interior.
- Puedes ser creativo, competente, productivo y alegre.
- Puedes dar la bienvenida y despedirte de personas, roles, sueños y decisiones.

Ejercicio de narración: imagina que escribes tu biografía hasta este momento: ¿qué resaltarías?, ¿cómo la enfocarías? Pondrías el acento en lo bueno o en lo malo. Te puedes plantear tu biografía como la escribirías con la mano en el corazón o como lo escribiría alguien que de verdad te conoce. No se trata de cómo idealizas o cómo te gustaría que lo escribiera tu amigo/a, sino cómo crees, de verdad, que lo harías tú o lo haría alguien que te conoce muy bien. Hacer tu biografía hasta la fecha te permite entender cómo has llegado hasta donde estás y el sentido que tiene para tu vida. Puede abrirte el camino para empezar a transformarla en la dirección que tú desees.

21

ETAPA 9.
DESDE LOS 65 AÑOS:
EL DESARROLLO DE
LA INTEGRIDAD
Y LA ESPIRITUALIDAD.
INTEGRIDAD *VS.*
DESESPERACIÓN

«He llegado por fin a lo que quería ser de mayor: un niño».
JOSEPH HELLER

*P*reguntas: si me muero hoy, ¿qué lamentaré no haber sido, no haber dicho, no haber arreglado, y qué puedo hacer con ello ahora? ¿Cómo termino de darle un significado a mi vida y prepararme para la muerte?

Cualidades a desarrollar: esta etapa puede significar el momento en que le encontramos el significado a los diferentes sucesos de nuestra vida. Aprendemos a entender que todo lo que nos sucede nos permite aprender, superarnos, adquirir recursos y desarrollarnos como personas. Empezamos a ver la vida con perspectiva y nos permite integrar los diferentes aprendizajes. Si somos capaces de conocernos, aceptarnos y amarnos, conectamos con nuestra espiritualidad, lo que nos da serenidad, paz y confianza.

Esta etapa puede ser de las más interesantes de nuestra vida, siempre que lleguemos a ella con una actitud de apertura, flexibilidad, ánimo y receptivos a empezar una nueva etapa. Es la edad de jubilación, y si no nos hemos jubilado antes, nos va a cambiar la vida. Pasamos de sentirnos productivos, de ser importantes por lo que generamos, por el rol o estatus que desempeñamos en nuestro trabajo, a sentir que gran parte de nuestra vida se va. Sobre todo si hemos cimentado nuestra autoestima y nuestra valía personal en el trabajo.

Este es un periodo especialmente difícil para los hombres que muchas veces derivan su sensación de valía del trabajo que desempeñan: allí tienen un lugar donde se sienten considerados, estimados, tenidos en cuenta y valorados. Es probable (no digo que es seguro para no presuponer nada) que hayan pasado más horas en el trabajo que en ningún otro lugar, incluyendo la familia. Es habitual que hayan desempeñado la misma agenda día tras día, con excepción de los fines de semana y vacaciones: levantarse por la mañana, asearse, arreglarse, desayunar, ir al trabajo, comer, seguir trabajando, dejar el trabajo, llegar a casa, hablar con la familia o ver la tele, cenar, dormir y vuelta a empezar. Pocos habrán tenido pequeñas variaciones con respecto a lo anterior, y así día tras día. Muchas veces los fines de semana se emplean en hacer las cosas de la casa que no se hacen durante la semana, visitar a algunos familiares y/o amigos, hacer alguna actividad agradable, sobre todo si se tienen niños, y poco más, y así día tras día. Y sin embargo ahora tenemos todo el día para hacer ¿qué?

¡Horror! ¿Cómo vamos a llenar nuestro tiempo? Si no hemos desarrollado aficiones o *hobbies* en que ocuparnos, los días se hacen interminables. Podemos hacer cosas para la casa, la nuestra y la de los hijos (si los hubiera). A lo mejor aprendemos a hacer bricolaje o aprendemos manualidades. Pero si no encontramos algo que nos llene, solo buscaremos maneras de ocupar el tiempo. ¿Tal vez metiéndonos en la vida de los demás? Las mujeres, que normalmente realizamos actividades variadas y nos gusta compartirlas hablando con amistades, habremos desarrollado más relaciones sociales que nuestras parejas. Aunque también hayamos trabajado y nos jubilemos, tendremos más intereses y actividades que nos mantengan ocupadas y entretenidas.

Este cambio en nuestra vida laboral va a afectar de lleno a nuestras relaciones de pareja, hijos, familiares, etc. Es probable que tengamos que mirarnos cara a cara con nuestra pareja, con la que hemos convivido pero con la que nos hemos comunicado poco (solo para las cosas rutinarias y a ratitos, y resulta que no la reconocemos). Nos parece que ha cambiado cuando en realidad los que hemos cambiado somos nosotros, que ahora tenemos más tiempo y menos preocupaciones y podemos estar más pendientes de lo que hacemos. Esto va a causar crisis en la pareja, porque tendremos más tiempo para relacionarnos con él/ella y tal vez nos demos cuenta de que no sabemos cómo hacerlo.

En esta etapa, «y a estas alturas», se puede reactivar el amor por la pareja y es un buen momento para viajar y disfrutar lo que no se ha podido o no se ha sabido hacer antes. Hay muchas personas que están esperando a que llegue la jubilación para hacer todo lo que no han podido hacer con anterioridad, y cuando llega lo disfrutan. Pero también hay muchas otras que cuando se encuentran con la pareja frente a frente, con mucho tiempo por delante, y sin tener ningún *hobby* o actividad que los una, se ven reflejados en su soledad mutua, y entonces surgen todos los desencuentros, los rencores, los resentimientos que se han ido almacenando a lo largo de los años porque nunca se encontraba el momento idóneo para comunicarse abiertamente y resolver sus diferencias.

Nuestras relaciones con nuestros hijos, si los hubiera, también van a cambiar porque como tenemos más tiempo, tal vez queramos participar más en sus vidas. Puede que queramos influir en ellas y, como están más a mano, o porque como son hijos, no les queda más remedio que aguantarnos. Digo aguantarnos porque si a estas alturas todavía no nos conocemos y amamos a nosotros mismos, es seguro que estaremos en la queja. Quejándonos continuamente o de lo que nos pasa, o de cómo nos sentimos, o de lo que queremos y no conseguimos, o de que no nos prestan la atención que necesitamos. No seremos buena compañía, más bien todo lo contrario.

Este es un momento de crisis importante porque nos vuelve a conectar con la vulnerabilidad y el sentimiento de inutilidad, pues la jubilación nos hace vernos viejos e inservibles. Con mucho tiempo por delante, tendremos ocasiones para volver a repetir antiguos patrones y pasar por todos los ciclos de nuestra niñez. Volvemos a nuestra más tierna infancia, pero con muchos más años; queramos o no, la vida nos ha vuelto a colocar al principio para que, de una vez por todas, nos enteremos de que tenemos que hacer el trabajo de nuestro niño interior, sí o sí. Puede que nos sigamos queriendo resistir, y hagamos todo lo posible para no darnos cuenta, pero la vida es muy sabia y si hemos tenido hijos es probable que tengamos nietos, así que: ¿quién nos va a hacer de espejo? Los nietos, si los tenemos, y si no también nos los podemos buscar. Podemos cuidar los niños de alguien aunque solo sea para observarlos, ver cómo están llenos de vida, de alegría, de ilusión, de curiosidad, de espontaneidad, de ganas de vivir. Sí, observando a los niños podemos conectar con nuestro niño interior y sentir esa mezcla de emociones agridulces: el dolor que todavía tenemos que liberar para poder sanarnos y los sentimientos que están directamente asociados al corazón, como el amor, la compasión, la comprensión o la consideración, que nos conectan de nuevo con nuestro auténtico ser.

Para ello tenemos que hacer balance. Mirando nuestra vida con perspectiva tal vez seamos capaces de ver que cada problema, cada crisis, fue un momento de oportunidad para cambiar y crecer. Si nos vamos fijando en cada crisis y en cómo la resolvimos, podremos encontrar patrones que se repiten una y otra vez. Puede que parezca que son completamente diferentes, pero en realidad lo que pasa es que funcionamos como los péndulos. En una crisis estamos en un extremo del péndulo y cuando tenemos otra parecida lo intentamos en el otro lado, que en realidad es la misma energía pero en polos opuestos. Esto ocurre con las parejas con las que nos relacionamos: una puede ser muy extrovertida, simpática, que necesita ser el centro, y la siguiente normalmente será más introvertida, menos simpática, y nos dedique toda su atención.

También nos daremos cuenta de que solo hemos cambiado nuestros patrones o formas de hacer las cosas a raíz de las crisis que hemos tenido en nuestra vida, sobre todo cuanto más intensas eran. Así pues, con perspectiva nos daremos cuenta de que las crisis fueron oportunidades para que pudiéramos desarrollar nuevos recursos y nuevas formas de afrontar la vida. Nos daremos cuenta de que hemos tenido pérdidas afectivas, que en su momento pensamos que nunca íbamos a superar, y que al final sí superamos. Superamos nuestras crisis cuando quisimos superarlas: ni un minuto antes, ni un minuto después.

En estas reflexiones veremos que a lo largo de la vida van cambiando nuestros valores; empezamos valorando tener una pareja con quien compartir, con quien sentirnos importantes, con quien vernos queridos. Luego, o simultáneamente, ponemos nuestra atención en adquirir cosas materiales que nos hagan sentirnos importantes y valiosos. Más tarde, si tenemos hijos, queremos que ellos sean nuestro reflejo, que sean únicos, especiales, todo lo que nosotros no pudimos ser, para sentirnos especiales. Hacemos todo lo posible para sentirnos competentes en lo que hacemos y cómo lo hacemos, pero nos damos cuenta de que no podemos hacer las cosas solos, que necesitamos el apoyo de nuestros amigos y familia. Cuando llegamos a la crisis de la mediana edad nos cuestionamos definitivamente todos nuestros valores; muchas veces ponemos nuestras vidas al revés, cambiamos de carrera, de trabajo, de pareja, de cabeza. Puede que incluso perdamos la cabeza, pero finalmente ojalá podamos reflexionar sobre todo lo anterior y le demos un nuevo giro a la última parte de nuestra existencia. Este es el momento de saborear, disfrutar, explorar una nueva forma de ver la vida, una nueva forma de pensar, una nueva forma de ser nosotros mismos, una nueva forma de entender la vida.

Porque si nos damos cuenta, la vida nos ha vuelto a colocar al principio de nuestra etapa evolutiva, solo que con muchos años más. Nos pide que volvamos a reflexionar sobre las etapas y las cualidades que se supone tendríamos que haber adquirido a lo largo de las etapas del desarrollo, para que podamos integrar sus enseñanzas. Nos hace reflexionar sobre si nos hemos encontrado con nosotros mismos, con nuestro auténtico ser, con nuestro ser interior, con nuestra sabiduría interna.

Si ahora estás en la etapa de *adolescencia*, enhorabuena, espero que te lleguen las reflexiones que hago aquí y que puedas ser consciente antes de que lo hemos sido los demás, y que así puedas cambiar las creencias de que «la vida es sufrimiento», «un valle de lágrimas», «un purgatorio», por «nunca es tarde para tener una infancia feliz», y te pongas en marcha para hacer de tu adultez y madurez un paseo maravilloso, en el que disfrutes de lo que vas descubriendo y de cómo vas aprendiendo cosas nuevas, de cómo vas cambiando y mejorando cada vez.

Si estás leyendo el libro en la etapa de *intimidad frente a independencia*, fantástico, puedes volver a decidir qué quieres para ti, según las experiencias que has tenido, y tal vez elijas aprender a llevarte estupendamente bien en pareja, descubriendo a través de libros, en cursos y en terapias cómo mejorar las relaciones con los demás; quizá así consigas tener una relación en que te sientas amado, aceptado, apreciado y estimulantemente acompañado el resto del camino que te queda.

Si estás leyendo el libro en la etapa de *entrega frente autoabsorción*, todavía estás a tiempo de cambiar tu vida, aprendiendo a reflexionar y cambiar la forma en que vives esta nueva fase para hacerla una de las más maravillosas de tu vida. Con conocimientos, sentimientos, una actitud positiva y mucho optimismo y resiliencia, la prueba de que has llegado hasta aquí es que tienes mucho que ofrecerte a ti y a los demás. Todavía puedes dar mucha guerra antes de llegar a la última etapa de contemplación de la vida, de fin de ciclo, de vuelta a casa, con una sabiduría y una tranquilidad que nos hace sentir como los recién nacidos en paz y armonía.

Esta etapa trata de integrar todas las piezas. Si hemos hecho bien el trabajo anterior, es una etapa de sabiduría. Nos vamos a enfrentar a la muerte, que es parte de la vida. Es un momento de revisitar nuestras creencias sobre la vida y sobre la existencia después de la muerte. Podemos disfrutar de cada día al máximo. Tenemos tiempo de descansar y desarrollar nuevos intereses, o no hacer nada y vegetar. Si no nos lo hemos preguntado en la etapa anterior, puede ser el momento de preguntarse: ¿de qué se trata la vida? ¿Cuál era mi misión aquí? ¿Qué he conseguido? Hacemos inventario, miramos atrás y vemos si hay asuntos pendientes.

La necesidad relacional es sentirme aceptado y apoyado. Esta etapa tiene que ver con que nos hacemos mayores y necesitamos saber que nos podemos sentir seguros porque nuestra vulnerabilidad va a ser respetada y nos van a apoyar cuando nos vayamos volviendo dependientes.

Diálogo interno y autosabotaje: en esta etapa se produce una dicotomía entre las personas que han llegado hasta aquí habiendo hecho trabajo personal, con lo cual se conocerán más a sí mismas y tendrán un diálogo interno más compresivo y amable, y las que todavía no se han hecho cargo de su responsabilidad en su malestar. Las que sienten malestar es por la suma de las dificultades que han tenido a lo largo de las etapas y no han mirado las cosas de frente sino que las han eludido, y por ello sufren molestias. Lo más probable es que estén somatizando, que es una manera de que el cuerpo se queje para que le ayuden a liberar ese malestar.

Claves de que hay fallos en esta etapa:

- Evitar poner tus asuntos en orden.
- Vivir la vida de forma rutinaria y aburrida.

- Mantener las posturas de forma rígida e inflexible.
- No querer entenderse a uno mismo.
- Incapacidad para hacer las transiciones necesarias, en los roles, funciones.
- Mirar la vida pasada con resentimiento y no hacer nada para cambiarlo.
- Evitar ser consciente del proceso de envejecimiento.

Acciones reparativas:

- Prepararse para la muerte.
- Explorar las conexiones con el resto del mundo.
- Reconsiderar los juicios que crean barreras con otras personas.
- Continuar creciendo y aprendiendo.
- Experimentar cada momento con todos los sentidos.
- Adaptarse a la pérdida de facultades físicas o mentales.
- Integrar las experiencias de vida: las creencias y valores.
- Darnos cuenta de qué cualidades y recursos hemos desarrollado.
- Estar dispuestos a compartir la sabiduría.

Afirmaciones para la integración:

- Puedes seguir aprendiendo y creciendo en tranquilidad, paz, armonía.
- Puedes desarrollar tu espiritualidad.
- Puedes reconciliarte con las personas importantes de tu vida.
- Puedes perdonarte a ti y a aquellos que tú crees que te hicieron daño.
- Puedes celebrar los regalos que te hicieron y los que tú hiciste.
- Te mereces el apoyo que recibes.

- Puedes compartir tu sabiduría.
- Eres digno de amor como eres.

Ejercicio de narración: este es un momento importante para hacerte una pregunta crucial, que si la contestas con tu mente, corazón, cuerpo y con tu ser espiritual acompañándote, te va a dejar impactado. Abre un espacio en tu apretada agenda, busca un lugar tranquilo donde puedas pasar un tiempo contigo a solas, decóralo, ponte cómodo, pon música, incienso, velitas, flores, o aquellas cosas que te ayuden a colocarte en un estado de ánimo que te permita ser auténtico contigo mismo. El planteamiento es: si alguien de quien te puedes fiar absolutamente afirmara con rotundidad que te quedan solo tres días de vida para poner tus asuntos en orden, te vendría a la conciencia qué tienes pendiente y qué quieres dejar resuelto y en paz.

Reflexiones:

- ¿De qué se ha tratado mi vida?
- ¿Cuál era mi misión, la he cumplido?
- Me he reconciliado con mis seres queridos.
- Me siento satisfecho o me lamento de algo: ¿te has cuestionado si lo puedes intentar arreglar?
- Me he perdonado por mis errores y he perdonado a los demás.
- ¿Cuáles crees que han sido tus aportaciones a ti mismo, a los otros y al mundo?

Comprobación de que has desarrollado las destrezas de esta etapa: lo que indica que has llegado al final de tus días habiendo cumplido contigo y con los demás es que te encuentres en paz contigo mismo y, por ello, con los que te rodeen. Es la vuelta a la primera etapa, al disfrutar de ser, de estar en paz, tranquilo, en armonía, gozando de que estás vivo.

PARTE III

22

VOLVER A EMPEZAR

«El camino misterioso va hacia el interior.
Es en nosotros, y no en otra parte, donde se halla
la eternidad de los mundos, el pasado y el futuro».

NOVALIS

Si queremos sentirnos bien con nosotros mismos, considerarnos felices, estar en paz y armonía y tener una vida plena, tenemos que sanarnos. Sanarnos significa re-memorar nuestro pasado y dejar salir el dolor que nos sigue afectando en el presente. Todos hemos tenido diferentes experiencias traumáticas de mayor o menor intensidad. Todos nos hemos sentido contrariados muchas veces, hemos tenido carencias afectivas importantes y hemos tenido que aguantar situaciones que nos desagradaban. Lo que nos sigue afectando en el presente es la energía de la emoción que sigue activa, y la interpretación que le hemos dado a la experiencia, nuestras creencias. Toda experiencia traumática que hayamos vivido en el pasado, que cuando la recordamos todavía nos afecte emocionalmente y nos cree cierto malestar, sigue estando activa, y esto quiere decir que se puede reactivar en cualquier momento (siempre que se den estímulos emocionales competentes) y obligarnos a revivir la experiencia, en presente, como sucedió en su momento.

Un trauma, como ya he definido antes, es el resultado de un dolor físico o emocional, en el que nos sentimos vulnerables e incapaces para asimilarlo solos porque nos vemos indefensos y sin recursos, y no hay una persona que nos pueda acompañar y ayudar a liberar la emoción y procesarlo mentalmente, con lo cual no hay una relación reparadora; por ello no se procesa y sigue estando presente, aunque pueda estar inconsciente. Como ya hemos dicho, el trauma es una experiencia *con carga emocional* en la que nos hemos *sentido indefensos:* percibíamos que *peligraba nuestra estabilidad física o emocional,* que puede que hayamos *retirado de nuestra conciencia pero sigue estando presente* y para el que *necesitamos una relación reparadora.*

Toda experiencia traumática implica una división interior porque, al bloquear la experiencia y la carga emocional asociada a dicha experiencia, la separamos del resto de nosotros para que no acceda a nuestra conciencia y por ello es como si estuviera separada. El trabajo del trauma implica por ello una reconexión de las partes que se separaron, y una manera de hacer esa reconexión puede ser el diálogo con nuestro niño interior. Entendiendo que este es nuestro niño interior herido, que es una manera de delimitar y objetivar el trauma. Este diálogo, no obstante, tiene que tener en cuenta una serie de condiciones que permitan que el niño interior herido esté dispuesto a dialogar con nosotros.

Por ello, para trabajar el trauma, tenemos que crear las condiciones que no se dieron en la experiencia original, por la cual aquel no se resolvió:

- *Lo primero* es crear una condición de *protección y seguridad* para que si nos sentimos vulnerables e indefensos al recordar o revivir la experiencia original, ahora dispongamos del apoyo y contención necesarios para asimilar la experiencia con nuestras tres inteligencias: mental, emocional y corporal.

  Cuando nos protegemos podemos empezar el camino y abrir la puerta de nuestras experiencias pasadas. Para sentirnos protegidos debemos tener en cuenta tres puntos importantes:

1. Tenemos que tener la protección que hubiera requerido nuestro niño a la edad en que necesitaba protección, y eso se resume en un adulto que proporciona AMOR, CUIDADO Y PROTECCIÓN. Este adulto puedes ser tú si estás dispuesto a AMARTE A TI MISMO, si no necesitas un psicoterapeuta experimentado, o una persona de la que nos fiamos plenamente (un gran amigo que conozca nuestra historia) o un grupo de trabajo del niño interior. El niño interior herido tiene que poder expresar su dolor sintiéndose entendido, protegido y apoyado por un adulto que esté dispuesto a acompañarle para hacer el trabajo.

2. Debemos alcanzar un acuerdo sobre cómo vamos a dar y recibir protección; para ello tendremos que reflexionar sobre lo siguiente: «Para poder conectar con mi niño interior, este necesita protección para: no ser herido físicamente, no ser herido emocionalmente, no ser criticado, no ser culpado, no ser avergonzado, no ser humillado, no tener que hacerse cargo de los demás, no tener miedo de ser rechazado, abandonado, y para eso necesitas que tú u otra persona te proporcione...».

3. Necesitamos contar con ese apoyo y tener la certeza de que va a estar ahí y no va a fallar. Precisamos sentir que vamos a prestar atención a nuestro niño interior y respetaremos sus necesidades, y para ello hay que acordar unos límites de tiempo, una asiduidad y una duración, y cumplirlos.

• *Lo segundo* es contar con los recursos necesarios, que no tuvimos entonces, para poder tratar la experiencia original, aquí y ahora. Vamos a necesitar recursos que nos ayuden a *procesar los pensamientos y creencias* que se originaron a raíz de la experiencia original. Vamos a precisar recursos que nos ayuden a *liberar las emociones y sensaciones* que se quedaron bloqueadas en nuestro cuerpo y que nos crean malestar, manifestaciones psicosomáticas o compulsiones y adicciones que no logramos manejar. Y finalmente recursos que nos enseñen a *terminar las acciones que no se concluyeron* en el momento del trauma.

En lo que hemos visto en la primera parte del libro creo que se habrán sentado las bases para entender desde un punto de vista más mental, más reflexivo, los acontecimientos que nos puedan haber creado situaciones traumáticas, de las que posiblemente no fuéramos conscientes. Al reflexionar sobre cómo viviste tú las diferentes etapas del desarrollo, espero que te hayas dado cuenta de muchas cosas. Tal vez te hayan revuelto un poquito, porque mientras no eres consciente, aparentemente no te afectan; por lo menos tú así lo crees. Si te has hecho preguntas y cuestionado cosas, habrás descubierto motivos que te ayuden a tener esperanza e ilusión para ponerte en marcha y seguir viajando rumbo a tu felicidad y armonía.

Con respecto a liberar las emociones y sensaciones que se quedaron bloqueadas, hay diferentes maneras de trabajarlo. Desde mi punto de vista existen herramientas terapéuticas muy potentes que deben ser utilizadas por psicoterapeutas especializados y que pueden producir catarsis emocionales. Pero también existen técnicas y herramientas que podemos utilizar nosotros con nosotros mismos. Una de ellas es la psicología energética, de la que he hablado en mis otros libros, y la otra es el diálogo con el niño interior, que describiré en el siguiente capítulo.

Respecto de terminar las acciones que se quedaron inconclusas, nos referimos a las que te hubiese convenido hacer, si hubieras tenido la protección y recursos suficientes, que obviamente no tuviste, para resolver la situación del modo deseado. En otras palabras, qué «final feliz» hubieras querido. Podemos instaurar un final feliz, una vez que hemos cambiado las emociones y pensamientos y creencias asociadas, dándole un nuevo significado a la experiencia vivida.

- *Lo tercero* es establecer un plan de tiempos y ritmos que sea adecuado para que te permitas trabajar el trauma. Cuando hemos vivido un trauma tenemos miedo de volver a sentirnos invadidos o desbordados por nuestras emociones y por el dolor, y los mantenemos a raya. Por ello, en la terapia con personas traumatizadas hay que respetar los tiempos y el ritmo del cliente a la hora de abordar las emociones traumáticas. Tenemos que permitir que vayan poco a poco. Lo más efectivo terapéuticamente es alternar entre empezar a destapar sentimientos ocultos y volver a cubrirlos. Como tenemos miedo de desbordarnos no logramos modular y regular los sentimientos, que es lo que se ha perdido con los eventos traumáticos, y nos pone en modo de alerta. Necesitamos sentirnos seguros en nuestra habilidad para bloquear nuestras emociones y que no nos van a quitar esta capacidad y que se van a respetar nuestros tiempos y nuestros ritmos. Necesitamos estar seguros de que podemos experimentar nuestros sentimientos y distanciarnos de ellos y recluirlos cuando necesitemos sin tenernos que sentir desbordados por ellos.

Quiero establecer una precaución especial para las personas que han sido maltratadas y abusadas física y emocionalmente. Creo firmemente que estas personas deberían trabajar con un psicoterapeuta especializado porque indudablemente va a haber mucha emoción contenida de distintos tipos, pero sobre todo mucho miedo, vergüenza y culpa, que creo que necesitan de un apoyo especial. Para trabajar traumas que tengan más enfado y tristeza lo podemos hacer con una persona de nuestra confianza que nos sirva de relación reparadora.

No obstante, para querer embarcarse en la aventura de trabajar el trauma, queremos saber qué es lo que eso significa y qué pasos conlleva. Una forma de trabajar nuestro niño interior consiste en utilizar la terminología de una psicoterapia llamada análisis transaccional, que es una forma fácil y sencilla de tratar la personalidad, aunque se puede profundizar mucho más de lo que hagamos aquí. La teoría de la personalidad del análisis transaccional dice que dentro de cada uno de nosotros hay como tres partes: el Padre, el Adulto y el Niño, que son tres aspectos de uno mismo que componen la estructura de nuestra personalidad. A lo largo del libro ya hemos venido mencionando al niño interior, al padre/madre y al adulto que llevamos dentro.

Estos tres estados del yo o del ego funcionan como si fueran entidades diferentes dentro de cada uno de nosotros. Es una manera de objetivizar y delimitar diferentes partes de nosotros mismos. Por ejemplo, el *Padre* (la parte nuestra que dicta las reglas, que juzga, moraliza y dice: «Tienes que hacer esto o hacer esto otro»), nuestro *Adulto* (que es como nuestra parte más racional, más lógica, que obtiene la información y la procesa buscando soluciones a los problemas) y nuestra parte *Niño* (que siente, necesita, desea, sueña y se muestra más expresivo).

Cada una de estas partes tiene una voz que escuchamos en nuestro interior y que nos mueve en distintas direcciones, sobre todo si no están de acuerdo. Por ejemplo, el Padre puede decir: «No deberías salir hoy»; el Adulto puede decir: «He cumplido con mis responsabilidades y voy a hacerlo», y el Niño puede decir:

«Estupendo, vamos a divertirnos y disfrutar». Si estas voces o partes no se ponen de acuerdo, YO, mi sentido de mí mismo, va a tener un conflicto interno. Así que lo primero es aprender a escuchar estas voces o diálogos internos de los que hemos hablado en las etapas del desarrollo. Ahora bien, yo puedo tener diferentes voces adultas y distintas voces de niños y esto va a depender muy mucho de las personas significativas que hayan estado presentes en mi vida.

Estas personas son modelos que yo he imitado consciente o inconscientemente y que son los patrones sobre los que he ido construyendo mi identidad o mi sentido de mí mismo. Cada vez que yo imitaba un patrón y lo probaba, veía cómo me sentía, y lo más probable es que, si me sentía bien, lo repitiera más veces hasta que lo integraba como propio. Si me sentía mal, lo hacía menos o dejaba de hacerlo. Por lo tanto, puedo tener más de los dos modelos de mis padres, que pueden estar o no estar de acuerdo entre ellos. Puedo haber imitado a los abuelitos, a la niñera, incluso a hermanos y hermanas, a los vecinos, a los profesores, a cualquier persona que haya entrado en contacto conmigo y haya sido significativa para mí.

Así que puedo tener toda una familia interna, y de ahí que hoy en día haya nuevas formas de terapia que se llaman terapias de sistemas familiares internos. Para que YO me sienta coherente y bien tengo que conseguir que esta familia interna se lleve bien y se comprenda, porque si no yo tendré muchas emociones y sensaciones encontradas, y eso me causará mucho malestar. Muchas de las dificultades que tenemos en la vida surgen de conflictos y desequilibrios de poder en las relaciones, diferencias en los valores y deseos de esta familia interna. Cuando uno de los niños internos es el que está al mando podemos prever problemas. Tenemos que conseguir que sea un Adulto Amoroso el que esté al mando para que sea capaz de ayudarnos a aprender a reconciliar todas nuestras partes, para sentirnos bien con nosotros mismos.

Algunos de mis clientes, cuando les explico que vamos a trabajar con los diferentes integrantes de su familia interna, inicialmente se asustan y me preguntan si es que yo creo que tienen personalidad múltiple. Somos y siempre seremos solo una persona y tendremos una «conciencia de ser» que nos da esa sensación de unidad. No estamos divididos y fragmentados en diferentes entidades; somos seres únicos. Sin embargo, nuestra personalidad puede tener diferentes facetas, atributos, funciones o partes. De la misma manera que podemos tener diferentes pensamientos, emociones y sensaciones sentidas en el cuerpo, distintos impulsos e instintos. Aunque las emociones, como los pensamientos se originan en el cerebro, las experimentamos en el cuerpo físicamente, muchas veces en el estómago, en el pecho, e incluso como constricciones en la espalda, cuello y hombros, y por eso decimos que son sensaciones corporales.

A veces existen conflictos entre lo que pensamos, sentimos y nos piden las sensaciones corporales. Estos conflictos internos suceden todo el tiempo, mientras no nos demos cuenta de que nos están pidiendo que los atendamos y hagamos algo. Si pasamos a la acción sin resolver este conflicto, esto nos crea malestar y no nos sentimos a gusto. Lo que está desconectado se puede conectar; para ello tenemos que tener en cuenta los siguientes pasos: 1. El primer paso para reunificarse internamente es darnos cuenta del malestar o conflicto. 2. El segundo paso es darnos cuenta de que tenemos la posibilidad de elegir: o bien negando los sentimientos, o bien escuchándolos. 3. El tercer paso es darnos cuenta de que cada elección tiene una consecuencia.

El proceso de reconexión interno consiste en establecer un diálogo entre las partes para lograr que estas se pongan de acuerdo con un fin común. Así, abstracto, suena difícil, pero si lo ejemplificamos teniendo en cuenta que el proceso de la reconexión es muy parecido a cuando intentamos establecer una relación nueva con alguien externo, nos resultará más fácil.

Por ello, podemos imaginar que queremos conectar con un niño externo desvalido y vulnerable que vemos que lo está pasando mal, y nos nace desde el corazón el ayudarle. Si nos comportamos como un adulto amoroso (que es lo primero que nos tenemos que asegurar):

1. Lo primero que haremos es *escuchar atentamente*. Para ver si hay algo que podamos hacer.
2. Preguntaremos al niño qué necesita, o *indagaremos*, que es una manera de establecer una conexión, y si se hace desde el cariño y cuidado se empieza a:
3. *Establecer un diálogo, que es la base de una relación.* El que el niño sienta que el adulto se preocupa hace que empiece a sentir que importa. Según el adulto sigue indagando:
4. El niño, *si se siente seguro*, y por ello me refiero a aceptado y apoyado, *se irá abriendo*.
5. Un adulto amoroso no dejaría a un niño solo e indefenso en la calle. *Le ofrece protección y cuidado;* esto le indica al niño que es merecedor de ese cuidado.
6. Le ofrece AMOR con mayúsculas y sana sus necesidades relacionales.

Los pasos que da un adulto cuando ayuda a un niño externo son básicamente los procesos que tienen que seguir para sanar al niño interior.

En realidad debe mostrar las cualidades del AMOR que vengo repitiendo a lo largo del libro: atención, aprecio, afecto, autenticidad, aceptación, apego, amistad, ánimo y admiración. Para ello he diseñado una tabla con las necesidades relacionales correspondientes, que aparece al final de este capítulo.

Para mostrar las cualidades descritas tenemos que saber escuchar atentamente, desde la aceptación incondicional, y con empatía y congruencia, que son las bases de la escucha activa o *counselling*. Es aprender a escuchar sus sentimientos, emociones, necesidades, deseos y respetar que cada persona tiene derecho a sentir, pensar y hacer lo que crea conveniente; es decir, una escucha atenta, presente y empática.

Ahora bien, somos seres en relación y nuestra libertad acaba donde empieza la del otro, con lo cual no podemos hacer todo lo que nos apetece. Si nos vamos a relacionar con el otro, tendremos que aprender a entender su punto de vista y esperar que él entienda el nuestro para conseguir consensuar, o ponernos de acuerdo, lo que sea mejor para los dos. Esto significa que podemos tener partes en desacuerdo y debemos aprender a mediar, a conseguir que estas partes se entiendan entre sí.

Los seres humanos somos seres relacionales y nos gusta estar con los demás, siempre que las relaciones sean gratificantes. Sin embargo, muchas veces, sobre todo mientras dependemos de otros para nuestra supervivencia, tenemos que adaptarnos y reprimir muchos de nuestros deseos para poder convivir con los demás. Esta división la hemos visto con la emoción de vergüenza y culpa. Cuando nos vemos forzados a comportarnos de diferente manera a como nos apetece, una parte nuestra se separa de la otra parte, de la que se va a acomodar a los demás. Esto hace que no nos sintamos unidos: *nos sentimos divididos* y empezamos a dejar nuestros auténticos deseos, nuestro auténtico ser a un lado. En el proceso de dividirnos empezamos a construirnos una coraza o máscara que sea aceptable para los demás, para así poder mantener la relación; esto es nuestra personalidad.

Tal vez al llegar aquí hayas entendido el porqué de las diferentes partes del libro. Hayas podido comprender lo importante de entender nuestros apegos, emociones, sentimientos, pensamientos, creencias, guiones de vida y comportamientos resultantes para formar una personalidad, que fue nuestra mejor opción para afrontar nuestras circunstancias.

Cuando nos adaptamos siendo conscientes de que esto es una elección personal somos responsables de las consecuencias. Sin embargo, de niños, como hemos venido repitiendo a lo largo del libro, no tenemos mucha elección, solo tenemos tres posibilidades y las tres nos alejan de nuestro auténtico ser:

1. Nos adaptamos.
2. Nos rebelamos.
3. Buscamos una alternativa para manejar la situación y evitar hacer ninguna de las dos.

Estos deseos o necesidades no atendidas nos hacen sentir carentes, como que nos falta algo o alguien que nos dé lo que necesitamos. Normalmente, de niños, lo que necesitamos es sentirnos amados, cuidados y protegidos; las tres facetas son importantes y necesarias, aunque la mayoría nos tenemos que conformar con solo alguna, y los más desfavorecidos reciben un trato negligente en que no se sienten ni amados ni cuidados, ni protegidos; estos serán los que sufran más y tengan más dificultades para convertirse en adultos sanos, pero siempre podrán recuperarse si encuentran los medios para hacerlo.

Podemos estar esperanzados y reprogramar nuestros estados del ego Niño creando un Adulto Amoroso o un Padre Ideal, para darle a nuestro niño interior herido lo que le hizo falta para crecer como un adulto integrado y coherente. Esto lo hacemos mediante un proceso que se llama el diálogo con el niño interior, si es Adulto-Niño; es decir, si nos creamos un Adulto Amoroso que ayude a nuestro niño interior a asimilar todas las dificultades que tuvo en el pasado para que no sean una condena de por vida. O podemos hacer otro proceso que se llama «reparentarnos»; es decir, crearnos el Padre y la Madre Ideal que le van a dar a nuestro niño lo que no tuvo. El reparentamiento consiste en construirse un padre/madre ideal con las cualidades que hubiéramos necesitado haber tenido, así como hacer que ese Padre/Madre vuelva a amar, cuidar y proteger a nuestro niño interior herido.

Podemos pues elegir crearnos un Adulto Amoroso o un padre/madre ideal: esto depende de qué nos parece mejor a nosotros. Yo preferí elegir un Adulto Amoroso, pero hay personas que prefieren imaginar a un padre/madre ideal. Normalmente reestructurando la parte del Padre de nuestra personalidad nos sentimos liberados. Es aprender a ser libres de esas opiniones, críticas y juicios que nos hicieron, y que de alguna manera nos seguimos haciendo con esa voz interior que nos critica, juzga y reprende. Esta voz crítica interior no tiene en cuenta nuestra sensibilidad, individualidad y necesidades, y por eso nuestro niño interior auténtico o divino se escondió muy en el fondo de nuestro ser. Mientras tanto, nuestro niño herido aguantó como pudo «la educación» de nuestros padres, creando una coraza o personalidad, que fue su mejor estrategia defensiva para manejar la situación que nos tocó.

Dicho así, muchas personas no se lo tomarán en serio. Dirán: «Pero de qué tontería me está hablando». No es ninguna tontería; recientes investigaciones demuestran que se producen las mismas conexiones neuronales si imaginamos que hacemos algo que si lo hacemos de verdad. Todos nosotros, antes de poder crear algo, lo tenemos que imaginar; si no lo podemos imaginar, no lo podemos crear. Estamos, pues, de enhorabuena porque con los avances de la neurociencia sabemos que el cerebro, con los ojos cerrados, y en un estado meditativo, no distingue la realidad de la ficción, y por ello podemos darle un final feliz a esas situaciones que nos tienen bloqueados y que nos impiden crecer y desarrollar al máximo de nuestro potencial.

Hoy en día se aprende a visualizar, cuando lo hemos hecho toda la vida de forma natural. Nos explican que antes de llevar a cabo un comportamiento nos lo imaginamos en nuestra cabeza, que las ideas que nos imaginamos son anteriores a la acción y que si podemos soñar lograremos crear. Lo bueno es que no hemos perdido la capacidad de imaginar y, gracias a nuestra imaginación, nos hemos mantenido vivos. Imaginando un mundo mejor hemos tenido la fuerza para no caer en la desesperación. Nos hemos imaginado padres mejores, o un hada madrina que nos salva, o un amigo inexistente que nos acompaña, o un héroe que nos libera de toda esta sensación pesada, cargada de tristeza y llena de queja.

Conclusión

Sanarnos a nosotros mismos supone volver a empezar desde el principio: revisitar las etapas del desarrollo y entender cómo hemos llegado hasta aquí, cómo hemos ido construyendo nuestra personalidad a partir de nuestros apegos, emociones, sentimientos, deseos, motivaciones y comportamientos. Aceptarnos y apreciar el esfuerzo que hemos hecho y, a partir de ahí, hacer lo necesario para sanar aquello que nos sigue afectando negativamente en el presente.

RESUMEN DE LAS ETAPAS DEL DESARROLLO Y CUALIDADES A DESARROLLAR

ETAPA: EDAD – APTITUD – CUALIDADES	CUALIDADES A DESARROLLAR
ETAPA 1: de 0 a 6 meses **La capacidad de ser** **Confianza _vs._ desconfianza**	• Confianza en que van a satisfacer nuestras necesidades. • Confianza en los otros y en el mundo. • Disfrutar de ser, estar vivo, tener vitalidad, estar en armonía y en paz. • Confiar en un poder superior.
ETAPA 2: de 6 a 18 meses **La capacidad de hacer** **Voluntad _vs._ vergüenza**	• Desarrollar nuestros sentidos. • Confiar en los movimientos de nuestro cuerpo. • Sentirnos seguros para explorar. • Desarrollar la curiosidad. • Desarrollar las ganas de aprender. • Desarrollar la iniciativa y la voluntad de llevar cosas a cabo y terminarlas. • Capacidad de retener y soltar. • Dar y recibir.
ETAPA 3: de 18 meses a 3 años **La capacidad de pensar** **Iniciativa _vs._ culpa**	• Aprender a separarnos. • Aprender a decir no, a establecer nuestros propios límites. • Aprender a pensar por nosotros mismos y tener opinión. • Aprender a expresar y regular emociones. • Conformarse _vs._ rebelarse. • Aprender a saber lo que es mío y lo que no lo es. • Aprender a protestar.

RESUMEN DE LAS ETAPAS DEL DESARROLLO Y CUALIDADES A DESARROLLAR

ETAPA: EDAD – APTITUD – CUALIDADES	CUALIDADES A DESARROLLAR
ETAPA 4: de 3 a 6 años **La capacidad de tener identidad y poder** **Identidad *vs*. confusión de roles**	• Afirmar nuestra identidad separada de los demás. • Aprender los límites del poder personal. • Aprender que los comportamientos tienen consecuencias. • Descubrir el efecto en los otros y el lugar que ocupamos en los grupos. • Practicar comportamientos socialmente aceptados. • Aprender a ejercer el poder para afectar las relaciones. • Aprender a estar en grupo y encontrar nuestro lugar y rol en las situaciones sociales. • Identidad de género: femenino/masculino. • Descubrir nuestro cuerpo, sensualidad, sexualidad. • Desarrollar la fantasía e ilusión, imaginación y creatividad.
ETAPA 5: de 6 a 12 años **La capacidad de desarrollar estructura** **Capacidad *vs*. incapacidad**	• Desarrollar nuestras capacidades. • Experimentar diferentes maneras de hacer las cosas. • Aprender a dialogar, estar en desacuerdo sin miedo a perder la relación. • Aprender a manejar los errores. • Aprendemos a ser habilidosos y mañosos. • Descubrimos las estructuras externas, así como instalamos nuestra propia estructura interna. • Aprender la relevancia/significación de las reglas. • Examinar los valores en los que se basan las normas y reglas. • Experimentar las consecuencias de romper las reglas. • Practicar, pensar y hacer. • Hacer preguntas de por qué y cómo. • Razonar acerca de los deseos y necesidades. • Aprender cuál es la propia responsabilidad y la responsabilidad de otros.

→

RESUMEN DE LAS ETAPAS DEL DESARROLLO Y CUALIDADES A DESARROLLAR

ETAPA: EDAD - APTITUD - CUALIDADES	CUALIDADES A DESARROLLAR
ETAPA 6: de 12 a 18 años **La capacidad de separarse** **Identidad** *vs.* **crisis de identidad (confusión de roles)**	• Aprender a manejar la frustración ante los cambios. • Conseguir la separación emocional de la familia. • Surgir como un individuo con identidad propia y con valores propios. • Ser competente y responsable de las necesidades, sentimientos y comportamientos propios. • Revisitar y cuestionar las tareas de las etapas anteriores, ser, hacer, pensar, identidad, poder y estructura. • Aprender a manejar la sexualidad emergente. • Encontrar nuestro lugar con las personas de nuestro mismo sexo y con el sexo opuesto. • Aprender a romper las reglas para separarnos de nuestros padres. • Aprender cuándo marcharnos, adaptarnos o mantenernos dentro de la estructura familiar. • Desarrollar la capacidad de cooperar. • Comprobar nuestras habilidades frente a las de los demás.
ETAPA 7: de 18 a 40 años **La capacidad de interdependencia** **Intimidad** *vs.* **independencia**	• Viaje de la independencia a la interdependencia. • Reciclaje de las etapas anteriores. • Desarrollar destrezas en el trabajo y en las actividades lúdicas y recreativas. • Etapa para buscar mentores y hacer de mentor. • Crecer en el amor y en la inteligencia emocional. • Ofrecer y aceptar intimidad. • Desarrollar la creatividad y honrar ser único. • Aceptar la responsabilidad de uno mismo y aprender a relacionarse con los demás. • Encontrar apoyo para el propio crecimiento y apoyar el crecimiento de los otros. • Encontrar el equilibrio entre dependencia, independencia e interdependencia.

RESUMEN DE LAS ETAPAS DEL DESARROLLO Y CUALIDADES A DESARROLLAR

ETAPA: EDAD - APTITUD - CUALIDADES	CUALIDADES A DESARROLLAR
ETAPA 8: de 40 a 65 años **La capacidad de entrega** Entrega *vs.* autoabsorción	• **CRISIS EXISTENCIAL.** • Revisar las etapas anteriores. • Desarrollar los compromisos más allá de uno mismo, la familia, comunidad, el mundo. • Aprender a manejar la enfermedad y muerte.
ETAPA 9: desde los 65 años (integración) **Desarrollo de la integridad y la espiritualidad** Integridad *vs.* desesperación	• Encontrar el significado a los diferentes sucesos de nuestra vida. • Aprendemos a entender todo lo que nos sucede. • Empezamos a ver la vida con perspectiva. • Aprender a superarnos, adquirir recursos y desarrollarnos como personas. • Permite integrar los diferentes aprendizajes. • Desarrollar el arte de acoger, soltar y llorar. **Si somos capaces de conocernos, aceptarnos y amarnos, conectamos con nuestra espiritualidad, lo que nos da serenidad, paz y confianza.**

Esta tabla resumen puede servirte de guía fácil para ver qué aptitudes y cualidades tienes que trabajar y desarrollar con el fin de superar los obstáculos que no te permiten sentirte bien contigo mismo. No solo en las etapas del niño interior, sino también en las de la fase adulta.

23

ABRAZA A TU NIÑO INTERIOR

«Nadie tiene dominio sobre el amor,
pero el amor domina todas las cosas».
JEAN DE LA FONTAINE

Para abrazar a nuestro niño interior tenemos que hacerlo desde una actitud de AMOR, que tal vez nos sea más fácil emplear con otros que con nosotros mismos. Esto es porque nos cuesta amar una parte nuestra que no nos gusta y, mientras esté esa parte ahí, tenemos la sensación de que «contamina» el resto.

Pero como dijimos en un capítulo anterior, si nos cuesta imaginar que amamos a nuestro niño interior, imaginemos que queremos a un niño que tiene las mismas características que nosotros y que vemos fuera de nosotros, como si estuviéramos en el cine. Una vez que podamos lograr eso, conseguiremos imaginar que lo hacemos con nuestro propio niño interior. ¡Ánimo, todos podemos empezar a amarnos!

Crear un padre/madre ideal o un adulto amoroso

Para abrazar a nuestro niño interior, tenemos que empezar creando un Adulto Amoroso o nuestra madre/padre ideal. Esto, de alguna manera, lo hemos hecho ya en las meditaciones. Tal vez primero tengamos que pensar qué atributos positivos y negativos tienen nuestros padres reales, para así poder descubrir nuestras carencias o lo que hubiéramos necesitado que no tuvimos. Esto lo habremos descubierto en los apartados «Comportamientos parentales negativos» de los capítulos dedicados a las etapas de desarrollo.

A veces lo más fácil es definir los atributos negativos de tu madre/padre real para ver lo que no tuviste o echaste en falta. Una vez que tienes los atributos negativos, puedes construir los positivos, aunque también puedes partir de los atributos positivos de tu madre/padre reales. El que describas los atributos como tú los vives no define a tus padres, describe cómo tú los has vivido, y eso es lo que importa, así que no te preocupes por sentir lo que sientes. No vamos a juzgarlos, sino a entender cómo nos han condicionado. Por ejemplo, en las tablas que vienen a continuación tenemos una madre real y una madre ideal. No tiene por qué ser una sola palabra, puede ser una frase o un párrafo, lo que necesitemos para lograr definir qué cualidades vamos a requerir.

Madre real	Madre ideal
Estricta	Tolerante
Criticona	Alentadora
Metomentodo	Respetuosa
Incongruente	Consistente
Distante	Cariñosa
Responsable	Responsable
Cuidadosa	Cuidadosa
Leal	Leal
Falsa	Genuina
Deshonesto	Honesta

Padre real	Padre ideal
Ausente	Presente
Distante	Cercano
No involucrado	Involucrado
Autoritario	Democrático
Criticón	Comprensivo
Machista	Igualitario
«Porque lo digo yo»	Tolerante
Trabajador	Trabajador
Cansado	Vital
Poderoso	Fuerte

Reflexiones

- Si tuvieras que convertirte en tu Madre/Padre Ideal, ¿qué atributos necesitarías tener? ¿Los posees?
- Si no los tienes, ¿posees algún modelo ideal de madre/padre al que le puedas copiar ciertos atributos o cualidades positivas?
- ¿Qué tendrías que hacer para apropiarte de esas cualidades?

En este proceso tal vez quieras mirar la siguiente tabla sobre el amor incondicional y buscar qué cualidades hubieras necesitado que no tuvieron tus padres contigo y qué necesidades relacionales tuyas quedaron insatisfechas.

9 CARAS DEL AMOR INCONDICIONAL

El amor incondicional cubre todas nuestras necesidades relacionales

Atención: estar plenamente presente para el otro. Encontrar tiempo y tener la disposición para relacionarme desde el corazón.

Cubre la necesidad de sentirme aceptado y apoyado por otra persona que sea estable, confiable, y así me siento seguro. De niños necesitamos unos padres que nos amen y protejan y nos orienten en la vida, y esto nos hace idealizar al otro. Al relacionarme con alguien que idealizo yo también me siento estable y seguro.

Aprecio: sentir cariño por el otro como es, respetando su singularidad y sin evaluar o juzgar sus cualidades. Es que la persona nos guste.

Cubre la necesidad de respeto, que es el reconocimiento y la consideración de que tengo un valor por mí mismo. Es el respeto por mi autonomía, intereses, necesidades y espacio.

Afecto: es mostrar y dar amor, cariño, cuidado, consideración y compasión, así como agradecimiento por que la otra persona esté en nuestra vida.

Cubre la necesidad de expresar afecto y/o amor, que expreso a través del agradecimiento, o haciendo algo para la otra persona. Todos necesitamos expresar amor y recibir expresiones de amor.

Autenticidad: significa mostrarnos como somos en vez de fingir o mostrar una imagen distinta.

Cubre la necesidad de sentirme validado e importante, que al mostrarme auténtico, como soy, me validen y me consideren valioso e importante. Es que yo sienta que importo, que ocupo un lugar y se me tiene en cuenta.

Aceptación: significa aceptar a la persona como es sin demandar que se adapte a nuestros gustos o se someta a nuestras exigencias, es el permitir que cada cual sea como es.

Cubre la necesidad de ser singular, de distinguirme como único, original, que tengo algo especial que aportar, que nuestra identidad autoescogida es reconocida. Es la necesidad de hablar de uno mismo y que nos escuchen atentamente.

9 CARAS DEL AMOR INCONDICIONAL

El amor incondicional cubre todas nuestras necesidades relacionales

Apego: significa que me siento vinculado a una persona porque nos entendemos recíprocamente.

Cubre la necesidad de confirmación de la experiencia, de tener alguien que aprecie y valore mi experiencia porque el otro sabe cómo se siente esa experiencia. Es saberse entendido por alguien similar a nosotros.

Amistad: en el sentido de compromiso de que puedo confiar en que el otro estará ahí para mí cuando lo necesite.

Cubre la necesidad de seguridad, un sentimiento de confianza de que podemos ser vulnerables pero estamos protegidos para poder expresar nuestras necesidades sin temor. Es la seguridad de que el otro se relaciona con nosotros con la mejor intención y por ello nos permitimos mostrarnos vulnerables y abiertos.

Ánimo: en el sentido de acompañar, alentar, apoyar, estar presente para ayudar al otro a levantar el ánimo.

Cubre la necesidad de que el otro tome la iniciativa, que tenga ímpetu por hacer contacto interpersonal conmigo. Es el conseguir que el otro de alguna manera reconozca y valide mi importancia en la relación.

Admiración: es sentir que la otra persona te impacta, te gusta. Su belleza exterior e interior te hace deleitarte con ella.

Cubre la necesidad de impactar, de tener una influencia que afecte al otro en alguna manera deseada. El notar que el otro recibe nuestra aportación y la aprecia y le influye.

Reparentamiento

Lo que vamos a hacer a partir de ahora es imaginar, fantasear, soñar y crear. Si ya hemos construido un padre/madre ideal o un adulto amoroso, tenemos que aprender a comunicarnos desde él con nuestro(s) niño(s) interior(es) para que primero quieran aparecer, hablar y, poco a poco, se vayan abriendo y comunicando con nosotros. Esto lo harán según se vayan sintiendo más protegidos, cuidados y amados, como hemos visto en el capítulo anterior. Cuando establezcamos este diálogo podrán crecer, desarrollarse y convertirse en esa parte adulta nuestra que nunca perdió el sentido de orientación y la esperanza de sentirse amado, cuidado y protegido.

Al establecer un diálogo con nuestro niño interior, es posible que aparezcan varios de distintas edades. Tenemos que atenderlos a todos y organizarnos para que ninguno sienta que no lo tenemos en cuenta. A lo mejor hay que establecer turnos o crear un grupo. Siempre debemos tener presente cómo nos sentiríamos nosotros si nos hicieran tal o cual cosa, antes de llevarlo a cabo. Es un maravilloso ejercicio de empatía.

A través del diálogo, que puede ser en voz alta o voz baja, vamos a enterarnos de lo que nos cuenta cada niño de sus sensaciones, sentimientos, emociones, deseos, necesidades, sueños... Vamos a hablar con él/ella como ese Niño hubiera necesitado que lo hiciera su padre/madre ideal o un adulto amoroso. Tal vez nos cueste primero que aparezca nuestro niño interior, porque esté tan triste o enfadado o desesperanzado que no se vea motivado para comunicarse con un nuevo padre/madre ideal o un adulto amoroso.

Pero si insistimos, tenemos paciencia, le demostramos el interés del padre/madre ideal o del adulto amoroso, al final lo conseguiremos. Nuestro niño interior herido sigue esperanzado de obtener lo que necesita y por eso lo sigue buscando. Normalmente lo busca en las relaciones con otras personas. Es como si nuestro cerebro se hubiera quedado en «modo pendiente» y siguiese intentando terminar el proceso inconcluso con nuestros padres probando diferentes soluciones. Tiene la esperanza de que al final lo conseguirá, pero como no sabe cómo, se siente ansioso o tiene miedo. El hecho de estar leyendo este libro es indicativo de que de alguna manera sigues buscando formas de solucionar el problema.

Cuando obtenemos nuestras necesidades transformamos nuestra historia y, de esa manera, modificamos nuestro presente. Cuando dejamos ir la emoción asociada a un recuerdo que forma parte de nuestra memoria del pasado, también lo hacemos con las creencias asociadas. Nuestras emociones y creencias son las que nos explican lo que ha pasado y nos indican lo que necesitamos hacer, según nuestra experiencia pasada. Son las motivaciones para darle una resolución a lo inconcluso. Son parte de las grabaciones originales y dan acceso a más información para que podamos acceder a la historia total.

Transformar

La palabra «transformar» quiere decir cambiar la forma, estructura, condición, naturaleza o carácter. Es una imagen de cambio. Podemos transformar todas las limitaciones que hemos aprendido. Esto lo hacemos trayendo a la conciencia el recuerdo o la memoria, rememorando la experiencia con la emoción asociada para quitarle la energía, la carga, la activación de la experiencia original, y cambiar así nuestra manera de interpretarla. De esta forma, transformamos las limitaciones aprendidas. Si cambiamos las limitaciones aprendidas, se modifica nuestra experiencia. Como esas experiencias nos han llevado a tener ciertas creencias, al cambiar las experiencias modificamos nuestras creencias y nuestro presente.

Durante nuestra infancia estamos continuamente siendo programados desde fuera; esto hace que desarrollemos nuestro tipo de personalidad o la manera en que nos defendemos del daño que nos causa esa programación y, una vez que está instaurada, funcionamos con piloto automático. Para reprogramarnos hace falta que podamos volvernos el niño que fuimos con sus sentimientos, pensamientos y actividades, y hacerle que tenga nuevas experiencias para cambiarle el programa. Para reprogramar vamos a viajar en nuestra imaginación, pero necesitamos apoyo externo para mantener el contacto con la realidad y que no entremos en patrones autodestructivos.

Muchos de nuestros programas destructivos nos hacen creer que estamos un poco locos, o que nos vamos a volver locos. Esto es porque una parte nuestra nos quiere sabotear, y lo desea hacer porque tiene miedo a la novedad y al cambio. Esta parte puede ser otro niño interior herido pero con otros recursos (con los que se ha podido defender del dolor). Puede que su cometido sea defender a un niño interior más vulnerable, como si de un hermano mayor protector se tratara. Es como un defensor de esa parte dolorida, como si quisiera evitarle que vuelva a sentir el dolor.

Todos tenemos miedo a dejar salir el dolor porque anticipamos que va a doler. Pero nos duele más tapar el dolor continuamente y nos quita más energía que dejar salir el dolor, aunque sea poco a poco, hasta que nos hayamos librado de él para siempre. Nuestro miedo a dejar salir el dolor tiene mucho que ver con que creemos que ese dolor nos va a sobrecoger y nos vamos a quedar atrapados en él. No obstante, si imaginamos que sacamos el dolor poco a poco y vamos haciendo pequeñas excursiones a nuestro interior para conectar con nuestro niño interior herido, lo podremos sacar al final del todo. A modo de metáfora, suponte que tu dolor es como las emociones en un caldero. Si calentamos mucho el caldero, este empieza a hervir y sale a borbotones, pero si lo calentamos poco a poco irá emergiendo burbuja a burbuja, lo que es más manejable.

Autosabotaje

A lo largo de las etapas del desarrollo hemos visto que en cada etapa había un apartado de autosabotajes. Los autosabotajes se producen porque *una parte nuestra*, posiblemente un niño interior nuestro, tiene miedo de que la otra parte quiera cambiar. Está ahí para
protegernos porque piensa y siente que si nos quedamos como
estamos todo es conocido y previsible (y por lo tanto manejable),
pero si cambiamos es desconocido, preocupante y le da miedo. Por
ello tenemos que hablar con esta parte que tiene esos miedos y
entenderlos. La parte que tiene miedo lo hace en base a su experiencia y a las creencias que se formó a partir de ella. Primero
tenemos que validar, apreciar a la parte protectora y agradecer el
cometido que ha desempeñado porque, incluso aunque parezca lo
contrario, siempre tiene una función positiva. La función positiva
de esta parte protectora es que tenía miedo del cambio y nos pro-
tegía del miedo. Si la parte protectora nos habla de su miedo, una
vez que lo entendemos y lo validamos podemos transformarlo.
Transformar el cometido de la parte protectora significa darle uno
nuevo, como sería, por ejemplo, ayudarnos a hacer el cambio o
transformación, en vez de asustarnos. Le podemos pedir que haga
de «entrenador», nos aliente y nos anime. Sin embargo, no lo podemos transformar si a esta parte protectora no la miramos de frente
con AMOR y agradecimiento. Es muy importante agradecerle el
trabajo que ha venido haciendo hasta el momento para facilitar la
transición.

De la misma forma, si tengo una parte que experimenta rabia
también hay que escucharla. Ya sabemos que la rabia necesita
expresarse. Una forma fácil y asequible es pedirle a ese niño interior que nos cuente de qué está hecha su rabia, cómo la vive en el
cuerpo y qué le está pidiendo hacer para resolverla; nos lo puede
contar o lo podemos escribir. Una vez que hemos escrito lo que
le produce rabia a esa parte nuestra, lo dejamos reposar varios días

y luego lo leemos como si la hubiera escrito otra persona (que nos importa, que nos cuenta su experiencia). Lo leemos como si lo viéramos desde fuera para percibir cómo nos afecta ahora esa rabia desde esta otra perspectiva. Cuando somos capaces de colocarnos en diferentes posturas respecto de la rabia de ese niño interior, vamos poco a poco asimilando y cambiando la manera de percibirla.

Así pues, si entendemos los autosabotajes como partes nuestras o si los objetivizamos como diferentes niños interiores que tienen necesidad de expresar algo y les damos la oportunidad de hacerlo, conseguimos la transformación. No nos olvidemos de que las emociones son energía: si le damos un nuevo cometido a esta, nos puede ayudar a realizar otra actividad más productiva.

Reconexión interior, volver a crear el vínculo

Para volver a crear el vínculo el primer paso es escuchar, como venimos repitiendo. Los niños necesitan ser escuchados con atención, que los adultos se interesen por sus cosas, que les parezcan importantes, que «se bajen a su nivel» y quieran saber más. Es muy importante escuchar atentamente, sin juicios, y tomándonos todo lo que nos responde nuestro niño interior con el máximo respeto y en serio. Esa escucha consiste en preguntarles desde el AMOR por:

1. Qué siente, qué está experimentando en su cuerpo. Las sensaciones en su cuerpo son el primer paso para darse cuenta de qué emociones y sentimientos tiene.

2. Qué reacciones físicas siente. Son manifestaciones físicas inconscientes, como por ejemplo tener las manos cerradas como puños, la mandíbula rígida, la cabeza ladeada, el no poder dejar de mover el pie, o estarse tocando a sí mismos el pelo, o la cara, que son formas de autoestimu-

larse normales en los niños que no han recibido mucha atención ni contacto físico.

3. Las sensaciones corporales y las reacciones físicas son la base de las emociones que tenemos que aprender a identificar, y por eso hemos visto el apartado de emociones. Hay que saber preguntar por las emociones presentes y las que no están presentes.

4. Las emociones siempre van asociadas a los recuerdos de nuestras experiencias, sobre todo las que han tenido un significado especial. Los recuerdos son los hechos junto con las emociones y con el significado que esa experiencia tuvo para nosotros.

5. Nos explicamos estas experiencias con nuestros pensamientos. Estas experiencias, como hemos visto, van formando las creencias, que son las conclusiones a las que llegamos por lo que nos ha pasado y que están en la base de los guiones de nuestra vida.

6. Estas conclusiones suelen ir acompañadas de decisiones, de las que muchas veces no somos conscientes (otras sí, como por ejemplo: «A partir de ahí cambié, o empecé a comportarme de otra manera, o dejé de hacer tal y cual cosa»), pero marcan un cambio en nuestra forma de abordar la vida.

7. Esta experiencia tiene un significado para nosotros que depende de las conclusiones y decisiones que hemos tomado. Puede tener un significado negativo, positivo o ambos.

8. A raíz de estos significados podemos tener diferentes expectativas sobre lo que nos va a pasar en el futuro, como resultado de lo anterior. Si preguntamos por las expectativas, podemos deducir qué experiencias nos han hecho llegar a esa conclusión. Normalmente son expectativas negativas.

9. Podemos tener expectativas positivas o esperanzas de cosas que ansiamos: imaginamos que nos mantienen la ilusión y motivación por seguir vivos. Es lo contrario a las expectativas negativas a partir de experiencias pasadas. Son las esperanzas de cosas que ansiamos que nos sucedan.

Si nos interesamos por todos estos aspectos, habremos cubierto todas las posibilidades. Podemos imaginarnos hablando con nuestro niño interior y esperando su respuesta. Tal vez nos cueste mantener la atención porque nos distraigamos. Otra manera de hacer el mismo proceso es escribir las preguntas y luego las respuestas que imaginamos que nos daría nuestro niño interior. Otra forma es poner dos cojines: uno representa al padre/adulto amoroso y el otro, al niño. Cuando preguntamos al niño nos sentamos en el cojín del padre o adulto, y luego, cuando el niño va a responder, nos sentamos en el del niño. Esto nos permite variar de rol y, en el nuevo espacio, también cambiamos de estado del ego.

Rutina y disciplina

Los niños, para sentirse protegidos, necesitan rutinas y disciplina; es decir, establecer un tiempo diario o semanal, como si de un ritual se tratara (como cuando uno medita). Es muy importante mantener las citas para darle un tiempo y un espacio a nuestro niño interior, lo que le dará seguridad y le hará sentirse importante. En realidad es tomarnos tiempo para nosotros mismos, porque nuestro niño interior también somos nosotros, aunque ahora aparezca como una parte separada de lo que creo que soy yo.

El pequeño se esconde

Puede que nuestro niño interior no quiera acudir. Cuando esto sucede puede ser por dos motivos: o tiene miedo y tarda en confiar para salir a hablar, o no le estamos tratando como necesita. Hay que asegurarle al niño interior que no le vamos a fallar, que esperamos pacientemente, que se tome el tiempo que necesite. Que le prestaremos toda la atención que necesita, respetaremos sus tiempos y le demostraremos que tenemos todas las cualidades del AMOR que no tuvo y por lo que tiene tanto miedo.

Consolando al pequeño

Cuando empezamos a interesarnos por nuestro niño interior, es tan diferente a la forma que estaba acostumbrado que le trataran, que se va a emocionar y es muy probable que tenga muchas ganas de llorar. Es muy importante dejarle llorar, pero también es importante saber regular el llanto, porque de no ser así tal vez quiera pasarse llorando todo el día. Una bonita forma de cortar el llanto es decirle: «Me doy cuenta de que tienes mucha pena y mucho dolor, pero no lo podemos sacar todo de golpe, porque dejaríamos un vacío y algo tendría que ocupar su lugar, así que si lo liberamos poco a poco nos iremos recolocando y será más llevadero».

Cuando el pequeño está angustiado

Cuando el niño expresa ansiedad, angustia o cualquier emoción desagradable, lo mejor que podemos hacer es simplemente acompañarlo con «compasión» y dejar que se exprese. No necesita que tratemos de arreglar su situación o negar lo que está sintiendo, ni descontarle diciéndole que no debería sentir eso o aquello, sino permitirle su tiempo y espacio para que lo pueda expresar. Lo más importante es que pueda expresar lo que siente sin que le preguntes el porqué, sino: «¿Qué estás sintiendo?».

Enfado

Los niños suelen tener miedo a expresar el enfado que experimentan, primero porque tendrán recuerdos de cuando no les han permitido expresarlo, pero también porque lo tenemos asociado al miedo: temor a que la persona a quien le expresamos el enfado nos abandone. Por eso hay que asegurarles que, aunque expresen enfado, no les vamos a abandonar, sino que vamos a entenderlo y validarlo.

Miedo

Los niños que han vivido situaciones de miedo han terminado encontrando maneras de manejarlo: unos se acorazan y se hacen los valientes; otros se vuelven tímidos y retraídos, y otros sienten tanto miedo que se bloquean. Los miedos de los niños, aunque les puedan parecer tonterías a un adulto, son muy importantes desde su perspectiva, y hay que enseñarles a respirar, a aprender, a relajar las tensiones y recordarles que siempre vas a estar ahí. Una estrategia es construir un lugar seguro físicamente o en nuestra imaginación donde podemos ir a voluntad. Por ejemplo, podemos buscar una forma de sentirnos seguros en el cuerpo. Otra es tener una caja o un contenedor donde imaginemos que metemos los miedos para que no nos molesten hasta que estemos preparados para tratarlos uno a uno. También podemos escuchar al miedo. Es decir, imaginar que el miedo es una personita y nos cuenta qué le pasa. Podemos buscar una parte nuestra protectora que nos habla y nos calma, podemos imaginar esta parte como mejor nos parezca: puede ser una persona, o un animal, o algo imaginario pero que nos inspira seguridad.

Tristeza

Cualquier niño que ha sido traumatizado, desatendido o descuidado va a tener una profunda tristeza y necesita que le cojas, le abraces y que pueda llorar y llorar. La tristeza busca compasión, compañía, comprensión, cuidado; en definitiva, que animemos al que está triste.

Blanco o negro

A los niños les cuestan los términos medios: las cosas son o blancas o negras, o buenas o malas, o de fiar o no de fiar, e ir creciendo significa que tienen que aprender a manejar sentimientos que nos son tan claros como amar y odiar a sus padres a la vez. Ayudar al pequeño a que distinga sus sentimientos, aprenda a entenderlos y sepa qué le están diciendo es muy útil.

Alegría

Los niños disfrutan estando alegres, es su estado natural y hay que poder jugar con ellos, crear y divertirse; tal vez quiera que hagas cosas infantiles con ellos. También les gusta viajar y aprender cosas nuevas. Te lo puedes llevar en tus desplazamientos en coche, autobús o metro, e ir hablando con él/ella.

Frases reconfortantes

Necesitan que les digas frases que les den seguridad, tranquilidad, y que les alienten para superar el dolor. Afirmaciones que hemos creado para cada etapa, como por ejemplo: «Eres muy importante para mí», «Eso ya ha pasado», «Ahora estás a salvo», «Yo estoy aquí siempre», «No te voy a abandonar», «Estás seguro conmigo».

Si eres de las personas que funcionan prioritariamente desde el neocórtex, o eres más mental, puede que estés pensando: «¡Menuda chorrada!, esto no sirve para nada, no lo voy a hacer». Tal vez es que creas que no lo puedes hacer. Sí lo puedes hacer: solo debes seguir las instrucciones; o, si no, hazlo a tu manera. Si solo necesitas reflexionar en ello, está bien, es lo que requieres en este momento. Si tienes miedo a emocionarte, es normal, pues nuestro niño interior nos toca en lo más profundo. Solo tienes que hacer lo que desees. Tal vez no sea todavía tu momento, no pasa nada, ya solo con haber leído hasta aquí habrás recordado acontecimientos y reflexionado sobre muchas cosas, y eso es importante.

Si eres más emocional, tal vez necesites encontrar una persona que no te juzgue, critique y avergüence, y permitirte contarle lo duro que fue para ti y lo solito que te encontraste por la falta de amor que sufriste. Te digo lo mismo: tómate tu tiempo, y cuando encuentres a la persona indicada, permite que te conozca; te sorprenderás de cómo cambiamos cuando nos sentimos escuchados, entendidos, sin ser juzgados.

Si eres más instintivo, tal vez seas más atrevido, pero se necesita tiempo para hacer el proceso; hay que pararse y reconectar con el dolor que has desensibilizado, y quiero hacer énfasis en una cosa: NO PODEMOS SENTIR MÁS DOLOR RECORDANDO LO QUE HEMOS VIVIDO, QUE EL QUE YA HEMOS VIVIDO (AL CUAL HEMOS SOBREVIVIDO). Así que ánimo, que vas a poder recuperar tu vitalidad y las ganas de disfrutar una vez liberes el dolor.

Conclusión

Necesitamos prestarle atención a nuestro niño interior, pero nos podemos encontrar con que tenemos varios niños interiores, tantos como experiencias dolorosas que se han quedado bloqueadas y suspendidas en el tiempo en que se produjeron. Se puede simbolizar como niños interiores de diferentes edades que esperan que les escuchen y les ayuden —en una relación reparadora— a procesar su trauma y darle un nuevo cometido a la energía de la emoción asociada a esa experiencia, con el fin de lograr una nueva actividad más productiva.

Epílogo

*«El viaje más largo es el que se hace
hacia el interior de uno mismo».*

HAMMARSKJOLD

Como decía en el prefacio, este libro pretendía (y espero haberlo conseguido) que juntos tomáramos *conciencia de cómo llegamos a ser como nos creemos que somos.* Digo «creemos que somos» porque somos más que la máscara que nos ponemos dependiendo de las áreas de la vida en que nos manifestemos. Nuestra máscara es nuestra personalidad y, a través de esta, desempeñamos distintos roles: el de hijo/a, madre/padre, amigo/a, empleado/a, jefe/a, amante, pareja, marido/mujer, etc.

Nuestra personalidad se empieza a desarrollar a partir de los 7 años, cuando nos identificamos con un guion de vida y desarrollamos unas creencias según nuestras experiencias y emociones, y desde ahí lo vamos modificando o consolidando hasta que nos creemos que somos nuestra personalidad. Pero somos mucho más que esta.

Nuestra personalidad nos resulta muy útil, es una estructura defensiva y protectora de nuestro auténtico ser, que se escondió muy al principio, a partir de todas las experiencias dolorosas que nos han tocado vivir y que hemos ido acumulando desde entonces. No se trata de que nos quitemos nuestra personalidad y nos quedemos desnudos y desprotegidos, sino de que nos demos cuenta de que es eso, una estructura defensiva, para protegernos del exterior.

Pero no somos conscientes de que tenemos esa protección si no sabemos cómo la creamos, y por eso hemos hecho el camino de descubrir nuestra personalidad. Hemos pasado por los diferentes aspectos que la componen, hemos visto cómo se van sedimentando los unos sobre los otros y conformando en una estructura interrelacionada que nos hace comportarnos de una forma consistente y predecible.

Ya sabemos que nuestros apegos de base condicionan nuestras relaciones con las personas significativas, especialmente nuestras parejas.

Hemos tomado conciencia de que nuestras experiencias, que nos emocionan, y las emociones son energía, que se bloquea si no se moviliza, y que hace que no fluya el resto de nuestra fuerza armoniosamente, o lo que es lo mismo, que ese bloqueo nos condicione según qué emociones manifestemos y cuáles bloqueemos.

Nos hemos dado cuenta de que las emociones generan creencias, para así tener una forma de categorizar nuestra realidad y sentirnos seguros.

Y hemos descubierto que todos estos aspectos influyen en qué tipo de personalidad desarrollamos y cómo filtramos desde esta personalidad nuestra manera de vernos a nosotros, a los otros y al mundo que nos rodea. Pero somos más que nuestra personalidad.

Somos la chispa divina que dio origen a nuestro ser, al que encarnamos en esta vida; empezamos nuestro camino a través de las etapas de desarrollo, padeciendo y aprendiendo a manejar las dificultades y alegrías de la mejor manera que sabíamos y podíamos, con los recursos y la información que disponíamos.

Y aquí estamos, con mucha nueva información, que nos va a costar digerir, porque muchas veces entra en conflicto con la que ya teníamos. ¡Oh, cielos! ¿Qué hacemos ahora? Pues ahora iniciamos el camino de vuelta: nos toca volver al comienzo para conectar con nuestro niño interior divino, que se escondió detrás de las experiencias emocionales dolorosas y de nuestra estructura defensiva o personalidad.

Para hacer el camino de vuelta tenemos que ser plenamente conscientes del camino de venida hasta aquí, hasta este mismo momento presente.

Y el camino de vuelta a nuestro niño interior divino, a nuestra esencia, pasa por la aceptación. La aceptación de qué somos, quiénes somos, aquí y ahora, por las decisiones que hemos tomado en el trayecto. Y estas decisiones fueron «nuestra mejor opción en el momento de cada decisión».

De nada sirve lamentarse, quejarse, agredirse, culparse; lo único constructivo es «perdonarse», que es otra manera de decir aceptarse en el aquí y ahora, en el presente, tal cual estamos. Es poder agradecer el camino recorrido porque nos ha aportado muchas experiencias que nos han ayudado a crecer y desarrollarnos como personas.

En ese crecer y ese aprender habremos desarrollado unas cualidades en cada una de las etapas del ciclo vital, que nos habrán aportado recursos para superar la siguiente etapa, y así sucesivamente. Si hemos hecho el camino a conciencia, iremos desarrollando las cualidades esenciales que vinimos a manifestar. Si no lo hemos hecho bien, tal vez tengamos que volver a repasar las etapas y desarrollar las cualidades que no aplicamos en su momento. A veces tenemos que volver atrás para recoger la energía que se quedó bloqueada y utilizarla como impulso para vencer la siguiente etapa.

Cada uno hace el recorrido a su ritmo: unos se dan cuenta antes de que tienen que volver a repasar lo que se ha quedado inconcluso, y otros después; eso da igual, pues al final todos llegamos. Y ¿dónde llegamos? Pues al punto de partida: a reencontrarnos con nuestro auténtico ser, con la energía que nos acompañará hasta el final de nuestros días, hasta que nuestro corazón se apague y dejemos de amar. Esa es nuestra esencia: el AMOR que dio origen a la vida.

«Por muy lejos que el espíritu vaya, nunca irá más lejos que el corazón».
CONFUCIO

Bibliografía

BEATTIE, Melody, *Co-dependent No More: How to Stop Controlling Others and Start Caring for Yourself*, Hazelden, Center City, Minnesota, 1986 [trad. esp.: *Codependencia nunca más*, Temas de Hoy, Madrid, 1990].

BISHOP, Jacqui, *How to Love Yourself When You Don't Know How: Healing All Your Inner Children*, Station Hill Press, Nueva York, 1992.

— y GRUNTE, Mary, *Cómo perdonar cuando no sabes cómo hacerlo*, Sirio, Málaga, 2001.

BLACK, Claudia, *It Will Never Happen to Me: Growing Up with Addiction as Youngsters Adolescents, Adults*, Random House, Nueva York, 1987.

BRADSHAW, John, *Crear amor*, Los Libros del Comienzo, Madrid, 1995.

—, *Volver a casa: recuperación y reivindicación del niño interno*, Los Libros del Comienzo, Madrid, 2006.

—, *Sanar la vergüenza que nos domina*, Obelisco, Barcelona, 2010.

BURNEY, Robert, *The Dance of the Wounded Souls*, Joy to You & Me Enterprises, San Diego, 1996.

CAPACCHIONE, Lucia, *Recovery of Your Inner Child: The Highly Acclaimed Method for Liberating Your Inner Self*, Simon & Schuster, Nueva York, 1991.

CHOPICH, Erika J. y PAUL, Margaret, *Cura tu soledad*, Edaf, Madrid, 1995.

CLARK, Jean Illsley y DAWSON, Connie, *Growing up Again: Parenting Ourselves, Parenting Our Children*, Hazelden, Center City, Minnesota, 1998.

CUMMINGS, Anne, *Emotional Healing for the Inner Child*, Book Guild, Brighton, 2009.

DINGJAN, Omkar y KANENBURG, Divyam, *Descubre tu esencia: diálogo con tu niño interior*, Osho Publicaties, Ámsterdam, 2007, 2009.

ERSKINE, Richard y MOURSUND, Janet, *Integrative Psychotherapy: The Art and Science of Relationship*, Thomson Brooks Cole, Independence, Kentucky, 2003.

—, MOURSUND, Janet y TRAUTMANN, Rebecca, *Más allá de la empatía*, Desclée de Brouwer, Bilbao, 2012.

JAMES, Muriel, *It's Never Too Late to be Happy*, Quill Driver Books, Fresno, California, 2002.

JUUL, Jesper, *Your Competent Child*, Farrar, Straus and Giroux, Nueva York, 2001 [trad. esp: *Su hijo, una persona competente: hacia los nuevos valores básicos de la familia*, Herder, Barcelona, 2004].

LEVIN, Pamela, *Becoming the Way We Are: An Introduction to Personal Development in Recovery and in Life*, Health Communications Inc (HCI), Deerfield Beach, Florida, 1998.

—, *Cycles of Power: A User's Guide to the Seven Seasons of Life*, Health Communications Inc (HCI), Deerfield Beach, Florida, 1998.

LEVINE, Amir y HELLER, Rachel, *Maneras de amar: la nueva ciencia del apego adulto y cómo puede ayudarte a encontrar el amor y conservarlo*, Urano, Barcelona, 2011.

MILLER, Alice, *El drama del niño dotado y la búsqueda del verdadero yo*, Tusquets, Barcelona, 1998.

PARKER, Ken, *Reclaiming your Inner Child*, Thomas Nelson Publishers, Nashville, Tennesse, 1993.

PAUL, Margaret, *Inner Bonding: Becoming a Loving Adult to Your Inner Child*, Harper One, Londres, 1992.

POLLARD, John K., *Self Parenting: The Complete Guide to Your Inner Conversations*, Generic Human Studies Publishing, Canoga Park, California, 1987.

RISO, Don y HUDSON, Russ, *La sabiduría del Eneagrama*, Urano, Barcelona, 2001.

—, *Entendiendo el Eneagrama*, La Esfera de los Libros, Madrid, 2011.

—, *Tipos de personalidad*, La Esfera de los Libros, Madrid, 2012.

ROWAN, Jane, *Caring for the Child Within: A Manual for Grown-Ups*, Kindle, 2011.

SIEGEL, Daniel y HARTZELL, Mary, *Ser padres conscientes*, La Llave, Barcelona, 2005.

— y SÁNCHEZ BARBERÁN, Genis, *Mindsight: la nueva ciencia de la transformación personal*, Paidós, Barcelona, 2011.

—, PAYNE, Tina y FERRER, Isabel, *El cerebro del niño*, Kindle, 2012.

STEINER, Claude, *Los guiones que vivimos*, Kairós, Barcelona, 1991.

TAYLOR, Cathryn L., *The Inner Child Workbook: What to Do with Your Past When It Just Won't Go Away*, Penguin Putnam Inc., Nueva York, 1991.

VARIOS AUTORES, *Recuperar el niño interior*, Kairós, Barcelona, 1994.

VERNEY, Thomas y KELLY, John, *La vida secreta del niño antes de nacer*, Urano, Barcelona, 2003.

WEISS, Laurie y WEISS, Jonathan, *Recovery from Co-Dependancy*, iUniverse, Lincoln, Nebraska, 2001.

WHITFIELD, Charles, L., *Healing the Child Within*, Health Communications Inc (HCI), Deerfield Beach, Florida, 1987 [trad. esp.: *Sanar nuestro niño interior: descubrimiento y recuperación de hijos adultos en familias disfuncionales*, Obelisco, Barcelona, 1999].

—, *A Guift to Myself*, Health Communications Inc (HCI), Deerfield Beach, Florida, 1990.

—, *Co-Dependence: Healing the Human Condition*, Health Communications Inc (HCI), Deerfield Beach, Florida, 1991.

WOLINSKY, Stephen, *The Dark Side of the Inner Child: The Next Step*, Bramble Books, Wisconsin, 1993.